Leadership – trendresistent gedacht

Carsten Held

Leadership – trendresistent gedacht

Etablierte Führungstheorien und -modelle für die Praxis

Carsten Held
SRH Hochschule Heidelberg
Heidelberg, Deutschland

ISBN 978-3-662-65904-5   ISBN 978-3-662-65905-2 (eBook)
https://doi.org/10.1007/978-3-662-65905-2

Die Deutsche Nationalbibliothek verzeichnet diese Publikation in der Deutschen Nationalbibliografie; detaillierte
bibliografische Daten sind im Internet über http://dnb.d-nb.de abrufbar.

Springer Gabler
© Der/die Herausgeber bzw. der/die Autor(en), exklusiv lizenziert an Springer-Verlag GmbH, DE, ein Teil von
Springer Nature 2022

Planung/Lektorat: Mareike Teichmann
Springer Gabler ist ein Imprint der eingetragenen Gesellschaft Springer-Verlag GmbH, DE und ist ein Teil von
Springer Nature.
Die Anschrift der Gesellschaft ist: Heidelberger Platz 3, 14197 Berlin, Germany

Ich habe keine Angst vor einem Heer von Löwen,
das von einem Schaf angeführt wird.
Ich habe aber Angst vor einem Heer von Schafen,
das von einem Löwen angeführt wird.

(zugeschrieben: Alexander der Große)

Vorwort

Wo und wann immer Menschen zusammenkommen, um gemeinsam etwas zu bewirken, ist gute Führung gefragt. Wenn Sie dieses Vorwort lesen, darf ich Sie zu den Personen zählen, die so viel Aufgeschlossenheit und Interesse an einem Buch über Führungsfragen mitbringen, dass sie sich auch schwierigere Passagen erarbeiten werden. Das macht mich zuversichtlich, denn ich glaube, ich kann Ihnen aus meiner Erfahrung im Bereich Lehre und Forschung, meiner eigenen Praxis als Führungskraft sowie meiner Tätigkeit als Coach im Führungsmanagement viel Wichtiges auf Ihren Weg mitgeben.

Vielleicht kennen Sie das geflügelte Wort: „Man geht zu einem Unternehmen aufgrund des guten Namens. Man bleibt bei dem Unternehmen wegen der Aufgabe. Und man verlässt das Unternehmen wegen schlechter Führung." Studien gehen davon aus, dass bis zu 75 % (!) der Kündigungen von Arbeitnehmerseite auf schlechte Führung zurückgehen. Das ist in höchstem Maße besorgniserregend. Dem soll dieses Buch entgegenwirken. Das Thema Führung ist mittlerweile ein gut erforschtes Gebiet. Es stehen viele wichtige Erkenntnisse zur Verfügung und es gibt keinerlei Ausreden, sich als Führungskraft dieses Wissens nicht zu bedienen. Es ist auch unverständlich, wenn Unternehmen ihr Führungspersonal nicht kontinuierlich nach wissenschaftlichen Maßstäben weiterqualifizieren. Natürlich ist bekannt, dass es Prädispositionen/Persönlichkeitseigenschaften gibt, welche Führungserfolg wahrscheinlicher machen. Trotzdem gilt: Führung ist und bleibt auch erlernbar!

Fünf Leitgedanken bewogen mich zu diesem Buch, die ich Ihnen im Folgenden kurz aufzeigen möchte.

Erstens: „Es gibt nichts Praktischeres als eine gute Theorie!" (Kurt Lewin). Nur allzu gerne würde ich das Vorwort bereits an dieser Stelle beenden und das eindrucksvolle Zitat bei Ihnen, liebe Leserinnen und Leser, wirken lassen. Aber zu oft erlebe ich, dass Führungskräfte eine wenig solide Grundausbildung genossen haben oder diese seitens der Unternehmen bzw. Vorgesetzten nicht genügend gefördert und gefordert wird. Nicht viel seltener höre ich, dass man „zur guten Führungskraft geboren" wird. Diese in der Wissenschaft auch als „Great Man Theory" bezeichnete Aussage empfinde ich als ärgerlich, weil veraltet und erwiesenermaßen falsch. In diesem Zusammenhang bestätigt sich immer wieder mein Eindruck, dass dort, wo auf eine professionelle Ausbildung zur Führungskraft verzichtet wird, zum Teil ganz simple menschliche Schwächen im Spiel sind: Da könnte ja jemand nach einer ordentlichen Aus- bzw. Weiterbildung mehr über die Grundlagen guter Führung wissen als das gehobene Management selbst. Na, wo kämen wir denn da hin?

Zweitens: Bücher zum Thema Führung, welche evidenzbasiert Theorien und Modelle so vorstellen, dass für angehende Praktiker keine schwere Kost unverdaulich zurückbleibt, die vielmehr „kurz und knackig" darlegen, was es gibt, warum es gut ist und wie es in den operativen Alltag eingebracht werden kann, sind äußerst rar. Der Grund dafür mag darin liegen, dass der Weg zwischen grauer Theorie und dem wirklichen Leben häufig einer riskanten Gratwanderung gleicht, der man durch Räuberpistolen und rein persönliche Geschichten ausweichen will. Nichts davon hilft dem engagierten Praktiker jenseits von Zufällen. Aber Führungserfolg ist eben zum Glück mehr als nur Zufall.

Drittens: Viel zu oft wird zur Führungskraft ernannt, wer sich als Experte hervorgetan hat, jahrelange Loyalität zum Unternehmen oder zum Vorgesetzten zeigte oder gut vernetzt ist. Das alles sind zwar außerordentlich wichtige Kompetenzmerkmale, sie allein machen aber die Eignung zur Führungskraft nicht aus. Ein Experte auf seinem Gebiet ist mitnichten automatisch ein Garant dafür, auch als Führungskraft gute Arbeit zu leisten. Meine Erfahrung zeigt manchmal sogar das genaue Gegenteil: Aus geschätzten Sachkennern werden schlechte, sich im Mikro-Management verlierende Führungspersonen. (Wir alle kennen die Beispiele, wo aus Studierenden mit Einser-Zensuren schlechte Lehrer werden, die keine Klassen führen können.) Eine solche Beförderungspraxis funktioniert bestenfalls wie ein Lotteriespiel, bei dem man auch mal das Glückslos ziehen kann, in der großen Anzahl aber ist sie zumindest suboptimal. In zu vielen Fällen entstehen dadurch negative Entwicklungen, die mit erhöhter Personalfluktuation, reduzierter Unternehmensleistung sowie Einbußen bei Motivation und Leistungskraft seitens der Mitarbeiter verbunden sind. Nachweislich!

Viertens: Der Markt für die Aus- und Weiterbildung von Führungskräften mit seinen Schulungen und Seminaren sowie die Angebotspalette von Personal- oder Business- Coaches ist unübersichtlich und darf zugespitzt als „Spielwiese der Scharlatanerie" bezeichnet werden. Für meinen Geschmack werden zu oft verständliche Aufstiegsträume leistungsmotivierter Menschen von „cleveren" (rücksichtslosen) Geschäftemachern ausgebeutet – Enttäuschung ist im System einprogrammiert. Das verärgert alle, welche meine hier aufgeführten Argumente als stichhaltig nachvollziehen können und falschen Trends entgegenwirken wollen. Es hat fatale Auswirkungen für die Teilnehmer solcher (Weiter-) Bildungsangebote, die zahlenden Unternehmen und die Mitarbeiter der Führungs-Aspiranten. Darüber hinaus betrifft es aber auch mich persönlich. Ich darf behaupten, dass ich sehr gerne tue, was ich tue, und es kränkt mich, wenn Quacksalber meinen Berufsstand sowie meine Leidenschaft für den Beruf diskreditieren. Nicht selten werde ich als Führungskräfte-Coach erst dann zu Rate gezogen, wenn das Kind schon in den Brunnen gefallen ist, weil eine unerfahrene Führungskraft keine, eine zumindest zweifelhafte oder gar schlechte Schulung erhalten hat. Dieses Buch soll Ihnen, liebe Leserinnen und Leser, helfen, Anbieter-Spreu von Experten-Weizen zu trennen.

Fünftens: Dieses Buch soll verhindern helfen, dass aktuelle Schlagworte wie VUCA, agiles Führen, virtuelles Führen oder Leadership 4.0 (und künftige Ableger davon) die falschen Geldbeutel füllen. Es braucht nicht für jeden neuen Trend eine neue Führungsphilosophie. Was es braucht, ist ein Methodenkoffer für Führungskräfte. Wer einen solchen, gut gefüllt, besitzt, der muss keinen Trends hinterherjagen, sondern kann genau das aus dem Instrumentenkasten herausnehmen, was im situativen Kontext gerade benötigt wird. Die Guten und Erfahrenen der Zunft wissen das schon lange. Die Tatsache, dass oft alter Wein in neuen Schläuchen angeboten wird, schreit geradezu danach, dass es genügend gute Weinkenner geben sollte, die das bemerken. Mein Buch soll ein Beitrag dazu sein – und Sie als Forschende und Suchende könnten eine wichtige Rolle bei der anstehenden Transformation von Theorie in den praktischen Unternehmensalltag spielen. Finden Sie also heraus, wann etwas wirklich neu oder doch nur ein alter Hut ist, dem man im Winde nicht hinterherlaufen sollte.

Dieses Buch ist kein allumfassendes Lehrwerk, es berücksichtigt nicht alle Theorien und Modelle zum jeweiligen Thema. Selbst die von mir aufgenommenen werden nicht tief und breit dargelegt, sondern vereinfacht und verständlich für den praktisch-operativen Gebrauch skizziert. Es präsentiert eine Auswahl an etablierten, viel beachteten und in der Wissenschaft wenig kontrovers diskutierten, hoch angesehenen Inhalten, welche mir vor allem aufgrund ihrer Allgemeingültigkeit und hohen Praktikabilität für Ihren Führungsalltag wichtig und nützlich erscheinen. In meinen Vorlesungen, Seminaren und Beratungsgesprächen habe ich damit beste Erfahrungen gesammelt.

Dieses Buch ist keine wissenschaftliche Arbeit. Es gleicht einem Ratgeber, welcher sich gleichermaßen aus dem Fundus meines eigenen Wissens, gemachter Erfahrungen und zusätzlicher Quellen hoher Qualität speist. Auch nach vielen gelesenen Büchern ist mir dabei noch keine optimale Lösung begegnet, das Problem der uneingeschränkten Lesbarkeit mit der Notwendigkeit, genutzte Quellen offenzulegen, zu vereinen. Worin liegt der Vorteil für den Praktiker, wenn nach jedem Satz ein Sternchen und eine Fußnote oder gar der Name des ursprünglichen Autors inkl. Publikationsjahr in Klammern erscheint? Ein Absatz kann auf diese Weise schnell 8 oder gar 15 Quellen enthalten, die in Summe aber nur auf 3 oder 4 verschiedene Autoren bzw. Werke hinweisen. Den Lesefluss fördert dies nicht und in einer möglichen Hörbuch-Variante wäre es doch recht störend. Ich hoffe daher auf Ihr Verständnis, zumindest auf etwas Nachsicht. Denn nichts liegt mir ferner, als mich mit fremden Federn zu schmücken. Die Angabe der Quellen dient schließlich auch einer gewissen Qualitätsbekundung. Sie finden diese jeweils am Ende eines Kapitels. Der Leser mag erkennen, wie ernst es mir damit ist, evidenzbasiert und vor allem fernab von esoterischen Halbwahrheiten Ihr Führungsverhalten zu verbessern. Zudem erlaubt Ihnen die Angabe von Quellen, diesen zu folgen und damit Ihr Wissen zu vertiefen oder Ihre Neugier zu befriedigen.

Liebe Leserinnen und Leser, mein Buch möchte Sie mit einem angemessenen Fachvokabular ausrüsten und damit ein professionelles Niveau schaffen, auf dem Sie als Diskursteilnehmer jederzeit fachlich kommunizieren können und verstanden werden. Gleichzeitig erzeugt es eine kaum zu überschätzende intellektuelle Nähe, wenn Gesprächsteilnehmer sich gegenseitig als Wissende erkennen und die gleichen Dinge beim gleichen Namen nennen (können). Das Rüstzeug, das die folgende Lektüre für Sie erschließt, möchte dazu beitragen, dass Sie als Führungskraft eine reelle Chance auf praktisch umsetzbaren Wissenszuwachs erhalten. Es soll Unternehmen in die Lage versetzen, von besseren Führungskräften zu profitieren, denen es gelingt, durch mehr Motivation mehr Leistung und letztlich mehr Zufriedenheit bei allen Beteiligten zu ermöglichen. Wer die Inhalte dieses Buches in den eigenen Führungsalltag integriert, hat den bereits erwähnten Methodenkoffer, der Erfolg verheißt, und zwar unabhängig von Trends!

Am Schluss meines Vorwortes sei klargestellt, dass sich die folgenden Ausführungen an alle richten, die Führung praktizieren oder daran interessiert sind, selbstverständlich gleichermaßen an Frauen und Männer sowie all jene, die sich von dieser Dichotomie nicht richtig erfasst fühlen. Auf eine gendergetreue Sprache habe ich verzichtet, auch wenn ich die sehr kontrovers geführte aktuelle Diskussion über dieses komplexe Thema für wichtig halte. Sie würde bei konsequenter Anwendung in Satzbau, Grammatik und Stil die Lesbarkeit des Textes unnötig erschweren.

Leaders don't create followers, they create more leaders. (Tom Peters)

Heidelberg, Deutschland   Carsten Held

Danksagung

Ich danke allen, denen ich bei guter und schlechter Führung über die Schulter schauen durfte – oder es schlichtweg getan habe. Mein Dank gilt auch allen Personen und Unternehmen, denen ich vertrauensvoll mit Führungs-Rat bzw. -Tat zur Seite stehen durfte. Ich danke der SRH Hochschule für das Vertrauen, mich in der Fakultät für Wirtschaft mit der Professur für Leadership und Management betraut zu haben. Dies gereicht mir auch weiterhin zur Ehre. In diesem Zusammenhang haben auch die Master-Studierenden meiner Leadership-Module inhaltliche, teilweise wichtige und bereichernde Impulse gesetzt.

Nicht ohne Stolz möchte ich auch gegenüber dem Verlag meinen Dank bekunden: Springer war und ist für mich persönlich das, was Mercedes unter den PKWs oder Tempo unter den Taschentüchern ist. Schön, dass mein Manuskript-Vorschlag sofort genau dort sehr positiv und wohlwollend aufgenommen wurde, wo ich dessen Veröffentlichung am liebsten sah. Ich danke meinem Vater, der mir bei vielen meiner stark verschachtelten und somit unlesbaren Sätze im Sinne eines Erst-Lektorates zu mehr Ausdrucksklarheit und -schärfe verhalf. Sein mahnender Zeigefinger, kürzere Sätze mit weniger Anführungszeichen und Halbsätzen in Klammern zu nutzen, wird mit etwas Übung meinen Texten künftig mehr Ausdruck verschaffen. (Aber ab und zu will ich auch weiterhin rebellisch bleiben, lieber Papa.)

Und ich danke Sabine. Denn ohne ihren Beistand, ihr Verständnis und ihren Weitblick wäre dieses Buch nicht so und auch nicht so schnell entstanden! Sie hat in der heißen Phase der Entstehung dieses Werkes viele Kapitel immer wieder gelesen und diese mit sehr wertvollen Tipps inhaltlich – für Sie, liebe Leser – verbessert. Von ihr stammt u. a. die Idee, konkretes Zusatzmaterial als Download zur Verfügung zu stellen. Sie hat mich immer wieder aufgefordert, Praxisnähe in den Text einzuflechten. Mit tränendem Auge möchte ich hinzufügen, dass sie dies trotz einer gesundheitlich beängstigenden, bedrückenden und nachhaltig prägenden Phase ihres eigenen Lebens getan hat. Sie hat dabei zweifelsfrei für mich und dieses Buch viel Kraft aufgewendet. Liebe Sabine, ich wünsche dir, den Deinen und auch uns auf diesem Wege alles Gute!

Inhaltsverzeichnis

Abbildungsverzeichnis

Tabellenverzeichnis

Einleitung

Bevor dieses Buch in Kap. 2 damit beginnt, gemeinsam mit Ihnen Ihren persönlichen Führungs-Methodenkoffer zu befüllen, soll Sie dieses Kapitel erst einmal an den Themenkomplex Führung heranführen. Es klärt die Fragen der allgemeinen Bedeutung des Wortes Führung, grenzt es gegen den Begriff Management ab und beschreibt sehr prägnant die Kernfunktion von Führung. Es skizziert das Spannungsfeld, in welchem sich Führungskräfte bewegen. Dabei stellt es den unbestrittenen Nutzen – für Mitarbeiter und Unternehmen – klar. Zudem erfahren Sie Wichtiges zum Aufbau und Umgang mit diesem Buch.

Legen wir los!

1.1 Führung oder doch eher Management?

Grundsätzlich ist „Management" ein international (angelsächsisch geprägter) gültiger und gleichermaßen verstandener Terminus. Was früher verwaltet, organisiert oder ausgeführt wurde, wird heute (seit dem 20. Jahrhundert) mit dem Begriff Management versehen. Dies gilt – ganz allgemein – auch außerhalb des Wirtschaftssektors. Mit Management wird

- einerseits der Personenkreis der Manager selbst,
- andererseits deren Tätigkeit der Führung, Planung, Kontrolle und Organisation

bezeichnet.

Übergeordnete/Allgemeine Managementaufgaben in Unternehmen sind u. a.:

- Produkte und/oder Dienstleistungen erfolgreich und gewinnbringend (!) am Markt (bzw. an Märkten) zu platzieren

C. Held, *Leadership – trendresistent gedacht*,
https://doi.org/10.1007/978-3-662-65905-2_1

- Finanzierung und Liquidität (!) jederzeit sicherzustellen
- Adäquater Umgang mit Risiken (z. B. bewerten, absichern, minimieren oder eben eingehen)
- Strukturen und Prozesse einführen, steuern, optimieren und überwachen

Führung – oder Leadership für den, der es in Anlehnung an das Pendant Management lieber englisch mag, sieht die involvierten Personen im Mittelpunkt notwendiger Bemühungen. Führung bedeutet stark verkürzt, anderen Menschen überzeugend und motivierend zu vermitteln, wann wie und warum was zu tun ist. Dabei sind diese Mitarbeiter zu begleiten, zu unterstützen und etwaige Transformationsprozesse zu ermöglichen. Tab. 1.1 soll die Unterschiede verdeutlichen.

Entscheidende Erkenntnis und quasi die Legitimation für dieses Buch ist somit die Klarstellung, dass, simplifiziert, Manager „Dinge" (z. B. Prozesse, Budgets, Organisationseinheiten oder Produkte) im Vordergrund haben, während Führungskräfte die Mitarbeiter selbst in den Mittelpunkt des eigenen Handelns stellen. Meistens sind Vorgesetzte in einer der beiden Kategorien deutlich besser als in der anderen. Dabei gibt es leider eine sehr klare Mehrheit zu Ungunsten von Führung. Der Harvard Professor Kotter bringt es wie folgt auf den Punkt: Die meisten Unternehmen sind „over-managed" und „under-led". Laut einer von Kotter angeführten Studie sagen zwei Drittel von 200 befragten Managern, ihr Unternehmen habe zu viele Vorgesetzte, die stark in Management, aber nicht in der Führung seien. Viele Experten (vor allem der Berater von 4 US-Präsidenten, Prof. Dr. Bennis, der das weltweite Verständnis von Leadership mitprägte) stehen den mangelhaften Kenntnissen von Managern und deren Führungsverhalten noch kritischer gegenüber. Das sei an dieser Stelle jedoch nicht weiter vertieft. Dieses Buch soll guten Managern helfen, auch gute Führungskräfte zu werden. Es soll aus guten Führungskräften noch bessere machen.

Tab. 1.1 Leadership versus Management

Leadership	Management
Richtung vorgeben	Planen und budgetieren
Nicht die Aufgabe, sondern die ausführenden Personen stehen im Vordergrund	Nicht die ausführenden Personen, sondern die Aufgaben stehen im Vordergrund
Mitarbeiter ausrichten	Organisieren und Stellen besetzen
Motivation und Inspiration	Controlling (Überwachung) und Probleme lösen
Hierarchien sind zweitrangig – Kompetenzen entscheiden	Verantwortung ist auf Dauer und an Hierarchie angelehnt
Entscheidungen basieren auf Werten, Überzeugungen und Konsens	Entscheidungen sind von Positionen, Titel und Hierarchie geprägt
Neues durch Lernfortschritt, Veränderung und Innovation	Bestehendes unterliegt Optimierungs- und Effizienzorientierungen
Wandel und Bewegung (Change Management) erzeugen	Ordnung und Konstanz erzeugen
Die richtigen Dinge tun.	Die Dinge richtig tun.

Despektierlich könnte man daraus ableiten, dass Führungskräfte nur einen Teil des Jobs eines guten Managers machen. Selbstverständlich ist dem nicht so: Denn auch Führungskräfte im Sinne dieses Buches sind administrativ tätig, brauchen stabile Abläufe und Routinen; übernehmen daher „typische" Manager-Aufgaben. Obgleich sich also zeigt, dass es weder „die Führungskraft" noch „den Manager" gibt, sondern eine Kombination aus beiden Anspruchsprofilen nötig ist, sei ein kurzer Ausflug in den Profisport erlaubt: Im hoch-bezahlten (Mannschafts-)Sport ist es gang und gäbe, beide Funktionen ernst zu nehmen, zu trennen und verantwortungsvoll auszufüllen. Es gibt stets einen Coach und einen Manager – parallel. Den Vereinen und Verbänden ist es das wert! (Warum also nicht auch den Unternehmen?)

1.2   Warum Sie evidenzbasierte Führungsforschung in Ihren Führungsalltag einbeziehen sollten

Die Führungsforschung beschäftigt sich nur aus einem Grund mit dem Thema Führung: um Führungserfolg (besser) vorhersagen zu können. Aufgrund von Untersuchungen, Feldstudien und Experimenten wird nachgewiesen, was die einzelne Person tun kann bzw. sollte, um Führungserfolg wahrscheinlicher werden zu lassen.

Abb. 1.1 zeigt auf einer Metaebene die vier Hauptelemente, welche zu Führungserfolg beitragen. Dabei ist die Anordnung nicht willkürlich, sondern reflektiert die Evolution des Führungsforschungswissens seit deren Erwachen als seriöse Wissenschaft vor gut 100 Jahren.

Zu Beginn wurde ausschließlich auf die Führungsperson selbst abgestellt. Oft wurde proklamiert, dass Führung „einem in die Wiege gelegt wird" (sog. Great Man Theory). Schnell erkannte man, dass es dabei um Persönlichkeitseigenschaften geht, welche es zu differenzieren gilt. Heute weiß man, dass es vor allem die Persönlichkeitseigenschaften der Extraversion sowie der Gewissenhaftigkeit sind, welche, gepaart mit Intelligenz, Führungsverhalten positiv beeinflussen. In diesem Zusammenhang ist es Unternehmen (CEO's, Personalabteilungen) durchaus anzuraten, den Führungskräfte-Nachwuchs auch auf diese drei Faktoren hin zu evaluieren. Dabei würden zwei Tests – einmal für Persönlichkeit, z. B. das sog. „BIP" (Bochumer Inventar der Persönlichkeit), sowie ein IQ-Test (z. B. Wunderlich) deutlich bessere Ergebnisse erzielen als das gute alte Bauchgefühl einiger Manager/Personaler … Allen Lesern, die an dieser Stelle widersprechen möchten:

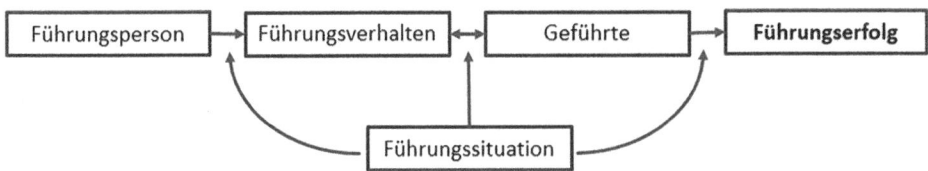

Abb. 1.1 Führungserfolg vorhersagen

Gute Psychotherapeuten würden es niemals wagen, nach einem ca. einstündigen Gespräch andere Menschen zu kategorisieren oder gar Vorhersagen über deren künftiges Handeln oder künftige Leistungen abzugeben. Gute Psychotherapeuten wurden hierfür sicherlich gerne 4 bis 7 „Sitzungen" an Zeit investieren wollen. Nicht aber gute Manager/Personaler, die schaffen das in 30 bis 60 Minuten! Wirklich?

Um es noch schwieriger zu gestalten: Wir müssen zwischen Persönlichkeitseigenschaften und Verhalten unterscheiden. Persönlichkeit stabilisiert sich ab ca. Mitte 20, erscheint Ende 20 ausgereift und ist danach i. d. R. nur noch marginal und unter hohem persönlichen Aufwand anpassbar. Demgegenüber ist Verhalten – gerade im beruflichen Kontext – sehr flexibel und dynamisch anpassbar; und dies ein Leben lang. Dementsprechend seien hiermit auch all diejenigen Leser beruhigt, welche umgehend einen online-Persönlichkeitstest gemacht haben und feststellten, dass Extraversion und Gewissenhaftigkeit nicht überdurchschnittlich ausgeprägt sind. Wichtiger sind die Lernbereitschaft sowie Flexibilität und Anpassungsfähigkeit des Verhaltens. Diese Eigenschaften lassen sich durchaus trainieren, sodass Führungskräfte-spezifisches Verhalten verbessert werden kann. Hiermit wird nun auch verdeutlicht, dass gutes Führungsverhalten erlernbar ist. Es mag nicht einfach sein, bestehende (schlechte) Verhaltensmuster durch neue (bessere) auszutauschen, aber es ist möglich und gute Führungskräfte beweisen dies. Bereits an dieser frühen Stelle des Buches sei daher auf das abschließende Kap. 6 „Self-Leadership" verwiesen.

Nach der Überbetonung der Person/Persönlichkeit der Führungskraft zogen vor allem konkretes Führungsverhalten sowie die jeweilige Situation, in welcher ein gewisses Verhalten gezeigt wird, die Aufmerksamkeit der Forscher an. In dieser Phase – ca. ab 1940 – etablierten sich viele der auch heute noch zu findenden Theorien und Modelle. Einige davon werden auch im folgenden Kapitel vorgestellt. Interessanterweise und ggf. für einige Leser überraschend: Treiber der Führungsforschung war, ist und bleibt die Psychologie. Es sind also erstaunlicherweise nicht die Größen der BWL oder der Wirtschaftswissenschaften, auch nicht reine Praktiker, welche das Handeln von Führungskräften und Managern nachhaltig beeinflussen, das Verständnis von guter Führung fördern und immer zuverlässiger vorhersagen können. Es sind Psychologen und Verhaltensökonomen.

In der gegenwärtigen Phase – so ca. ab 1980 – dominiert die Erkenntnis des Wechselspiels zwischen Führungsverhalten und geführten Personen. Mitarbeiter, deren Bedürfnisse und Perspektiven, rücken stark in den Vordergrund. Dies darf, salopp, als die Moderne angesehen werden, mit welcher somit eigentlich auch ein strikter(er) Wandel der Führungskräfte-Ausbildung im akademischen Bereich sowie der Weiterbildungsangebote einhergehen sollte. Leider spiegeln sich die Erkenntnisse dieser Forschung nur absolut unzureichend in der Praxis sowie im Bereich der Führungskräfte-Weiterbildung wider. (Hierzu werde ich Ende 2022 auch Ergebnisse aus eigener Forschung vorliegen haben, welche spätestens 2023 einer breiten Masse im Rahmen eines wissenschaftlichen Artikels zur Verfügung stehen werden.)

Zusammenfassend und zur Erläuterung sei betont, dass alle vier konstituierenden Elemente einer Führungssituation (Abb. 1.1) wichtig sind. Historisch betrachtet wurden „von links nach rechts" wechselnde Schwerpunkte gesetzt, ohne dabei zuvor gesicherte Erkenntnisse bei künftigen Entwicklungen zu ignorieren. Es wurde und wird, sozusagen, schlichtweg immer mehr von einer guten Führungskraft verlangt: Genügte vor 100 Jahren noch das adlige Geschlecht, so muss die moderne Führungskraft vor allem der Situation und dem geführten Individuum Tribut zollen. Dabei ist es essenziell zu akzeptieren, dass es „den" einzig wahren, immer Erfolg versprechenden Führungsstil nicht gibt: zu vielfältig unterschiedlich gestalten sich

- die Mitarbeiter, deren Persönlichkeiten, Motivation und Erfahrungen
- die Persönlichkeit der Führungskraft und deren Erfahrungen
- die jeweils anstehenden Aufgaben und damit zusammenhängende Begleitumstände
- das übergeordnete Arbeitsumfeld (der Organisation)
- übergreifende situative Aspekte (z. B. im Zusammenhang mit Lieferanten, Kunden, usw.)

So erscheint es intuitiv nachvollziehbar, dass beim Militär, der Polizei, Feuerwehr oder gar in einem Krankenhaus tendenziell andere Führungsstile praktiziert werden als an einer (Hoch-)Schule und dort wiederum andere als in einer Forschungsabteilung eines Chemie-Giganten. Ebenso haben „erfahrene Hasen" einen anderen Führungsbedarf als Nachwuchskräfte. Und Karriere-orientierte Mitarbeiter sind anders zu motivieren und somit zu führen als Mitarbeiter, welche mit ihrer Position im Unternehmen absolut zufrieden sind. Dies alles macht es so wichtig, den bereits besagten „Führungskräfte-Koffer" ordentlich bepackt zur Hand zu haben, um im richtigen Moment das richtige Verhalten als Führungskraft vorzuleben. Und dies idealerweise nicht aus reinem Bauchgefühl heraus. Denn dieses zeigt sich nur allzu oft getrübt, wie wir aus der Verhaltensökonomie unter anderem rund um die Themen und Erkenntnisse von Kahneman und Tversky wissen. Die beiden haben über Jahrzehnte menschliches Verhalten erforscht und sie konnten – beeindruckend – zeigen, dass wir selten objektiv und logisch Entscheidungen treffen. Es ist nicht die Vernunft, sondern sog. Heuristiken und Verzerrungen, die unser Verhalten steuern. Auf diese „trüben Sinne" wird in einem der folgenden Kapitel noch eingegangen.

Doch selbstverständlich ist dies alles kein Selbstzweck. An messbaren Unternehmenskennzahlen ausgerichtet bewirkt gute Führung, dass

- Absentismus- und Präsentismus-Raten im Unternehmen sinken; denn beides hat negative Auswirkungen auf Arbeitsmoral, Arbeitsleistung und Fluktuation der Belegschaft
- Fluktuation gesenkt wird, denn gut geführte Mitarbeiter wechseln seltener das Unternehmen
- Leistung(sbereitschaft) steigt; weil vor allem das „warum" für die Mitarbeiter klar(er) wird
- eine positive Unternehmenskultur entsteht oder sich festigt; mit positiven Auswirkungen auch auf Ebene der Kunden, Lieferanten sowie des weiteren Unternehmensumfeldes
- Mitarbeiter-Motivation steigt; mit positiven Folgen für sämtliche zuvor aufgeführten Faktoren!

Wird gute Führung bzw. die Notwendigkeit dieser leichtfertig ignoriert, zeigen sogenannte „Unternehmensklima-Befragungen" regelmäßig, dass 60–70 % der Mitarbeiter die Interaktion mit Vorgesetzen als stressig einstufen. Zudem zeigen Studien aus den USA, dass im Zweifel bis zu 60 % der Manager scheitern. Dies gilt es für die einzelne Führungskraft sowie das Unternehmen als solches unbedingt zu verhindert bzw. zum Besseren zu wenden!

1.3   Die Kernfunktionen von Führung – wissenschaftlich zusammengedampft

Es gibt unzählige, teilweise sperrige, langatmige, aber auch sehr gute Definitionen zum Thema Führung. Im Sinne dieses Buches möchte ich eine davon auswählen, welche mir verständlich und praktikabel erscheint (angelehnt an Staehle 1999):

▶ Führen ist der Prozess,

- bei welchem eine Führungskraft
- das Verhalten, die Einstellungen und die Werte von Mitarbeitern sowie
- damit zusammenhängende Interaktionen in und zwischen Gruppen
- mit dem Zweck, gemeinsam bestimmte Ziele zu erreichen, beeinflusst.

Letztlich lassen sich die guten, die blumigen oder auch die wissenschaftlichen Definitionsbemühungen für den Begriff Führung (bzw. Leadership) auf einen kleinsten gemeinsamen Nenner bringen. Denn als Orientierungshilfe für Praktiker (und dabei trotzdem wissenschaftlich klar in der Psychologie verortet) lässt sich die obige Definition auf zwei Kernfunktionen herunterbrechen:

- **Lokomotionsfunktion**: Mitarbeiter sollen auf (Projekt-/Unternehmens-)Ziele ausgerichtet werden (Aufgabenverteilung, Arbeitszeiten etc.)
- **Kohäsionsfunktion**: Mitarbeiter sollen als Arbeitsgruppe Zusammenhalt zeigen

Es geht also darum, Menschen an einem Ziel auszurichten und zusammenzubringen. Gerne lade ich Sie, liebe Leser, dazu ein, jegliche Ihnen vorliegende Definition danach zu beurteilen, inwieweit die Lokomotions- bzw. Kohäsionsfunktion berücksichtigt wird.

Wie kann ich die Kernfunktionen der Führung in meinen Alltag als Führungskraft einbauen?
Letztlich können Sie alles, was Sie als Führungskraft tun, auf die Lokomotions- oder Kohäsionsfunktion zurückführen. Sollten Sie Probleme haben, eigenes Handeln entsprechend zuzuordnen, dient eben dieses Verhalten ggf. nicht dem Zweck der Führung! Hinterfragen Sie daher Ihr Verhalten entsprechend.

- Wenn Sie also gestern mit einigen Mitarbeitern über deren Leistung gesprochen haben, in welchen Teilen des Gespräches sind Sie explizit auf den Zusammenhalt der Gruppe/des Teams eingegangen und wann auf das gemeinsame Ziel?

- Versuchen Sie sich bei künftigem Verhalten daran zu erinnern, angelehnt an die beiden Funktionen zu agieren.
- Stehen in Zukunft Gespräche mit Mitarbeitern an, versuchen Sie die beiden Elemente der Lokomotion und Kohäsion einzubauen: Geben Sie Richtung vor und vernachlässigen Sie das „Wir" nicht.

1.4　Aufbau und Nutzung dieses Buches -Genuss à la carte!

Wenn im Vorwort von einer „soliden Grundausbildung" die Rede ist, so will dieses Buch jedoch nicht unterschiedlichste Leserschaften und deren Vorwissen ignorieren oder sich nur an gänzlich „unbefleckte" Leser richten. Wichtiger Bestandteil einer Führungskraft ist die eigene Persönlichkeit, ggf. auch ein sich bereits daraus entwickelter Führungsstil sowie gewisse Vorlieben (z. B. bei Themen wie Mitarbeiterbeteiligung an der Entscheidungsfindung, Delegation von Verantwortung, Kommunikation, usw.). Nicht jedes Führungsverhalten oder jede Führungstheorie „passt" zur eigenen Person, den gesammelten Erfahrungen und – vor allem – dem persönlichen Stil. Doch für diese Individualität ist durchaus Platz! Spätestens mit der Etablierung der als „authentic leadership" (authentischem Führen) bekannten Führungstheorie wird dies sehr deutlich. Denn Verhalten anpassen bedeutet noch lange nicht, sich gänzlich verbiegen zu müssen …

Die Anerkennung und explizite Berücksichtigung dieses Umstandes drückt sich bereits in der Überschrift zu diesem abschließenden Teil der Einleitung aus: Nutzen Sie dieses Buch wie eine Speisekarte. Es gibt verschiedene Angebote, nicht alle treffen Ihren Geschmack. Einige Angebote kennen Sie bereits, wollen ggf. auch mal etwas Neues ausprobieren oder suchen schlichtweg aufgrund eines Vorfalls der letzten Tage ganz gezielt nach etwas. Aus diesem Grund ist es m. E. nötig, an einigen Stellen durch Wiederholung sicherzustellen, dass auch selektiven Lesern Wichtiges (nochmals) vor Augen geführt wird. Daher folgen sämtliche Kapitel stets dem gleichen Muster

1. Kurzvorstellung der Kernaussagen laut Theorie bzw. Modell
2. Allgemeiner Transfer in die operative Führungspraxis
3. Persönlicher Kurzleitfaden zur Überführung in Ihren Führungskräfte-Alltag

Letzteres haben Sie bereits im vorherigen Abschnitt kennengelernt: Farblich hervorgehoben, erhalten Sie richtungsgebende Hinweise für Ihre Führungs-Praxis.

Genuss à la carte bedeutet aber auch, dass man nicht einfach nur ein Stück Fleisch auswählt, ohne ein oder zwei Beilagen hinzuzufügen; Vorspeise, Nachtisch und Salat – all dies gehört dazu. Es gilt, eine Komposition zusammenzustellen, ein Menu auszuwählen. Dementsprechend reicht es nicht aus, wenn Sie unter allen Angeboten in diesem Buch nur ein einziges Modell auswählen und auch nur dieses eine nutzen. Selbstverständlich können Sie ein Leibgericht favorisieren, aber es braucht Zugaben, und zwar nicht immer die genau gleichen. Zur Klarheit: Gerne dürfen Sie entsprechend Ihrer Persönlichkeit gewisse in diesem Buch vorgestellte Stile, Modelle oder Theorien bevorzugen und andere eher von sich schieben. Nichtsdestotrotz muss Ihnen klar sein, dass es nicht den einen Stil, das eine Model und nicht die eine Theorie gibt, welche als beste oder erfolgreichste Methode Führungserfolg verspricht. Es ist der geschickte Umgang mit dem jeweils angesagten Methoden-Bündel; eben dem Führungskräfte-Methodenkoffer, der über Ihren Erfolg als Führungskraft entscheidet.

Literatur

Kotter (1990): A Force for Change: How Leadership Differs From Management (Free Press)
Staehle (1999): Management. Eine verhaltenswissenschaftliche Perspektive (Verlag Vahlen)

Die klassische (akademische) Führungskräfte-Ausbildung beginnt in aller Regel mit den Ursprüngen der Führungsforschung und somit sog. ein- und zweidimensionalen Führungstheorien. In diesem Kapitel stelle ich Ihnen lediglich vor, was den Zahn der Zeit überlebt hat und auch heute noch in der theoretischen sowie praktischen Auseinandersetzung mit dem Thema Führung von Bedeutung ist. Nebst einem gewissen Vokabular, welches es grundsätzlich vereinfacht, sich dem Thema Führung im Gespräch zu nähern, erfahren Sie bereits in den folgenden Unterkapiteln, wie wichtig eine gewisse Variabilität bei der Anwendung unterschiedlicher Führungsstile ist. Zudem wird klargestellt, dass unterschiedliche Mitarbeiter, u. a. aufgrund ihrer unterschiedlichen (Berufs-)Erfahrung, auch unterschiedlich geführt werden müssen.

Auf basaler Ebene wird zwischen zwei Führungsstilgruppen unterschieden: Aufgaben- versus Mitarbeiterorientierung sowie dem autoritären und dem kooperativen Führungsstil, siehe Abb. 2.1.

Klären wir an dieser Stelle kurz das Grundverständnis:

Aufgabenorientierung
- Das Arbeitsergebnis steht klar im Vordergrund und genießt höchste Priorität
- Arbeitsbedingungen werden optimiert – nicht die sozialen Interaktionen
- Mitarbeiter sind das Mittel zum Zweck der organisationalen Zielerreichung
- Oft mit strikter Einhaltung bzw. Befolgung von Vorschriften und Arbeitsanweisungen

Dabei fokussiert Aufgaben-orientierte Führung auf

- Strukturierung, Definition und Erläuterung der Organisationsziele
- Motivation der Mitarbeiter wird auf Leistungserbringung bzw. -steigerung fokussiert
- Überwachung und Kontrolle von Leistungserbringung und Aufgabenerledigung

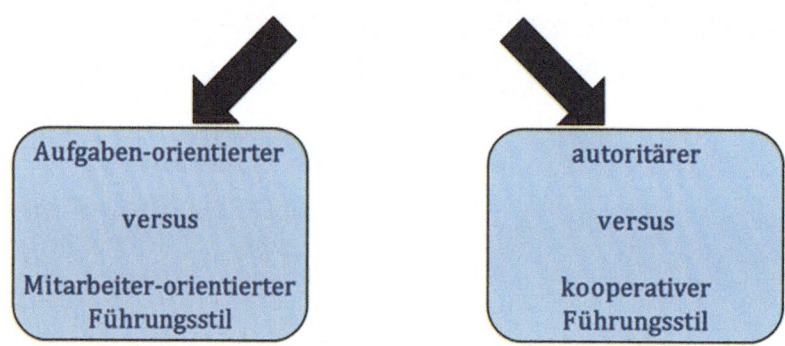

Abb. 2.1 Dichotome Führungsstile

Mitarbeiterorientierung
- Die Stimmung unter den Mitarbeitern steht klar im Vordergrund und genießt höchste Priorität
- Freundlichkeit, Vertrauen, Respekt und Work-live Balance sind wichtiger als die Aufgabe

Dabei fokussiert Mitarbeiter-orientierte Führung auf

- Kontakt und Interaktion mit anderen (sowohl in Bezug auf Quantität als auch Qualität)
- Fürsorge für andere (und deren Bedürfnisse)
- Eine grundsätzlich positive Einstellung gegenüber Kollegen und Teammitgliedern

Autoritärer Führungsstil
- Klare Basis ist legitimierte Macht
- Klare Machtstrukturen: Ich sage, Du machst!
- Auf kurze Sicht hoch leistungsfähig; im Schnitt aber eher niedriger als bei kooperativem Führungsstil
- Kaum Innovation, Kreativität und Mitarbeiter-Initiative
- Entscheidungen ggf. qualitativ suboptimal
- Erhöhte Mitarbeiter-Fluktuation, höhere Stress-Niveaus, erhöhte Krankheits- und Absentismusraten
- Schnelle Entscheidungen

Kooperativer Führungsstil
- Führungskraft als „primus inter pares" oder Senior Berater, ggf. mit dem Recht, die letzte Entscheidungsinstanz darzustellen
- Entscheidungen basieren auf gemeinsamer Expertise
- Wie Dinge gemacht werden, ist zweitrangig, wichtiger ist, dass sie (korrekt) gemacht werden

- Verlangt von Mitarbeiter und Führungskraft am meisten
- Führungskraft muss vertrauen können
- Führungskraft muss delegieren können
- Mitarbeiter müssen „qualifiziert" sein und Verantwortung übernehmen
- Mitarbeiter zeigen mehr Verantwortung und sind motivierter
- Niedrige Fluktuation und Abwesenheitsraten (weniger Krankheitstage und niedrigere Absentismusrate)
- Gefahr langsamer Entscheidungsfindung
- Gefahr der Tendenz zur Mitte bei Entscheidungsfindung

Führungskräfte selbst teilen sich nicht selten einerseits entweder der Kategorie Aufgaben-orientiert oder Mitarbeiter-orientiert zu und bekennen sich andererseits als eher autoritär oder eher kooperativ im Führungsverhalten. Diese Eindimensionalität stellt aus meiner Sicht ein Missverständnis dar, denn es ist durchaus möglich, Aufgaben-orientiert und autoritär oder auch Aufgaben-orientiert und kooperativ zu führen, sodass es sich eigentlich verbietet, diese beiden Führungsstilgruppen isoliert zu betrachten. So ist es beispielsweise möglich, dass eine Führungskraft streng aufgabenorientiert Leistung zu Lasten der Mitarbeiter durchpeitscht oder diese kooperativ beteiligt. Auch könnte eine stark mitarbeiterorientierte Führungskraft sehr autoritär einen leicht kränklichen Mitarbeiter nach Hause schicken.

Wie kann ich diese Dichotomien der klassischen Führungslehre in meinen Alltag als Führungskraft einbauen?
Wie bereits in Kap. 1 klargestellt, ist Führungsverhalten immer situativ anzupassen. Die an dieser Stelle nunmehr eingeführten Unterscheidungen sind noch sehr grob, einseitig und für gute Führungskräfte nicht ausreichend. Gerade junge Führungskräfte ohne gute formale Führungskräfte-Ausbildung ordnen sich schnell einem dieser Stile zu und tendieren dort zu verharren. Es ist zweifelsfrei wichtig, sich selbst und sein (Führungs-)Verhalten zu (er-)kennen. In einem nächsten Schritt gilt es aber, flexibler damit umzugehen und darauf aufbauend auch komplexeres Führungsverhalten zeigen zu können.

- Sie sollten sich selbst die Frage beantworten können, welchem dieser Stile Sie aktuell mehr Raum und Zeit in Ihrer täglichen Arbeit als Führungskraft einräumen und warum dem so ist.
- Fragen Sie sich anschließend, warum Sie die anderen Stile weitaus seltener anwenden und ob dies gerechtfertigt ist. Fragen Sie sich bitte auch, ob sich das nicht ändern lässt und wenn ja, in welchen konkreten Situationen Sie ggf. künftig anders agieren könnten. Was wäre der Vorteil eines solchen geänderten Führungsverhaltens (vor allem aus der Sicht der Mitarbeiter)?

Beachten Sie hierzu unterstützend die Ausführungen in Kap. 3 und 4; dort wird Ihnen aufgezeigt, wie Sie Führungsverhalten (noch) differenzierter zum Wohle der Mitarbeiter und des Unternehmens einsetzen können. Sowie Kap. 6, um eine solche Veränderung langfristig mittels Selbst-Führung in Ihren Alltag als Führungskraft zu integrieren.

2.1   Das Kontinuum von Tannenbaum & Schmidt

Der Dichotomie des autoritären Führungsstils einerseits und des kooperativen Führungsstils andererseits stellen Tannenbaum & Schmidt bereits 1958 ein Kontinuum mit sieben Abstufungen hinsichtlich des Entscheidungsspielraums gegenüber. Zur Verdeutlichung werden diese nun kurz einzeln abgegrenzt und definitorisch klargestellt.

- **autoritär:** Die Führungskraft entscheidet und gibt entsprechende Anweisungen zur Sicherstellung der Umsetzung.
- **patriarchalisch:** Die Führungskraft entscheidet. Im Zuge der Sicherstellung der Umsetzung versucht die Führungskraft die Mitarbeiter zu überzeugen und geht auch auf das „Warum" ein.
- **beratend:** Die Führungskraft versucht vor der Entscheidung die Mitarbeiter von der Richtigkeit zu überzeugen und stellt hierzu auch Fragen.
- **konsultativ:** Die Mitarbeiter werden über anstehende Entscheidungen informiert und erhalten die Möglichkeit, ihre Meinung und Einschätzung mitzuteilen; ggf. korrigiert die Führungskraft daraufhin die geplante Entscheidung.
- **partizipativ:** Die Mitarbeiter werden aktiv in die Entscheidungsfindung einbezogen und fungieren somit als Berater für die Führungskraft; diese trifft letztlich die Entscheidung.
- **delegativ:** Hierbei schränkt die Führungskraft den für eine Entscheidung verfügbaren Raum ein, setzt Grenzen. Innerhalb dieser Grenzen entscheidet das Team.
- **demokratisch:** Entscheidungen werden durch das Team autonom getroffen. Die Führungskraft übernimmt vor allem koordinatorische Aufgaben.

Es wird nun sichtbar, dass es den einen und einzigen kooperativen Führungsstil, welcher noch zuvor im obigen Text festgeschrieben erschien, so also gar nicht gibt. Im Zusammenhang mit den oben aufgelisteten Abstufungen zeigten die berühmten Iowa-Studien Ende der 1930er, welche oft auch als „Geburtsstunde der modernen Führungsforschung" angesehen werden, dass sich der Führungsstil auch in der Art der Kommunikation niederschlägt. Kommunikation wiederum beeinflusst direktes und indirektes Verhalten der geführten Personen. Wobei vor allem die indirekte Wirkung beachtet werden muss: Annahmen darüber, was gewünscht ist oder erwartet wird, prägen unterschwellig die gelebten Werte. Sie sind daher schwerer zu erkennen und noch schwerer zu korrigieren.

Tab. 2.1 Kommunikation im autokratischen versus demokratischen Führungsstil

Autokratischer Führungsstil	Demokratischer Führungsstil
• Aggressivität und Bestreben, andere MA zu dominieren • Unterwürfigkeit ggü. der Führungskraft; gesteigertes Bedürfnis, deren Aufmerksamkeit zu erhaschen • Hoher Anteil an negativer „ego-involvierter" Sprache (negative Stimuli der Selbst-Identität) • Niedriger Anteil an objektiv-neutraler bzw. wertschätzender Ansprache	• Ungezwungene, objektive und freundliche Interaktion • Einfacher Kontakt mit der Führungskraft • Niedriger Anteil an „ego-involvierter" Sprache • Hoher Anteil an wertschätzender Kommunikation

Die Gegenüberstellung in Tab. 2.1 der beiden Enden des Kontinuums gemäß Tannenbaum & Schmidt verdeutlicht die unterschiedlichen Wirkungen auf Verhalten und Kommunikation.

Wie kann ich Tannenbaum & Schmidt in meinen Alltag als Führungskraft einbauen?
Grundsätzlich gelten hier die gleichen Hinweise wie im vorangegangenen Unterkapitel: Die von Tannenbaum & Schmid vorgestellten Unterscheidungen sind noch sehr grob, einseitig und für gute Führungskräfte nicht ausreichend. Gerade junge Führungskräfte ohne gute formale Führungskräfte-Ausbildung ordnen sich schnell einem dieser Stile zu und tendieren dort zu verharren. Es ist zweifelsfrei wichtig, sich selbst und sein (Führungs-)Verhalten zu (er-)kennen. In einem nächsten Schritt gilt es aber, flexibler damit umzugehen und darauf aufbauend auch komplexeres Führungsverhalten zeigen zu können.

- Sie sollten sich selbst die Frage beantworten können, welchem dieser Stile Sie aktuell mehr Raum und Zeit in Ihrer täglichen Arbeit als Führungskraft einräumen und warum dem so ist.
- Fragen Sie sich anschließend, warum Sie die anderen Stile weitaus seltener anwenden und ob dies gerechtfertigt ist. Fragen Sie sich bitte auch, ob sich das nicht ändern lässt und wenn ja, in welchen konkreten Situationen Sie ggf. künftig anders agieren könnten. Was wäre der Vorteil eines solchen geänderten Führungsverhaltens (vor allem aus der Sicht der Mitarbeiter)?
- Beachten Sie grundsätzlich, dass von Ihnen gezeigtes Führungsverhalten mit einem gewissen Sprachverhalten einhergeht und somit die Kommunikation der von Ihnen geführten Mitarbeiter beeinflusst.

Beachten Sie hierzu unterstützend die Ausführungen in Kap. 3 und 4; dort wird Ihnen aufgezeigt, wie Sie Führungsverhalten (noch) differenzierter zum Wohle der Mitarbeiter und des Unternehmens einsetzen können. Sowie Kap. 6, um eine solche Veränderung langfristig mittels Selbst-Führung in Ihren Alltag als Führungskraft zu integrieren.

2.2　Der gute alte 9-9er Führungsstil – Das Verhaltensgitter von Blake & Mouton

Aufbauend auf den bereits vorgestellten eindimensionalen Führungsstilen veröffentlichten Blake und Mouton 1964, 1978 und 1985 ein (weiterentwickeltes) zweidimensionales Führungsmodell. Dieses zeichnet sich durch die beiden Achsen „Aufgaben- und Leistungs-Orientierung" auf der Abszisse und „Mitarbeiter- und Beziehungs-Orientierung" auf der Ordinate aus. Es vereint somit zum damaligen Zeitpunkt erstmalig das Verständnis, dass Führung nicht eindimensional betrachtet werden darf. Was zu Beginn dieses Kapitels also noch als getrennte Stile betrachtet wurde, findet sich nun unter gleichem Dach wieder. Dabei hat die Mitarbeiter- und Beziehungsorientierung an Qualität gewonnen: Zuvor standen einseitig egoistische Mitarbeiter-Interessen im Vordergrund, nun geht es darum, Vertrauen aufzubauen, Leistungsbereitschaft sowie den Wert der Mitarbeiter zu steigern. Diese Sichtweise und die damit verbundenen Handlungsempfehlungen können durchaus als Vorläufer der Transformationalen Führung – siehe Kapitel Transformationale Führung – Das 4-i-Konzept – verstanden werden. Da die beiden Achsen bereits im vorangegangenen Kapitel thematisiert wurden, können wir uns auf wichtige Ausprägungen innerhalb des Gitters konzentrieren. Jede Achse ist in 9 Stufen unterteilt. Somit ergeben sich aufgrund der 2-Dimensionalität insgesamt 81 mögliche Führungs-Verhaltenskombinationen. Allgemein werden aber nur die 4 Extremposition des Gitternetzes sowie die Mittelposition vorgestellt. Abb. 2.2 verdeutlicht das. Man beachte im Folgenden die

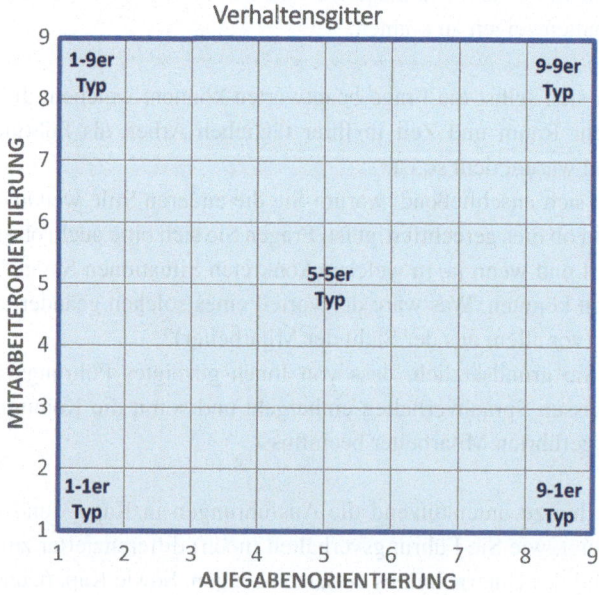

Abb. 2.2 Verhaltensgitter

Bezeichnung Management in den Führungsstilen: Ein Hinweis auf das in der damaligen Zeit noch nicht ganz ausgereifte Verständnis des Unterschiedes zwischen Management und Führung.

- **Überlebensmanagement (1-1er Typ):** Entspricht quasi dem Laissez-Faire-Führungsstil (siehe hierzu das Kapitel Transformationale Führung – Das 4-i-Konzept); sowohl die anstehenden Aufgaben als auch die Mitarbeiter werden geringstmöglich aktiv durch die Führungskraft begleitet.
- **Befehl-Gehorsam-Management (9-1er Typ):** Die zu erledigenden Aufgaben stehen klar im Vordergrund. Auf persönliche Befindlichkeiten wird keine Rücksicht genommen. Das aktive Einbringen der Mitarbeiter ist seitens der Führungskraft nicht gewünscht. Im Sinne des bereits vorgestellten Führungs-Kontinuums kann der Führungsstil als autoritär verstanden werden.
- **Samthandschuh-Management (1-9er Typ):** Diese Führungskräfte sind vor allem um Harmonie sowie Konfliktvermeidung bedacht und haben dabei die Arbeitsatmosphäre und zwischenmenschliche Beziehungen im Fokus. Die Zielerreichung wird vernachlässigt und führt zu schlechter und verlangsamter Leistungserbringung durch die Mitarbeiter.
- **Team-Management (9-9er Typ):** Hierbei brilliert die Führungskraft mit maximaler Mitarbeiterorientierung und sorgt gleichzeitig für hohe Arbeitsleistung und Erreichung der Ziele. Die Mitarbeiter sind in Entscheidungsprozesse eingebunden und fühlen sich wertgeschätzt. Im Sinne des bereits vorgestellten Führungs-Kontinuums kann der Führungsstil als partizipativ interpretiert werden.
- **Organisationsmanagement (5-5er Typ):** Die Erledigung von anstehenden Aufgaben kann als ausreichend bezeichnet werden. Mitarbeiter-Interessen wird versucht zu entsprechen, wodurch ein akzeptabler Grad an Motivation erreicht wird. Die Mitarbeiter laufen aber nicht zu Hochform auf.

Hartnäckig hält sich in diesem Zusammenhang das Gerücht, man müsse idealerweise auf beiden Achsen weit außen liegen und somit den 9-9er Führungsstil praktizieren. Jedoch konnten empirische Studien dies weder eindeutig belegen noch falsifizieren. Aus heutiger Sicht verwundern diese Ergebnisse nicht, zu wichtig sind weitere, zum Teil situative Faktoren. Diese werden Ihnen in den folgenden Kapiteln nähergebracht. Nichtsdestotrotz erfreut(e) sich das Verhaltensgitter (im Original ursprünglich als „Managerial Grid" und mittlerweile als „Leadership Grid" bezeichnet) durchaus zu Recht gewisser Beliebtheit. Gerade in der Weiterbildung des Führungskräfte-Nachwuchses leistet es durchaus wichtige und empirisch-gestützt positive Dienste. Dabei werden heutzutage alle Kombinationen ab 5,5 aufwärts – also bis 5,9 und 9,5 – positiv interpretiert.

Wie kann ich den 9-9er Führungsstil in meinen Alltag als Führungskraft einbauen?
Als Führungskraft müssen Sie gleichermaßen die Aufgaben im Blick haben und auf die Mitarbeiter fokussieren können. (Erinnern Sie sich? Lokomotion und Kohäsion!) Dies aber sicherlich nicht immer mit theoretisch größtmöglicher Ausprägung.

- Starten Sie damit, sich selbst auf dem Verhaltensgitter einzuordnen: Wo zwischen 1 und 9 befinden Sie sich auf der Mitarbeiter-Achse und wo auf der Aufgaben-Achse?
- Ausgehend von Ihrer eigenen Einschätzung: Versuchen Sie auf der schwächeren Achse mehr in Richtung zur 9 vorzustoßen.

Beachten Sie unbedingt auch die Kap. 3 und 4, um sich nicht zu sehr von klassischen Führungsstilen beeinflussen zu lassen und dabei aktuelle Erkenntnisse liegen zu lassen.

2.3 Situatives Führen – den Stellenwert der Mitarbeiter-Maturität respektieren

Hersey & Blanchard erkennen bereits 1969, dass der Führungsstil auch vom Reifegrad des Mitarbeiters abhängt, und formalisieren dies in ihrem Maturitätsmodell. Je nach Fähigkeiten sowie Motivation sind Mitarbeiter direktiver oder weniger direktiv zu führen. Dabei werden vier Reifegrade bei Mitarbeitern unterschieden, deren Definition sich zwischen 1969 und 1985 wandelte. Diesen werden sodann vier Führungsstile zugeordnet. Widmen wir uns zunächst den Reifegraden.

- **Mitarbeiter-Reifegrad 1** – nicht willig und nicht fähig
  Die Durchführung einer Tätigkeit bereitet dem Mitarbeiter Schwierigkeiten aufgrund mangelnder Kenntnisse und Fähigkeiten. Das Verhalten erscheint passiv. Die Motivation ist maximal extrinsisch (siehe hierzu auch das Kapitel Die Allzweckwaffe „Selbstbestimmung" sowie intrinsische und extrinsische Motivation) oder schlichtweg noch nicht vorhanden.
- **Mitarbeiter-Reifegrad 2** – willig, aber nicht fähig
  Diese Mitarbeiter besitzen Tatendrang, aber noch nicht die notwendigen Kenntnisse und Fähigkeiten.
- **Mitarbeiter-Reifegrad 3** – nicht willig, aber fähig
  Der Mitarbeiter besitzt bereits eine beachtliche Kompetenz, aber es fehlt die Motivation. Dies zeigt sich vor allem bei ungeliebten Tätigkeiten oder lästigen Routineaufgaben oder auch gegenüber Neuem.
- **Mitarbeiter-Reifegrad 4** – willig und fähig
  Der Mitarbeiter zeigt sich bei der Ausführung der Tätigkeit hoch kompetent und motiviert.

Die damit verbundenen Führungsstile zeigen eine steigende Bedeutung der Mitarbeiterorientierung bei gleichzeitiger Abschwächung der Aufgabenorientierung.

- **Führungsstil 1 – Dirigieren/Unterweisen**
  Zugehörig zu Reifegrad 1 wird eine hohe Aufgabenorientierung und niedrige Mitarbeiterorientierung empfohlen. Der Mitarbeiter ist zu unterweisen, erhält konkrete Vorgaben und unterliegt enger Kontrolle
- **Führungsstil 2 – Anleiten/Überzeugen**
  Passend zu Reifegrad 2 wird eine hohe Aufgabenorientierung bei gleichzeitig hoher Mitarbeiterorientierung empfohlen. Der Mitarbeiter ist anzuleiten, zu lenken und verstärkt in das „Warum" einzubeziehen. Es entsteht zunehmend eine Kommunikation auf Augenhöhe.
- **Führungsstil 3 – Partizipieren/Beteiligen**
  Verbunden mit Reifegrad 3 ist eine starke Mitarbeiterorientierung und niedrigere Aufgabenorientierung. Der Mitarbeiter ist an Abläufen und Entscheidungen aktiv zu beteiligen.
- **Führungsstil 4 – Delegieren**
  Bei Mitarbeitern mit höchstem Reifegrad ist – laut Modell – nur eine geringe Mitarbeiter- sowie Aufgabenorientierung notwendig. Auf dieser Stufe können Sie als Führungskraft Aufgaben vertrauensvoll delegieren und Gestaltungs- sowie Entscheidungsfreiheit gewähren.

Wie kann ich das Reifegrad-Modell in meinen Alltag als Führungskraft einbauen?
Die Beachtung des Reifegrades stärkt die Motivation und das Selbstvertrauen Ihrer Mitarbeiter. Das Modell sollte Ihnen verdeutlicht haben, dass Mitarbeiter aufgrund ihrer Fähigkeiten unterschiedlich geführt werden sollten. Sie werden hierzu vor allem in Kap. 3 und 4 noch weitere Elemente kennenlernen, die eine unterschiedliche Führung einzelner Mitarbeiter wichtigmachen. Daher geht es nicht darum, wortgleich die 4 Reifegrade und 4 Führungsstile umzusetzen.

- Der Wert des Reifegrad-Modells liegt vor allem darin, sich stets vor Augen zu führen, dass auch die Mitarbeiter-Maturität berücksichtigt werden muss. Dies muss meines Erachtens aber nicht zwingend in strenger Anlehnung an das Modell geschehen. Gerade vor dem Hintergrund der noch in den folgenden Kapiteln vertiefenden Erkenntnisse.
- Eine weitere wichtige Erkenntnis des Modells ist: Mitarbeiter können sich entwickeln. Dies sollten Sie fördern; beachten Sie hierzu das Kapitel Transformationale Führung – Das 4-i-Konzept.
- Beachten Sie, dass auf den ersten Reifegraden aufgabenorientiertes Führen im Vordergrund steht und danach die Mitarbeiterorientierung an Wichtigkeit gewinnt.
- Beachten Sie, dass ein Mitarbeiter bei unterschiedlichen Tätigkeiten unterschiedliche Reifegrade haben kann.

- Bei Reifegrad 1 sollten Sie bemüht sein, den Mitarbeiter verstärkt zu motivieren. Nutzen Sie hierzu die Kenntnisse des Kapitels Motivation.
- Gehen Sie ab Reifegrad 3 auch verstärkt auf das „Warum" von Aufgaben ein.
- Bei Reifegrad 4 sollten Sie nicht vorschnell von der Mitarbeiterorientierung ablassen; beachten Sie hierzu das Kapitel Transformationale Führung – Das 4-i-Konzept.

Literatur

Blake & Mouton (1994): The Managerial Grid: Key to Leadership Excellence (Gulf Publishing)
Hersey & Blanchard (1982): Management of Organisational Behaviour (Prentice-Hall)
Tannenbaum & Schmidt (1958): How to Choose a Leadership Pattern; *Harvard Business Review*;36, 95–101

Evidenzbasierter Führungserfolg– Das große 1x1 der Führung

Sowohl die führerorientierten Ansätze als auch die situationsorientierten Ansätze sind (nicht nur unter Laien, sondern bis hin zu MBA-Studenten) immer noch verbreitete Modelle zur Erklärung und Vorhersage von Führungserfolg. Aufgrund ihrer sehr einseitigen Betrachtung von Führung und ihrer unzureichenden empirischen Bestätigung haben sie in der (sozial-)psychologischen Führungsforschung aber kaum noch Gewicht.

In Kap. 2 kamen nicht nur relevante Klassiker zum Zuge, es verdeutlichte vielmehr, dass sich oft nur auf vereinzelte Aspekte der komplexen Materie „Führungserfolg" fokussiert wurde, wie z. B. Aufgaben oder Mitarbeiter. Kap. 3 bietet nunmehr einen wichtigen sozial-psychologischen Fokus-Wechsel: die Sicht der Geführten, deren Erwartungen sowie Vorstellungen gewinnen an Bedeutung und bestimmen mit über Führungserfolg. Obwohl Führung sich per Definition innerhalb von Gruppen ereignet, finden gruppendynamische Prozesse nur wenig bis keine systematische Beachtung in den vorangegangenen traditionellen Ansätzen. Es wird dort nämlich oft vernachlässigt, dass eine Gruppe (im Sinne einer Eigengruppe in Abgrenzung zu einer oder mehreren Fremdgruppen) das Erleben und Verhalten aller Mitglieder beeinflusst und Gruppenzugehörigkeit wie auch Gruppendynamik sich natürlich auch auf den Gruppenprozess auswirken.

Im Folgenden möchte ich deshalb meinen Schwerpunkt auf die eher dynamischen Ansätze innerhalb der Führungsforschung legen und wende mich dem Sozialen Identitätsansatz nach Tajfel und Turner (1986) zu bzw. seiner Weiterentwicklung, der Selbstkategorisierungstheorie. Die Erkenntnisse aus diesen Grundlagen-Theorien führten in der Forschung zu dem deutlich komplexeren Ansatz der sozialen Identität der Führungskraft,

Ergänzende Information Die elektronische Version dieses Kapitels enthält Zusatzmaterial, auf das über folgenden Link zugegriffen werden kann [https://doi.org/10.1007/978-3-662-65905-2_3].

den ich hier vorstellen will. Danach werfe ich mit Ihnen einen Blick auf die international in der Führungsforschung viel beachteten Modelle, wodurch Sie Ihre Praxis als Führungskraft zweifelsfrei bereichern werden.

3.1   Die soziale Identität der Führungskraft

Basierend auf den viel beachteten und anerkannten Forschungsresultaten von Tajfel & Turner wurde, gewissermaßen in einem Dreischritt, die Theorie der sozialen Identität der Führungskraft entworfen. Die genannten Forscher entwickelten in einem ersten Schritt den sog. Sozialen Identitätsansatz. Dieser besagt, stark verkürzt, dass es eine Eigengruppe und eine Fremdgruppe gibt: ein ständiges Vergleichen zwischen „uns und denen". Dabei verbinden wir alle mit Gruppenzugehörigkeit den Wunsch nach einem positiven und sicheren Selbstkonzept. Wir wollen uns in unserer Gruppe wohlfühlen und sind als Gruppenmitglied daran interessiert, uns mit unserer Gruppe positiv von anderen Gruppen zu unterscheiden. Nahezu automatisch finden wir gute Gründe für die Eigengruppe und wichtige, elementare Unterscheidungsmerkmale bei Fremdgruppen. Dabei sind wir (Menschen) sehr leicht dahingehend beeinflussbar, ab wann wir uns einer Gruppe zugehörig (und somit gewissermaßen auch verpflichtet) fühlen. Dies belegte in beeindruckender Weise die Studie zum Minimalgruppenparadigma. Oft reicht bereits eine Banalität, um ein „Wir" und ein „Die Anderen" zu etablieren und daraufhin auch aktiv Abgrenzung zu betreiben. Um in diesem sozialen Vergleich (wir gegen die anderen) zu bestehen und uns positiv von anderen Gruppen zu unterscheiden, gibt es unterschiedliche Strategien, um den eigenen Gruppenstatus zu erhöhen, zu stabilisieren oder die Gruppe für eine höher gestellte Gruppe zu verlassen. Diese Mechanismen sind

- Mobilität – Verlassen der Gruppe und Wechsel zu einer „besseren" Gruppe
  Beispiel: Als Fußball-Profi mit Vertrag bei einem Verein der 2. Bundesliga sind Sie durchaus zufrieden. Aber tatsächlich streben Sie nach einem Vertrag bei einer Mannschaft der 1. Bundesliga und würden in Falle eines entsprechenden Angebotes sofort wechseln.
- Kreativität – Wechsel der Vergleichsebene mit einer anderen Gruppe
  Beispiel: Kaum ein Fußball-Verein in Deutschland hat die finanziellen Mittel und definitiv so viel deutsche Meisterschaften gewonnen wie der FC Bayern München. Um sich nun als Gruppe eines anderen Vereins nicht schlecht zu fühlen, könnte dieser Verein die familiäre Atmosphäre betonen oder auf die tollen Fans abstellen. Somit wäre die Vergleichsebene nicht mehr die Anzahl gewonnener Titel, sondern eben die familiäre Atmosphäre oder die tollen Fans.
- Konfrontation – Herausforderung der anderen Gruppe
  Beispiel: Tatsächlich könnte sich ein Fußballverein aber auch auf sportlicher Ebene mit dem FC Bayern „anliegen" und versuchen, mittels guter Jugendarbeit oder geschickter Transferpolitik künftig in der Tabelle regelmäßig vor den Bayern zu landen.

In ihrer Weiterentwicklung entstand anschließend die Selbstkategorisierungstheorie (Turner et al. 1987) und die Erkenntnis, dass wir uns nicht ständig als Gruppenmitglied einer einzigen Gruppe sehen, sondern teilweise als Individuum innerhalb einer Gruppe oder als Gruppenmitglied verschiedenen Gruppen zugehörig fühlen.

Als Professor kann man sich daher innerhalb der Fakultät an einem vorlesungsfreien Tag in Jeans und T-Shirt sehr individuell geben und an einem anderen Tag im Anzug während der Vorlesung dem klassischen Bild eines Professors entsprechen. Dabei aber innerhalb dieser Vorlesung kurz die Distanz zu den Studierenden aufheben und über das Privatleben und den eigenen Hund sprechen. Nach der Vorlesung könnte dann die Eigengruppe der Professoren kurzzeitig in einer Besprechung des Fakultäts-Führungsgremiums für die etwas exklusivere Eigengruppe der professoralen Führungskräfte getauscht werden.

Mit dem Wissen um Gruppenzugehörigkeit und damit verbundenen Dynamiken entwickelte sich anschließend der Soziale Identitätsansatz der Führung. Entscheidendes Element hierbei ist die Prototypikalität: Innerhalb einer Gruppe verkörpert eine Person die Werte, Einstellungen und Handlungen dieser Gruppe „am typischsten" und hat daher gute Voraussetzungen der Beeinflussung auf die Teammitglieder. Einflussmöglichkeit ist elementarer Baustein für die Ausübung von Macht. Beides, Einflussmöglichkeit und Macht ist nötig, um Mitarbeiter gemäß den beiden Kernfunktionen der Führung – Kohäsion und Lokomotion – zu lenken.

Bitte erkennen Sie an dieser Stelle die Relevanz der Konzepte Ingroup (Eigengruppe), Outgroup (Fremdgruppe) und Prototypikalität. Dies sind wichtige Elemente moderner Denkschulen der Führungsforschung, welche auch in Ihren Praxisalltag hineinwirken.

Stellen Sie sich einen Mann vor, der in einem Anzug das Klubhaus einer Biker-Gang betritt. Dort spielt gerade laute Musik und die Menschen unterhalten sich lautstark und ausgelassen. Im Moment des Betretens des fremden Anzugträgers verstummt der Raum. Das Aussehen alleine sorgt für eine In- und eine Outgroup. Nun liegt es an dem Anzugträger, der Biker-Gang zu zeigen, dass er kein Fremder ist bzw. bleibt oder gar Strategien zu nutzen, um der neue Anführer zu werden …

Das folgende Unterkapitel geht näher auf die Aspekte Prototypikalität, deren Beeinflussungsmöglichkeiten und soziale Identität im Zuge der Führung (Hogg 2001) ein.

Die Führungsperson als Eigengruppen-Prototyp

Soziale Kategorisierungsprozesse unterteilen die soziale Welt in Eigen- und Fremdgruppen. Kognitiv repräsentiert sind diese Eigen- und Fremdgruppen als Prototypen. Das Führungspotenzial (und somit der Führungserfolg) wird maßgeblich von der Prototypikalität für die Eigengruppe beeinflusst! Der Eigengruppenprototyp verkörpert also sowohl, was die Mitglieder der Eigengruppe gemeinsam haben, als auch, was „uns" von „denen" unterscheidet. Relevant für den sozialen Identitätsansatz der Führung ist nun, dass nicht alle Eigengruppenmitglieder als gleich prototypisch wahrgenommen werden. Je mehr ein Eigengruppenmitglied bzw. die Führungskraft dem Prototyp der Gruppe entspricht, umso repräsentativer wird diese Person auch für die Eigengruppe und umso mehr scheint sie die Werte, Normen und Ziele der Gruppe zu verkörpern.

Stellen wir uns eine Gruppe Studierender vor. Nehmen wir an, dass in dieser Gruppe ein Gruppenvertreter bestimmt werden soll. Dazu soll jedes Gruppenmitglied Eigenschaften eines „idealen Gruppenvertreters" auflisten. Welche Eigenschaften würden wohl am meisten genannt? Vielleicht wären folgende Attribute in Summe sehr oft vertreten: jemand, der sich mit vielen anderen Studierenden gut versteht; hilfsbereit ist; jemand, der gute Noten schreibt; kommunikativ ist; jemand, der auch mit den Professoren reden kann; jemand, der Spaß versteht; vielleicht auch jemand, der schon in ähnlicher Funktion aktiv war …

Welches Gruppenmitglied nun als besonders prototypisch wahrgenommen wird, entscheidet sich wesentlich durch den Vergleichsrahmen – also den Intergruppenkontext (Eigen/Fremdgruppe), in den die Eigengruppe eingebettet ist. Das Eigengruppenmitglied, das gleichzeitig am wenigsten Unterschiede zu den anderen Eigengruppenmitgliedern aufweist und sich dabei am meisten von den Mitgliedern der Fremdgruppe abhebt, gilt als das prototypischste Mitglied der Eigengruppe. Die Summe dieser meist genannten Eigenschaften bestimmt die Prototypikalität. Und gemäß des Ansatzes der sozialen Identität der Führungskraft besitzt die studierende Person, welche die am meisten genannten Eigenschaften in sich am besten vereint, die besten Chancen auf die Gruppenvertretung.

Im Ergebnis erleichtert es dieser Person (bzw. der Führungskraft) die zwei grundlegenden Aufgaben der Führung (siehe Kap. 1) erfolgreich zu meistern! Somit postuliert diese Theorie, dass es wichtiger ist, für eine Gruppe als prototypischer Vertreter angesehen zu werden, als tatsächliche Fähigkeiten zum Führen einer solchen Gruppe zu besitzen. (Erkennen Sie darin Parallelen zur Politik? Tatsächlich verweist der soziale Identitätsansatz oft auf die Politik und es finden sich schier endlose Beispiele dafür! Gerade in den USA gehört dieses Wissen zum kleinen 1x1 eines jeden Polit-Managers: Der eigene Kandidat wird als prototypisch für die Wählerschaft dargestellt; Gegenkandidaten als nicht-prototypisch.)

Dabei wird das (Führungs-)Verhalten hoch prototypischer Mitglieder eher auf deren Persönlichkeit zurückgeführt als auf ihre Prototypikalität. Hierzu tragen zwei Faktoren bei: soziale Attraktivität und Attributionsverzerrung.

- Soziale Attraktivität beschreibt, ob eine Person von der Gruppe „gemocht" wird (aus welchen Gründen auch immer). Wird diese Person gemocht, folgt man deren Anweisungen oder Handlungsvorschlägen öfter und lieber.

- Attributionsverzerrung (siehe auch Abschn. 4.1): Je mehr eine Person aus der Umgebung hervortritt, d. h. je perzeptuell distinkter (hoch-prototypische Gruppenmitglieder sind perzeptuell distinkter) sie ist, desto größer die Neigung, das Verhalten dieser Person dispositional zu begründen. Sowohl Führungserfolg als auch Führungsversagen wird daher mehr der Persönlichkeit dieser Führungsperson zugeschrieben als den Umständen.

Diese Einsicht ist vor allem für das noch folgende Kapitel zu charismatischer Führung wichtig. Zudem ergeben sich aus den bisherigen Erkenntnissen wichtige Möglichkeiten für Führungskräfte, die Wahrnehmung anderer zu beeinflussen; dies wird im anschließenden Kapitel dargelegt.

Die Führungsperson als Entrepreneur der Sozialen Identität
Mit dem Wissen über die Konzepte der relativen Prototypikalität (bzw. den Sozialen Identitätsansatz der Führung), der sozialen Attraktivität und der Attributionsverzerrung wird deutlich, dass eine Person nicht passiv oder gar automatisch zur Führungsperson innerhalb einer Gruppe wird, sondern dass diese dynamischen Elemente (gezielt) beeinflusst werden können! Somit wird die Führungskraft zum Akteur und Gestalter.

Ich plädiere an dieser Stelle explizit nicht dafür, diese Möglichkeiten der Beeinflussung immer zu nutzen. Trotzdem erachte ich es als wichtig, das Wissen darüber zu teilen. Wie bereits im vorangegangenen Kapitel klargestellt, wird diese Beeinflussung bei Wahlen in der Politik schon lange eingesetzt. Als Wähler sind uns diese Taktiken aber ggf. gar nicht wirklich bewusst. Fair erscheint dies nicht. Ein wichtiger Schritt ist es daher, aufzuklären und die Wirkmechanismen aufzudecken – ebenso, wie Verbraucher und Konsumenten um Wirkungs- und Funktionsweisen der Werbung wissen sollten, ohne deshalb dieses Wissen sogleich für eigene Vorteile ausnutzen zu wollen …
Widmen wir uns nun genau diesen sozialpsychologischen Ansätzen zur sozialen Identität und zur Beeinflussung der (relativen) Prototypikalität. In Theorie und Praxis sind die folgenden Möglichkeiten der Verstärkung und Stabilisierung bekannt und werden genutzt:

- **Anpassung der sozialen Identität der Gruppe an die eigene Person**
  Es ist möglich, dass man die eigenen Werte zu denen der Gruppe macht; somit muss man sich selbst weder ändern noch anpassen. Bezogen auf das Beispiel mit den Studierenden: Sportlichkeit war ursprünglich kein für die Gruppe wichtiger wert. Wenn der Gruppenvertreter sportlich ist, könnte dies als wichtiger Wert etabliert werden; z. B. weil ein gesunder Geist einen gesunden/sportlichen Körper braucht. Wenn die Gruppe dies als Wert anerkennt, hat eine sportliche Person dann Vorteile gegenüber einer nicht-sportlichen Person.
- **Andere Führungsanwärter als weniger prototypisch charakterisieren**
  Um sich prototypischer erscheinen zu lassen, kann man die Gegenseite als weniger prototypisch charakterisieren. Bezogen auf das Beispiel mit Studierenden: Es gibt viele

gute Führungskräfte, die unsportlich sind. Wer zu viel Zeit in Sport investiert, hat weniger Zeit für das Studium oder für die Aufgaben eines Gruppenvertreters. Man könnte guten Sportlern zudem unterstellen, dass diese mehr auf Äußerlichkeiten des Körpers achten ... Diese Argumente könnten dafür sorgen, dass eine sportliche Person als weniger prototypisch für Studierende wahrgenommen wird.

- **Anpassung des Vergleichsrahmens**

  Ingroup und Outgroup vergleichen sich, es gibt sozusagen „anerkannte Schlachtfelder"; um die Eigengruppe, vor allem aber die eigene Stellung in der Eigengruppe, zu stärken, kann sich ein Wechsel des Vergleichsrahmens lohnen. Hierzu haben Sie bereits das Beispiel von Fußball-Fans weiter oben kennengelernt: Schalke-Fans können sich nicht auf der Ebene sportlicher Leistung des FC Bayerns vergleichen. Der Vorsitzende des Schalke-Fanclubs könnte daher als eigefleischter Fan und bekennender Anhänger friedlicher Zusammenkünfte vor allem die Friedfertigkeit seiner Person und der Schalke-Fans per se betonen.

- **Erhöhung/Verringerung des Intergruppenkontextes (Verwischen/Betonen der Gruppengrenzen)**

  Sofern eine Führungsperson stark prototypisch für die Eigengruppe ist, sollten bestehende Gruppengrenzen betont und aufrechterhalten werden. Erkennt eine Führungskraft, dass ihre Prototypikalität in der Eigengruppe sinkt, sollten Gruppengrenzen verwischt bzw. aufgelockert werden. In der Controlling-Abteilung braucht es eine erfahrene Führungskraft, diese sollte bereits selbst Controlling-Aufgaben durchgeführt und zusätzlich einen guten Draht zur Geschäftsleitung haben. Sollte Ihnen beides fehlen, könnten Sie versuchen, die Relevanz auf Ihre Buchhaltungs-Kenntnisse zu lenken und fehlende Nähe zur Geschäftsleitung mit Ihrer Teamfähigkeit sowie dem guten Draht zu anderen Mitarbeitern auszugleichen.

- **Neu-Definition der „zu Mobilisierenden" → Anpassung der Gruppengrenzen**

  Auf Gruppenebene kann es den eigenen Zielen dienlich sein, Fremdgruppen einzubeziehen (im Sinne von Koalitionen) oder eben auszugrenzen. In Kriegen und der Politik ist dies ein gerne genutztes Mittel: Zuerst muss die eigene Bevölkerung bzw. die eigene Parteimitgliedschaft (= Gruppengrenze) mobilisiert werden. Sodann braucht es aber auch Alliierte bzw. einen Koalitionspartner, wodurch sich die vormalige Gruppengrenze erweitert/ausdehnt. Wurde der Krieg bzw. das politische Vorhaben erfolgreich beendet, wird wieder das eigene Volk bzw. die eigene Partei betont.

- **Neu-Definition der kollektiven Ziele → Appell an die Werte und Normen der Eigengruppe**

  Um die eigene Prototypikalität zu unterstreichen nutzen vor allem Politiker immer wieder Aktionen, die den Werten und Normen der eigenen Parteimitglieder entgegenkommen. Je mehr eine Aktion oder eine Zielerreichung den Werten und Normen der Eigengruppe entspricht, desto größer die Unterstützung durch die Gruppe.

Wie kann ich das Konzept der sozialen Identität als Führungskraft in meinen Alltag einbauen?
Seien Sie sich der Konzepte der sozialen Attraktivität, der Attributionsverzerrung und des sozialen Identitätsansatzes bewusst. Diese Konzepte sind wichtige Stellschrauben, die Wahrnehmung anderer, bezogen auf Ihre (Führungs-)Persönlichkeit, zu beeinflussen. Denn nicht nur Mitarbeiter bestimmen das Bild der Führungskraft, sondern auch die Führungskraft bestimmt das Bild der Gruppe und deren Identität.

- Seien Sie sich der Gruppengrenze der Eigengruppe bewusst; somit erkennen Sie auch die Grenzen zu Fremdgruppen.
- Identifizieren Sie wichtige, allgemein innerhalb der Gruppe anerkannte Werte, Einstellungen und Handlungen. Versuchen Sie sich diesen anzunähern, diese zu verkörpern.
- Sofern Sie den Werten, Einstellungen und Handlungen der Eigengruppe (stark) entsprechen, verstärken Sie die Gruppengrenzen zu anderen Gruppen. Sie erreichen dies durch Betonen und Vorleben dessen, was die Eigengruppe verbindet. Dies stärkt die Gruppenkohäsion und erleichtert somit die Lokomotion.
- Sofern Sie den Werten, Einstellungen und Handlungen nicht wirklich entsprechen, verringern Sie die Gruppengrenzen zu anderen Gruppen. Betonen Sie hierfür Gemeinsamkeiten und Schnittmengen mit anderen Gruppen. (Dies lenkt von der eigenen, nicht stark ausgeprägten Prototypikalität ab.)
- In Anlehnung an den Verweis auf die Politik: Sofern Sie mit anderen Personen/Führungskräften konkurrieren, könnten Sie diese (deren Werte, Einstellungen und Handlungen) als für die Eigengruppe weniger prototypikalisch dastehen lassen.

Ob die Nutzung dieser manipulativen Techniken oder Tricks mit Ihrer Persönlichkeit, Ihren Werten oder Vorstellungen von Moral und Ethik vertretbar ist, müssen Sie selbst prüfen. An dieser Stelle soll also kein Aufruf laut werden, solche Praktiken zu nutzen, wenngleich es durchaus sinnvoll sein kann, darüber zu wissen: z. B., weil andere dies bereits anwenden.

Lernen Sie, die Bandbreite Ihrer Möglichkeiten bewusst zu erweitern, wenn Sie Mitarbeiter ansprechen. Nutzen Sie Kommunikationssituationen, um besser Kohäsion, Konformität und Einflussnahme adressieren zu können. Depersonalisierung – also die Ansprache der Gruppenidentität einzelner Mitarbeiter – die Stärkung des „Wir" – ist dabei ein wichtiges Element. Es stärkt die Ingroup, erleichtert die Identifikation mit gemeinsamen Werten und Normen.

Beachten Sie hierzu unterstützend die Ausführungen zu (i) Exemplary Leadership, um vor allem eigene Werte und die eigene Vision in die Gruppe hineinzutragen sowie zum (ii) LMX-Model sowie (iii) charismatischer Führung.

3.2   Full Range Leadership Modell (FRLM)

Die „Erfinder" dieses Models (Bass und Avolio 1990) decken erstmals die gesamte zum damaligen Zeitpunkt bekannte Klaviatur der Führung ab, vereinen unterschiedliche Stile innerhalb eines Diagrammes und lösen sich von der bis dahin verbreiteten Unterscheidung zwischen Personen- und Aufgabenorientierung. Nunmehr stehen Effektivität und Aktivität der Führungskraft im Vordergrund.

Grundsätzlich unterscheidet das Modell zwischen „Nicht-Führung" (auch als laissez-faire bezeichnet), transaktionaler sowie transformationaler Führung. Letztere wird seit dieser Zeit und bis zum heutigen Tag als wichtiges Element erfolgreicher Führung verstanden. Eine Darstellung in Anlehnung an Abb. 3.1 findet sich, in dieser bzw. ähnlicher Form, in jedem Lehrbuch.

Die Darstellung vermittelt die Ineffektivität und Passivität des Laisse-Faire-Stiles und den schrittweisen Übergang transaktionaler Führungselemente hin zum Ideal, der transformationalen Führung. Vorschnell könnte man versucht sein, somit ausschließlich auf transformationale Führung zu setzen und die anderen Elemente als überflüssig abzutun. Doch dies würde weder der Sache noch der Praxis gerecht und war zu keinem Zeitpunkt so von den Machern intendiert. Einmal mehr gilt es, die Umstände und die Situation zu berücksichtigen. Denn dann finden sich verständliche Anlässe für das (weitestgehende) Auslassen von Führung oder die Anwendung transaktionaler Führungselemente. Lassen Sie uns zum Verständnis die einzelnen Elemente des FRLM betrachten:

- **Laissez-Faire**: Kurz gesagt ist das Ausbleiben von Führung gut mit dem Ausspruch „Ist die Katze außer Haus, tanzen die Mäuse auf dem Tisch." zu versinnbildlichen: Jeder macht, was er will, wann er will oder eben nicht. Die Führungskraft taucht faktisch

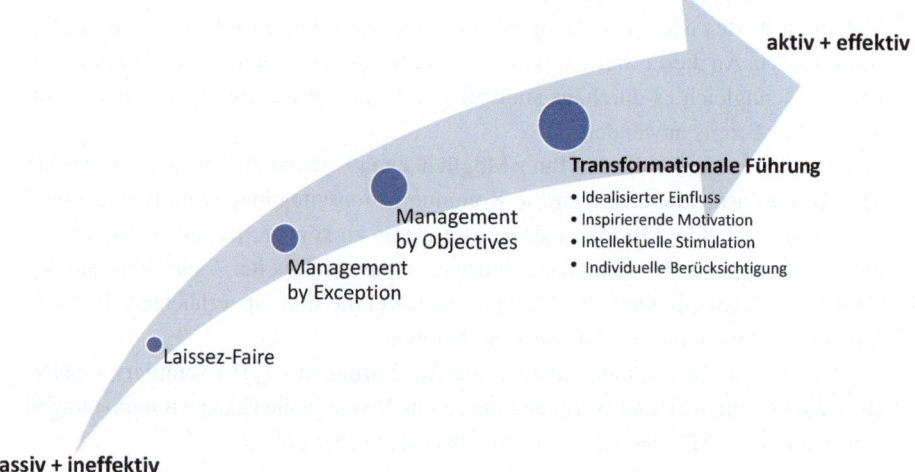

Abb. 3.1 Full Range Leadership Model gemäß Bass & Avolio

unter, kümmert sich nicht, zeigt weder an Verhalten noch Leistung der Mitarbeiter gesteigertes Interesse. Die in Abschn. 1.3 festgehaltenen Grundfunktionen der Führung – Kohäsion und Lokomotion – werden elegant ignoriert. Notwendige Arbeitsmittel und die sachlichen Arbeitsbedingungen werden zwar sichergestellt, es erfolgt aber keine Steuerung der Handlungsprozesse.

Rein intuitiv wird klar, dass dieses Verhalten einer Führungskraft dem Unternehmen nicht zum Besten gereicht. Untersuchungen belegen, dass diese Art des Nicht-Führens die Leistung der Mitarbeiter mindert, Verantwortung und Vertrauen untergräbt, Kreativität und Innovation verhindert, sowie Fluktuation und Absentismus steigert.

Nichtsdestotrotz sind Szenarien denkbar, in welchen Laissez-Faire eine gewisse Daseinsberechtigung erlangen könnte: Stellen wir uns eine Sonderabteilung in der Forschung vor. Nehmen wir an, eine Gruppe hoch bezahlter, anerkannter Experten arbeitet motiviert an einem Raumschiff, das mit Lichtgeschwindigkeit durch Raum und Zeit fliegen könnte. Runden wir das Bild dadurch ab, dass dieser Truppe ein Kaufmann vorsteht, welcher den Experten fachlich in keinster Weise das Wasser reichen kann. Es wäre denkbar, dass in einer solchen Situation auch Laissez-Faire unschädlich praktiziert werden könnte, wenn nicht sogar praktiziert werden muss, damit die Experten die notwendigen Freiräume erhalten …

- **Transaktionale Ebene**: Auf transaktionaler Führungsebene wird Führung als eine ökonomische Austausch-bzw. Interdependenz-Beziehung zwischen Vorgesetztem und Geführtem verstanden; also vereinfacht ausgedrückt auf dem Prinzip von Geben und Nehmen – Arbeitsleistung gegen Bezahlung. Beide Seiten sind somit (Haupt-)Profiteure des Austausches. Diese Austauschbeziehung wird gelegentlich auch als ökonomisches Reziprozitätsprinzip bezeichnet. Im Idealfall versucht die Führungskraft zu erkennen, welche Gegenleistung oder Belohnung ein Mitarbeiter für seine Arbeit erwartet und erbringt diese Gegenleistung bei entsprechender Arbeitsleistung des Mitarbeiters.

Eine Form transaktionaler Führung wird auch als Management by Exception bezeichnet. Das darin enthaltene Wort Management kommt nicht von ungefähr. Eine klare Abgrenzung und Vereinbarung von zu erbringender Leistung, damit verbundenen Kompetenzen und Freiheitsgraden ermöglicht es der Führungskraft, sich weitestgehend zurückzuziehen und die Mitarbeiter machen zu lassen. Das AKV-Prinzip (Aufgabe – Kompetenz – Verantwortung) wird hierbei um gewisse Grenzen und damit verbundene Prozesse erweitert, und schon wird eher gemanagt als geführt. Ein Beispiel soll dies verdeutlichen:

Ein Firmeninhaber betraut einen externen Projektleiter mit der Einführung einer neuen Software. Um den Job effizient erledigen zu können, wird dem Projektleiter erlaubt, maximal weitere 5 externe Mitarbeiter für max. 30 Tage und einen Tagessatz von max. 1500 EUR einzustellen, ohne dafür den Firmeninhaber um Erlaubnis bitten zu müssen. Es wird vereinbart, dass die Software innerhalb der nächsten 45 Tage ausgerollt und fehlerfrei laufen muss. Bei wöchentlichen Regelmeetings informiert der Projektleiter den Inhaber, sodass dieser auf dem aktuellen Stand bleibt. Es wird klar festgelegt, dass der Inhaber bei jeglichem Verdacht, dass einer der genannten Eckpunkte nicht eingehalten werden kann, unverzüglich in Kenntnis zu setzen ist. Braucht es also einen sechsten Mitarbeiter oder kann der Zeitrahmen von 45 Tagen absehbar nicht eingehalten werden, muss der Projektleiter den Inhaber einschalten. Läuft alles nach Plan, reichen die wöchentlichen Meetings aus. Der Inhaber greift somit nur in Ausnahmen ein.

An diesem Beispiel sei nicht nur die Wirkungsweise verdeutlicht, sondern auch gleich klargestellt, dass es wohlbegründete Fälle gibt, diesen Führungsstil zu praktizieren. Tatsächlich ist dies ein wichtiges Element der international angesehenen Projektmanagement-Methodologie Prince2. Sofern engagierte und erfahrene Experten am Werk sind und Vertrauen herrscht, können Elemente der Management by Exception-Technik wirkungsvoller Teil des Methodenkoffers einer Führungskraft sein.

Im oben dargestellten Modell als etwas aktiver und effektiver bezeichnet, folgt Management by Objectives (MbO) – dem Ansatz der Zielvereinbarungen. Auch hierbei handelt es sich noch um transaktionale Führung, da konkrete Handlungsweisen und Ziele vereinbart, kontrolliert und überwacht werden. Viele Unternehmen nutzen MbO und haben hierzu etablierte Prozesse, welche festlegen, was wann seitens der Führungskraft zu tun und pro Mitarbeiter festzulegen ist. Doch wird hier wird bereits eine stark individualisierte Beziehungsebene erkennbar, da Ziele und der Weg zu deren Erreichung je nach Mitarbeiter recht unterschiedlich gestaltet sein können. (Man möge es mir an dieser Stelle nachsehen, wenn ich nicht näher auf ein grundlegendes Verständnis des Ansatzes der Zielvereinbarungen eingehe bzw. dies voraussetze …)

• **Transformationale Ebene**: Bei der transformationalen Führung sieht sich die Führungskraft verstärkt als Coach, Mentor und Wegbereiter. Dabei versucht die Führungskraft, das Niveau und die Reifestufe (siehe auch Abschn. 2.3) der Mitarbeiter anzuheben. Dementsprechend ist die geführte Person Haupt-Profiteur der Beziehung. Sinnstiftung, Vermittlung von (Firmen-)Werten, Stärkung des Selbstkonzeptes und somit des Selbstvertrauens der Mitarbeiter sowie deren individuelle Motivation der Mitarbeiter stehen im Vordergrund. Dadurch entsteht entgegen der ökonomischen Reziprozität transaktionaler Führung (siehe oben) nunmehr eine soziale Reziprozität, welche verstärkt eine enge Bindung (auch zum Unternehmen selbst) aufbaut. Bei transaktionaler Führung ist der Zusammenhang von Geben und Nehmen sehr direkt und gut messbar; vergleichbar mit dem Weihnachtsgeschenk unter sehr guten Kollegen, dem sogenannten „Wichteln": Man weiß, dass man kurz vor Weihnachten ein kleines Geschenk im Wert von ca. 20 Euro macht; und irgendwie wird das mittlerweile gegenseitig auch erwartet. Demgegenüber steht bei der sozialen Reziprozität nicht mehr die enge zeitliche oder wertige Komponente im Vordergrund: Innerhalb des engen Familienkreises hilft man sich; man rechnet Gefallen nicht auf oder erwidert diese umgehend; das ist nicht mehr nötig. Man weiß, man kann sich aufeinander verlassen; keine Seite nutzt die andere aus.

Um diese höhere Stufe der Zusammenarbeit erreichen zu können, nutzt die Führungskraft das sog. 4i-Konzept. Aufgrund der Wichtigkeit transformationaler Führung wird dieses Konzept im nächsten Kapitel ausführlicher dargelegt.

An dieser Stelle sei ein persönlicher Einschub erlaubt: Jeder, der in den letzten 10 Jahren eine allgemeine Führungskräfte-Ausbildung oder -Weiterbildung genießen durfte sowie diejenigen Leser, welche ein grundlegendes Führungskräfte-Coaching erfahren haben, sollten über das 4i-Konzept aufgeklärt worden sein und den Umgang damit verstanden bzw. erprobt haben. Und jeder von Ihnen, der in nächster Zeit ein solches Programm durchlaufen wird, ebenfalls. War oder wird dies nicht der Fall sein, darf dies kritisch gesehen werden!

Bereits zu Beginn dieses Buches wurde festgehalten, dass Führung erlernbar ist. Zugleich besteht aber ein Zusammenhang zwischen Führung und Persönlichkeit. Dieser Zusammenhang zeigt sich auch bei transformationaler bzw. transaktionaler Führung. Personen, welche etwas stärker auf Gewissenhaftigkeit, Extraversion sowie Offenheit für Neues setzen, führen transformationaler. Demgegenüber scheinen Personen, welche transaktional führen, eher weniger gewissenhaft, introvertiert und unangenehm. Diese beiden Führungsstile könnten also mit unterschiedlichen Persönlichkeiten einhergehen. Wenn sich diesbezügliche Studien bestätigten, wäre dies ein wichtiger Schritt hin zu einer objektiveren Führungskräfte-Auswahl mittels Persönlichkeitstests.

Wie kann ich das FRLM als Führungskraft in meinen Alltag einbauen?
Unterschiedliche Situationen bedürfen unterschiedlichem Führungsverhalten. Das FRLM bietet dafür mehrere Stile an, alle sollten Sie in Ihren Führungsalltag integrieren (können).

- Fokussieren Sie wann und wo immer möglich auf transformationale Führung. Dies wird im folgenden Kapitel detailliert.
- Nutzen Sie transaktionale Führung möglichst bewusst, bezogen auf konkrete Aufträge oder im Zusammenhang mit bestimmten Personen in konkreten Situationen, aber eben nicht generell und unreflektiert. Zu solchen Aufgaben können ungeliebte Tätigkeiten oder allgemein Routine-Arbeiten zählen. (Diese müssen gemacht werden, jeder versteht auch den Grund und die Notwendigkeit, aber „geliebt" werden diese trotzdem von niemandem. Ein zusätzliches Beispiel finden Sie im nächsten Kapitel).
- Sofern es der Reifegrad der Mitarbeiter erlaubt, nutzen Sie auch Elemente von Management by Exception; denn somit schaffen Sie sich selbst mehr Zeit für andere Führungsaufgaben.
- Überlegen Sie, ob und wann es in Ihrem Team sinnvoll sein kann, Elemente von Laissez-faire zu nutzen (dies kann durchaus der Fall sein).

Beachten Sie unterstützend auch die Ausführungen (i) im Kapitel Situatives Führen/ Mitarbeiter-Maturität sowie (ii) zur Selbstbestimmungstheorie. Dies wird Ihnen bei der Entscheidung helfen, in welchen Fällen welches Element des FRLM zum Tragen kommen sollte.

3.2.1 Transformationale Führung – Das 4-i-Konzept

Um transformationale Führung in einem Bild einzufangen, sei an die klassisch-historische Zeichnung eines Helden erinnert: Ein wahrer Held handelt altruistisch, zum Wohle anderer und somit im gemeinschaftlichen Sinn. Eigene Macht und Stärke wird also nicht für egoistische Zwecke benutzt oder gar missbraucht, sondern für das Allgemeinwohl eingesetzt. Andere blicken zu dieser Art von Held auf. Man ersetze nun vor allem die Wörter Held durch Führungskraft sowie gemeinschaftlichen Sinn und Allgemeinwohl durch Mitarbeiter- und Firmenwohl. Zusätzlich beachte man das selbstlose Verhalten beim Ausüben der eigenen Macht und Stärke. Dieses Sinnbild bzw. transformationale Führung soll das Augenmerk weg von der Führungskraft selbst und hin zu den geführten Personen lenken.

Ein weiteres Bild möge den Unterschied zwischen transaktionaler und transformationaler Führung verdeutlichen: Kinder oder Jugendliche unter Druck und Zwang zu etwas zu bewegen oder durch monetäre Anreize zu besseren schulischen Leistungen zu motivieren, verfehlt regelmäßig das Ziel. Ebenso erkennt transformationale Führung, dass jegliche Druckmittel oder klassische Zielvereinbarungen sowie die üblichen Formen der Belohnung nur bedingt Wirkung entfalten. (An dieser Stelle sei auf die Relevanz intrinsischer Motivation und dementsprechend auf Abschn. 4.4 verwiesen).

Gemäß dem sog. Augmentations-Effekt ist allerdings die transformationale Führung nicht per se, sondern erst auf der Basis transaktionaler Führung erfolgreich. So müssen gewisse alltägliche Anforderungen effektiv gestaltet und gemanagt werden, um darauf aufbauend transformationale Wirkungen zu erzielen. Dieser – über die transaktionale Führung hinausgehende – zusätzliche Beitrag der transformationalen Führung ist empirisch gut dokumentiert. Es bleibt also festzuhalten, dass nicht transformationale Führung allein, sondern transformationale Führung auf der Basis der transaktionalen Führung nach dem Modell erfolgreich ist. Auch hier soll ein Beispiel helfen:

Bei allem Respekt für die anstrengende Arbeit einer Servicekraft in der „nicht gehobenen" Gastronomie, lässt sich gerade hier die Notwendigkeit transaktionaler Führung bzw. die Ferne zur transformationalen Führung gut verdeutlichen: Beim Italiener um die Ecke erwarten wir freundlich und aufmerksam bedient zu werden. Der Servicekraft sind die Aufgaben (Bestellung aufnehmen, Getränke und Essen servieren, Geschirr abräumen und kassieren) klar und dafür wird sie vom Restaurant-Besitzer entlohnt. Wenn alles gut läuft, erhält die Person ein Trinkgeld und damit nicht selten eine direkte

Rückmeldung zur Service-Qualität. In diesem Umfeld gibt es keine realistischen Karriere-Möglichkeiten, keine wirkliche Notwendigkeit der Weiterbildung.
Anders hingegen mag es mit dem Sohn/der Tochter des Besitzers aussehen, wenn eine entsprechende Nachfolge-Planung besteht. Dort sollte der Besitzer seine Führungs-Bemühungen auch auf transformationale Elemente erweitern.

Dieser Erfolg des transformationalen Führungsansatzes ist seit ca. 1985 (Bass) durch unzählige Autoren und Studien sehr gut belegt und erstreckt sich vor allem auf die Bereiche gesteigerter Leistung, erhöhter Kreativität, höherer intrinsischer Motivation, erhöhter Arbeitszufriedenheit auf Seiten der geführten Mitarbeiter, bis hin zu weniger Stress, geringerer Fluktuation, verbesserten Beziehungen zu Mitarbeitern und sogar höheren Einkommen auf Seiten der Führungskräfte (Pelz 2016). Es überrascht nicht wirklich, dass die auf individueller Ebene erzielten Vorteile transformationaler Führung auch auf Abteilungen, übergreifende Bereiche bis hin zur Unternehmensebene „ausstrahlen" und gut belegt sind. Wenn einzelne Mitarbeiter motivierter, zufriedener und leistungsbereiter sind, wirkt sich dies natürlich auch auf die Organisation als solche aus. Es scheint, dass gerade die mit der modernen Berufswelt verbundenen Attribute (u. a. VUCA, Diversität) der transformationalen Führung den Erfolg bescheren; nämlich durch den Fokus auf die Mitarbeiter und die Verknüpfung mit der Unternehmensethik.

Eine anfänglich der weiblichen Führungskraft zugesprochene „bessere" transformationale Führung (Eagly und Karau 2002), zeigte sich später nur sehr schwach ausgeprägt mit einem Effekt von 0.1 – also einem Zehntel einer Standardabweichung (Eagly et al. 2003). Und selbst dieser geringe Wert erfährt weitere Relativierung (Wolfram und Mohr 2010): Es wird vor allem dann transformationaler geführt wird, wenn Frauen mehrheitlich von Männern umgeben sind und in typischerweise von Männern dominierten Branchen aktiv sind. Dies ist aber auch im umgekehrten Fall so. In von Frauen dominierten Branchen führen Männer transformationaler. Am Ergebnis dürfte dies vorerst nichts ändern, denn in den meisten Führungsumfeldern sehen sich Frauen weiterhin zahlenmäßig in der Minderheit. Entscheidend ist somit kein Geschlechter-Vorteil oder -Nachteil, sondern der Minderheitenstatus im jeweiligen Führungsumfeld.

Wie es bereits die Überschrift zu diesem Kapitel vermuten lässt, umfasst das Konzept der transformationalen Führung vier Dimensionen. Diese vier Ebenen beschreiben in erster Linie charakteristische Verhaltensweisen, durch die eine transformational führende Person gekennzeichnet ist. Nach einer Kurzübersicht werden diese auf den folgenden Seiten ausführlicher dargelegt:

- **Idealisierter Einfluss/Vorbildfunktion** (im Englischen idealized influence)
  Durch das Vorleben eigener Werte und Prinzipien wird das Verhalten der Mitarbeiter positiv beeinflusst. Hierdurch wird über anfänglich reine Berechenbarkeit Respekt erzeugt, Vertrauen gefördert und sogar Raum für Stolz geschaffen. Die Mitarbeiter sollen über das vorbildliche Verhalten der Führungskraft eigenes Verhalten anpassen.

- **Inspirierende Motivation** (im Englischen inspirational motivation)
  Nebst eigener Werte und Prinzipien sind eigene Visionen der Führungskraft und deren
  Vermittlung bedeutsam. (Höherer) Sinn und Zweck von Aufgaben sowie das Streben
  nach persönlicher Verbesserung und die Zuversicht in die eigenen Möglichkeiten der
  Zielerreichung sind durch die Führungskraft positiv und mit Begeisterung zu vermitteln.
- **Intellektuelle Stimulation** (im Englischen intellectual stimulation)
  Erst wenn Raum zum Hinterfragen, Ausprobieren und Fehler machen geschaffen wird,
  kann Neues entstehen. Dieser Raum wirkt stimulierend und fördert die intelligente,
  rationale Auseinandersetzung mit Problemen und deren innovative Lösung. Individuelles Fordern und Fördern sorgt dafür, dass Mitarbeiter keinen langweiligen Stillstand
  erdulden müssen.
- **Individuelle Berücksichtigung** (im Englischen individualized consideration)
  Jeder Mitarbeiter „tickt" anders: Nicht jeder Mitarbeiter kann in gleicher Art und Weise
  angesprochen, motiviert, kritisiert oder gefordert und gefördert werden. Diese inter-
  individuellen Unterschiede bei den eigenen Mitarbeitern zu erkennen ist zeitintensiv,
  aber Grundvoraussetzung für erfolgreiche Führung.

Idealisierter Einfluss/Vorbildfunktion
Nur wer eigene Ideale kennt und diese bewusst vermittelt, kann andere dahingehend beeinflussen. Grundlage dafür sind eigene Glaubwürdigkeit und Verbindlichkeit in Worten
und Taten, das Anlegen hoher Standards an sich selbst und die Betonung des Wohles anderer vor dem Eigenwohl. So geprägtes Verhalten besitzt eine gewisse Ausstrahlungskraft
und kann charismatische Kraft entfalten. Aus Respekt wird Vertrauen und idealerweise zu
einem gewissen Grad Bewunderung. Dies regt zur Nachahmung an: Wenn's der Chef so
macht, mache ich es auch so. Ziel ist es also, dass sich die Mitarbeiter mit (dem Verhalten)
der Führungskraft identifizieren und deren Verhalten, Werte und Visionen internalisieren.
Dies setzt voraus, diese Werte und Visionen zu kommunizieren, zu diskutieren und gemeinsam abzustimmen.

Wenn durch die Vorbildfunktion und idealisiert Einfluss auf das Wirken der Mitarbeiter
genommen wird, bekommt die Ausübung von Macht eine erweiterte Bedeutung: Macht
erscheint dann nicht mehr als wahrgenommener Zwang etwas tun zu müssen (weil es die
Führungskraft will), sondern es selbst auch tun zu wollen (der Vorgesetzte macht es
ja auch).

Inspirierende Motivation
Etwas überspitzt formuliert steckt hinter dieser Verhaltensweise die Idee der „visionären
Führung". Als Führungskraft ist es wichtig, eine konkrete, realistische und positive Zu-
kunftsvision zu haben und dies auch mit den Mitarbeitern zu teilen. Wenn diese Vision
mit Enthusiasmus und Optimismus verfolgt wird und den Mitarbeitern somit die Zukunft
als schmackhafter als die Gegenwart vermittelt wird, wirkt dies „ansteckend" und setzt
Kräfte frei. Die Begeisterung der Führungskraft überträgt sich auf die Mitarbeiter. Bei

der Vermittlung dieser Vision ist das „Warum" wichtig – nur wer (Hinter-)Gründe kennt, diese versteht und akzeptiert, wird „mit Leib und Seele" dabei sein. Kommuniziertes Vertrauen und Wertschätzung lassen die eigene Arbeit der Mitarbeiter an Sinn und Bedeutung gewinnen. Dies wiederum fördert das Selbstbewusstsein sowie die Selbstwirksamkeit der Mitarbeiter. Und nur dann lassen sich auch ambitionierte Ziele setzen und hohe Erwartungen umsetzen. Hierbei kann auch der Pygmalion-Effekt bzw. die sich selbst erfüllende Prophezeiung helfen: Allein der Glaube an die eigenen Fähigkeiten und das Vertrauen der Führungskraft wirken sich positiv auf die Leistung aus. Übrigens: Der Pygmalion-Effekt kann auch zur negativen Seite hin ausfallen; Pädagogen kennen das aus Familie und Schule. Ein Kind, das häufig gesagt bekommt, es sei dumm, wird sich irgendwann wirklich als dumm empfinden und seine intellektuellen Möglichkeiten nicht ausschöpfen können.

Intellektuelle Stimulation

In einer positiven Unternehmenskultur werden Probleme nicht von Managern gelöst, sondern von Mitarbeitern. Die Führungskraft stellt in ihrem Umfeld das gegenseitige Vertrauen sicher, eigenständig Probleme lösen zu können sowie zu dürfen und schafft dabei auch Raum, Fehler machen zu können und zu dürfen. Neues darf erlernt und ausprobiert, Altes hinterfragt und geändert werden. Dies erhöht die Problemlöse-Fähigkeiten und schafft Platz für Kreativität und Innovation. Dazu gehört auch, dass Situationen und Routinen von neuen Perspektiven betrachtet und Entscheidungen kritisch überdacht werden dürfen. Die Mitarbeiter werden aktiv in die Problemlösung einbezogen und erhöhen somit auch die allgemeine Aufmerksamkeit, Probleme erkennen zu können. Dies wirkt sich positiv auf Motivation und Engagement der Mitarbeiter aus.

Individuelle Berücksichtigung

Nicht ohne Grund trainiert man im Breitensport als Gruppe, während Spitzensportler eigene Trainer haben. Gute Führung ist individuell. Als Führungskraft ist es wichtig, Stärken und Schwächen, Vorlieben, Motivation oder auch Lebens- und Karriereziele und damit verbundene Bedürfnisse der Mitarbeiter zu kennen, damit diese individuell berücksichtigt werden können. Die Führungskraft übernimmt hierbei die Rolle eines Coaches und Mentors, der Potenziale erkennt und fördert, sodass das persönliche Anspruchsniveau sowohl befriedigt als auch erhöht werden kann.

Die Mitarbeiter sind bereitwillig (seitens der Führungskraft, aber auch durch das Unternehmen selbst) beim Lernen zu unterstützen. Diese Lern-Möglichkeiten können informell und kollegial geprägt oder auch formalisiert im Sinne von Weiterbildungsangeboten ausgestaltet sein. Die Potenziale und damit verbundenen Perspektiven werden gemeinsam diskutiert und entwickelt. In diesem Zusammenhang ist es wichtig zu akzeptieren, dass Mitarbeiter nicht immer an einer Erhöhung des eigenen Anspruches, der eigenen Tätigkeit oder einem Karrieresprung interessiert sind – und das ist auch gut so! Denn selbstverständlich können nicht alle Mitarbeiter eines Unternehmens auf der Karriereleiter nach oben kommen. Nicht jeder Mitarbeiter hat ein gesteigertes Interesse daran, beruflich Karriere zu machen. Persönliche Schwerpunkte können selbstverständlich auch gänzlich außerhalb des Berufes liegen. Dies bedeutet nicht, dass ein solcher Mitarbeiter keine gute Arbeit leistet oder seine Arbeit nicht wertschätzt. Es bedeutet erst einmal lediglich, dass jemand mit dem, was er gerade hat und tut, zufrieden ist. Dies darf per se niemandem negativ ausgelegt werden!

Je nach Lesart ist transformationale Führung mal mehr, mal weniger eng mit dem Konzept der charismatischen Führung verbunden. Dieser Stil wird dementsprechend im nächsten Kapitel vorgestellt und deren Nähe zueinander erst dort beleuchtet. Darüber hinaus legen einige Forschungen nahe, dass nicht primär die Berücksichtigung des 4i-Konzeptes für die positiven Effekte der transformationalen Führung verantwortlich ist, sondern die daraus resultierende verbesserte, intensivere Beziehung zwischen Führungskraft und Mitarbeiter. Dies schlägt eine Brücke zu einem weiteren wichtigen Führungsmodell, der LMX-Theorie, welche Sie im übernächsten Kapitel kennenlernen werden.

Wie kann ich transformationale Führung als Führungskraft in meinen Alltag einbauen?
Wenn Sie auf einen einzigen Führungsstil innerhalb dieses Buches fokussieren möchten oder gar müssen, dann ist dies – unstrittig (ohne konkreteres Wissen Ihrer Situation) – transformationale Führung.

- Werden Sie sich Ihrer eigenen Ideale, Werte und Visionen bewusst.
- Kommunizieren und diskutieren Sie Ihre Ideale, Werte und Visionen regelmäßig mit Ihren Mitarbeitern.
- Vergewissern Sie sich, dass Sie jedes der 4i's verstanden haben und für sich ganz persönlich definieren und auch anderen Menschen in Ihrem Umfeld problemlos klar vermitteln können.
- Ziel transformationaler Führung ist es, das Verhalten der Mitarbeiter so zu verändern, dass es deren Motivation, Potenzial, Zielen und Wünschen (möglichst) weitestgehend entspricht. Bringen Sie als Führungskraft diese Dinge über jeden einzelnen Mitarbeiter in Erfahrung.
- Idealerweise erstellen Sie eine Matrix mit allen von Ihnen direkt (! – also nicht indirekt) geführten Mitarbeitern in einer Spalte und ergänzen Sie nun für jeden aufgelisteten Namen eine Spalte für jedes der 4i's. Eine Vorlage finden Sie als Bonusmaterial im Download-Bereich.
- Nun erarbeiten Sie für jeden Mitarbeiter zu jedem der 4i's passende Maßnahmen: Wie könnte, z. B., inspirierende Motivation für Frau Müller in Ihrem Führungsverhalten zum Ausdruck kommen; und was müssten Sie diesbezüglich für Herrn Maier tun? Mit welchen Herausforderungen könn(t)en Sie Frau Müller intellektuell stimulieren, und welche Aufgaben sind für Herrn Maier geeignet?

- Grundlage dieser Matrix ist Ihr persönlicher, enger Kontakt zu Ihren Mitarbeitern; im Zweifel müssen Sie diesen Kontakt über geeignete Kommunikation verstärken.
- Integrieren Sie die von Ihnen erstellte Matrix in Ihren Führungsalltag. Beginnen Sie mit einem oder max. 2 Mitarbeitern, die Sie bereits gut kennen und zu denen Sie ein gutes Verhältnis haben. (Sie sollten die 4i's nicht sofort an allen Mitarbeitern praktizieren).
- Ermahnen Sie sich stets neu dazu, dass auch weiterhin transaktionale Elemente Ihren Führungsalltag mitbestimmen.
- Optimieren Sie die Matrix bei Bedarf (z. B., wenn gewisse Dinge nicht gut/sehr gut funktionieren).
- Aktualisieren Sie die Matrix bei Bedarf (z. B., weil sich bei gewissen Dingen, die eine Zeit lang gut funktioniert haben, Abnutzungserscheinungen zeigen).
- Weiten Sie den Anteil an Mitarbeitern, bei denen Sie transformationale Führung praktizieren, kontinuierlich aus.
- Rücken Sie ab von Eigeninteressen und stellen Sie die Interessen und das Wohl Ihrer Mitarbeiter in den Vordergrund.

Beachten Sie unterstützend (i) auch die Ausführungen zu McClelland: Versuchen Sie die Motivation für jeden einzelnen Mitarbeiter zu identifizieren und mit Ihrer Aufstellung der Mitarbeiter-bezogenen 4i-Analyse zu verknüpfen. Beachten Sie (ii) die im Kapitel Self-Leadership verdeutlichte Reflexion, um Ihre Matrix zu verfeinern. Berücksichtigen Sie auch (iii) das Kapitel Exemplary Leadership, es wird Ihnen praktische Tipps zur Operationalisierung eigener Werte und Visionen sowie der intellektuellen Stimulierung der Mitarbeiter liefern.

Es gibt Anzeichen dafür, dass transformationale Führung auf unteren Führungsebenen wichtiger als charismatische Führung (siehe nächstes Kapitel) ist.

3.2.2 Charismatische Führung – Denn auch Charisma kann man lernen

Nebst transformationaler Führung belegt auch charismatische Führung seit gut 30 Jahren top Plätze in der Führungsforschung. Fest damit verbunden sind u. a. die Namen Conger zu charismatischer Führung und Bass zu transformationaler Führung. Gelegentlich werden beide Stile vorschnell in einen Topf geschmissen. Richtig ist das nicht. Allerdings ist es aus praktischer Sicht in einem ersten Schritt vertretbar, dass charismatische Führung ein „i" der transformationalen Führung, nämlich „idealisierter Einfluss" konkretisiert und ausbaut (siehe u. a. Gardner und Avolio 1998 oder Bass 1999). Tatsächlich wissen einige Quellen, dass Bass persönlich „idealisierter Einfluss" ursprünglich als Charisma bezeichnete. Dies war Bass aber zu sehr mit unerwünschten Konnotationen versehen und nicht neutral genug. Zudem gibt es prominente Gegenüberstellungen transformationaler und charismatischer Führung, die durchaus Parallelen aufzeigen.

Ein wichtiger Grund für den Siegeszug dieses Führungsstils ist die De-Mystifizieung von Charisma per se. In seiner ursprünglichen Bedeutung „etwas Gottgegebenes", hatte man es oder eben nicht. Obgleich bereits der Soziologe Max Weber vor gut 100 Jahren den Wert von Charisma „in der Herrschaft" erkannte, sollte es eben diese Zeit dauern, bis einer breiteren Leserschaft verständlich wurde, dass auch Charisma kategorisiert, katalogisiert, erforscht sowie spezifiziert und letztlich ein Stück weit erlernt werden kann. Zu diesem realistischen Verständnis haben unter anderem Schlagworte wie Glaubhaftigkeit, Ausstrahlung oder eben auch Vorbild beigetragen. Charismatische Führungskräfte haben allein aufgrund des Auftretens einen außergewöhnlichen Effekt auf geführte Personen. Generell unterscheidet die Wissenschaft zwischen charismatischem Verhalten und charismatischer Attribution; ersteres basiert auf direkt beobachtbarem Verhalten und letzteres auf der Perzeption der geführten Personen. Bereits im Kapitel „Die soziale Identität der Führungskraft" wurde das Konzept der Perzeption erläutert.

Studien zeigen hierzu, dass charismatische Führung Selbstwert, Selbstbewusstsein, Selbstwirksamkeit (allesamt unter „Selbstkonzepte" zu subsummieren) sowie die soziale Identität und das Übernehmen von Werten bei Mitarbeitern stärken. Dies führt verstärkt zu selbstloserem Verhalten, erhöhter persönlicher Anstrengung und einem erhöhtem Gefühl der Bedeutsamkeit der eigenen Arbeit. (Im vorherigen Kapitel wird bei „idealisiertem Einfluss" in diesem Zusammenhang Stolz als Ergebnis erwähnt.) Bass selbst erkennt bereits in einer seiner frühen Studien (1988), dass dem Charisma ein Großteil des Erfolges der transformationalen Führung zukommt, womit er dessen Wert unterstreicht.

Conger und Kanungo (1988) stellen klar, dass Charisma eine Kombination aus Fähigkeit und Verhalten darstellt. Die beiden haben im Zuge ihrer Forschung auch einen Fragebogen entworfen, der bei der Bestimmung charismatischer Führung valide Ergebnisse erzielt. Danach sind fünf trainierbare Verhaltenskomponenten charismatischer Führung für Praktiker relevant. Diese erlernbaren Fertigkeiten werden nun einzeln mit direktem Bezug zur sog. Conger-Kanungo-Skala vorgestellt.

- **Vision, Strategie und deren Artikulierung:** Wie bereits aus dem vorherigen Kapitel bekannt (und wie auch im noch folgenden Kapitel „Exemplary Leadership" dargelegt), ist es für eine Führungskraft wichtig, eine klare Vorstellung der Zukunft zu entwickeln, diese zu kommunizieren und dementsprechende Ziele zu formulieren und zu verfolgen. Aus der Perspektive der charismatischen Führungskraft ist hier vor allem die Eigenschaft gefordert, andere „anzustecken", also die Begeisterungsfähigkeit vorzuleben.

  Um als Visionär angesehen zu werden reicht es nicht aus, eine einzige, festgefahrene Vorstellung vor sich herzutragen. Von charismatischen Führungskräften werden immer wieder veränderte Möglichkeiten und Ideen für die Zukunft erkannt und ins Unternehmen getragen. Dies erfolgt nicht nur rein verbal als „Vorschlag" formuliert, sondern auch mit Taten, um gesteckte Ziele zu erreichen. Dabei werden die Ansichten mit ansteckender Begeisterung vorgetragen und in die Sprache der Mitarbeiter „verpackt". Unterstützend werden dabei die Wichtigkeit und der Beitrag, der Mehrwert jedes Mitarbeiters, betont. Die Führungskraft weiß zu motivieren und wirkt dabei auch inspirierend auf die Mitarbeiter.

All dies erfordert stetige Aufmerksamkeit. Veränderte Umwelt- bzw. Umfeldbedingungen müssen früh erkannt und (positiv) als Möglichkeit der Veränderung und der Zielerreichung interpretiert werden.

- **Gespür für die Umwelt(bedürfnisse):** Den eben genannten Möglichkeiten stehen – natürlich – auch immer Hindernisse entgegen. Mit wachem Blick und auf Erfahrungen basierter Intuition erkennt die charismatische Führungskraft Hemmnisse der Zielerreichung (z. B. kultureller, sozialer, gesetzlicher oder rein ökonomischer Natur). Zudem erkennt sie die Fähigkeiten und das Potenzial der eigenen Mitarbeiter, fördert und vertraut diesen. Gleichzeitig werden deren Leistungsgrenzen anerkannt und respektiert.
- **Gespür für Mitarbeiter(bedürfnisse):** Ein Teil der Ausstrahlung basiert auf Respekt und Sympathie. Um dies zu erreichen, hilft es, die Bedürfnisse und auch Gefühle der Mitarbeiter zu kennen und sensibel darauf zu reagieren.
- **Persönliches Risiko:** Ein wichtiges Merkmal charismatischer Führungskräfte ist ihre abgewogene Risikobereitschaft, wenn es um das Erreichen unternehmerischer Ziele geht. Hoher Einsatz – und nicht zu vergessen: hohe Kosten – im persönlichen Bereich werden zum Wohle der Organisation eingesetzt.
- **Unkonventionelles Verhalten:** Um Ziele zu erreichen, werden auch unkonventionelle, aber weiterhin realistische Wege eingeschlagen und nicht nur traditionelle Maßnahmen in Betracht gezogen. Dabei überrascht die charismatische Führungskraft immer wieder mit ihren Entscheidungen.

Wie kann ich charismatische Führung als Führungskraft in meinen Alltag einbauen?
Charisma ist den Menschen nicht in die Wiege gelegt, sondern größtenteils erlernt. Somit können auch Sie daran arbeiten, charismatischer zu führen.

- Orientieren Sie sich an den im Kapitel „Wir alle denken in Schubladen – und zwar so ziemlich den gleichen" vorgestellten Memen; welchen dieser Typen verkörpern Sie?
- Erstellen Sie für „Ihr" Meme eine Liste charismatischer Verhaltensweisen; ergänzen Sie diese Liste um für Sie wichtige Elemente des obigen Textes.
- Ordnen Sie die Elemente Ihrer Liste den obigen fünf Kategorien zu.
- Um Ihr Verhalten visionärer zu gestalten und alternative Lösungsmöglichkeiten künftig mehr zu berücksichtigen, können Kreativitätstechniken genutzt werden.

Es gibt Anzeichen dafür, dass charismatische Führung auf oberen Führungsebenen erfolgreicher als transformationale Führung (siehe vorheriges Kapitel) ist und dass charismatische Führung bei Firmeninhabern besser wirkt als bei angestellten Geschäftsführern.

Beachten Sie unterstützend auch die Ausführungen (i) zur Macht (gemäß French & Raven), sodass Ihre Wahl der Machtausübung größtmögliche Deckung mit charismatischer Führung findet; sowie (ii) Exemplary Leadership, mit dem Fokus auf Werte, Vision und Zielen.

3.3   Das LMX-Modell – alle Mitarbeiter sind gleich, aber einige gleicher

Bereits 1970 erkennen Graen & Uhl-Bien, dass Führung ein sozialer und einzigartiger Austauschprozess zwischen Führungskraft und Mitarbeiter darstellt. Das Modell reifte dann gut 25 Jahre und genoss anschließend, vor allem in der Zeit von ca. 2006 bis ca. 2010, in der Führungsforschung einen Platz in der ersten Reihe. Danach setzte eine gewisse Sättigung ein. Für ein erstes Verständnis des LMX-Modells (Leader-Member-Exchange) greifen wir einerseits auf das Wissen von Eigen- und Fremdgruppen (siehe Kapitel über den Ansatz der Sozialen Identität) zurück und ergänzen dies um das folgende Bild: Stellen Sie sich eine glückliche Familie mit mehreren Kindern vor. Nicht jedes Kind wird von Vater und Mutter gleich intensiv und auf die gleiche Art und Weise geliebt. Das ist normal; das zeugt nicht von schlechten Eltern oder spricht gegen den Vater oder die Mutter; so ist einfach das Leben. Dieses Wissen um die Unterschiedlichkeit in den Beziehungen lässt sich auch auf die Arbeitswelt bzw. auf das Führungsverhalten übertragen und stellt den Kern des LMX-Modells dar. Dieses expliziert nun

- einerseits die sog. „dyadische Beziehung" (zwischen Führungskraft und Mitarbeiter) und
- thematisiert andererseits die (qualitativ) unterschiedliche Beziehung zu jedem einzelnen Mitarbeiter: Eine Führungskraft kann nicht alle Geführten absolut gleichbehandeln. Es wird immer Mitarbeiter geben, welche mehr Aufmerksamkeit erhalten und mit denen eine intensivere qualitative und quantitative Beziehung einhergeht.

Gerade dann, wenn Sie als Führungskraft also gezielt auf einzelne Mitarbeiter eingehen und diese transformational führen, entsteht eine qualitativ hochwertigere Beziehung im Sinne von LMX! Transformationale Führung ist somit ein wichtiger Prädiktor für LMX. Im Zusammenhang dieser Einzelbeziehungen bildet sich ein „kleiner eingeweihter Kreis" um die Führungskraft – die Ingroup oder aus Ihrer Sicht als Führungskraft auch als Eigengruppe bezeichnet. Wer nicht „dazu gehört", bleibt Teil der größeren Outgroup oder Fremdgruppe. Das Verhalten innerhalb dieser beiden Gruppen ist deutlich unterschiedlich erlebbar:

- **Ingroup:** Die Führungskraft teilt mehr Informationen mit den Mitgliedern und vergibt die interessanteren Themen und Aufgaben an diese. Diese genießen bei der Ausführung von Aufgaben größere Freiräume und Autonomie. Dadurch entsteht ein gegenüber der Outgroup deutlich höheres beiderseitiges Engagement in der Ingroup: Die Führungskraft kümmert sich mehr und die Mitarbeiter leisten mehr. Mitarbeiter der Ingroup nehmen mehr unterschiedliche Rollen ein und unterstützen somit verstärkt die Umsetzung von Zielen. Die emotionale Bindung in dieser Gruppe ist deutlich höher und stärkt gegenseitiges Vertrauen, Respekt und Sympathie. Das gesamte Verhalten der Beteiligten übersteigt das rein rechtliche Arbeitsverhältnis. Dadurch entsteht auch eine erhöhte Fehlertoleranz: Auf beiden Seiten werden Fehler eher vergeben.

  Das Verhältnis ist an transformationale Führung angelehnt.
- **Outgroup:** Bereits rein quantitativ ist erkennbar, dass es weniger Interaktion zwischen der Führungskraft und den Mitarbeitern gibt. Verhalten und Kommunikation beschränken sich auf die Aufgaben und bleiben formell. Getan wird, was verlangt wird. Zusätzliches Engagement entfaltet sich nur beschränkt. Die Outgroup besteht regelmäßig aus deutlich mehr Mitarbeitern als die Ingroup.

  Das Verhältnis ist an transaktionale Führung („Leistung gegen Bezahlung") angelehnt.

Im Zuge der „Sozialen Austauschtheorie" ist vor allem der Übergang vom ökonomischen zum sozialen Austausch entscheidend. Reziprozität – das Prinzip der Gegenseitigkeit – ist zunächst an klassisches Tauschhandeln angelehnt und wandelt sich dann zu einer generalisierten Form, in der das alte „Geld gegen Ware"-Prinzip längst nicht mehr gilt. Jemand kann mir einen Gefallen erweisen, für den ich weder sofort noch in genauer, messbarer Äquivalenz danken muss. An dieser Stelle bildet sich das nötige Vertrauen für eine hochwertige LMX-Beziehung. Die angeführten Unterschiede führen dazu, dass die Leistung von Mitarbeitern in hochwertigen LMX-Beziehungen durch die Führungskraft oftmals überschätzt wird. Andererseits wird die Leistung von Mitarbeitern in niedrigwertigen LMX-Beziehungen von der Führungskraft eher realistisch eingeschätzt. Im Ergebnis bescheinigen Studien der Ingroup wichtige Vorteile für alle Beteiligten – und somit auch für das Unternehmen selbst:

- Weniger Fluktuation
- Höhere Produktivität
- Positivere MA-Evaluierungen
- Deutlich höhere Zufriedenheit mit dem Vorgesetzten
- Mehr (und schnellere) Beförderungen; inkl. Vorteile bei „Langzeit-Karrieren"
- Höhere (und schnellere) Gehaltssteigerungen
- Höheres Engagement + höhere Motivation
- Deutliche höhere Mitarbeiterzufriedenheit (bis zu 2,5x höher)

- Verstärkung des „Pelz-Effektes" (Vorgesetzte mit „gutem Kontakt" zur nächsten Ebene werden als „besser" bzw. leistungsfähiger wahrgenommen)
- Selbst fernab von Wissensarbeit führen hochwertige LMX-Beziehungen, z. B. in der Industrie, zu weniger Betriebsunfällen!

Auf der Ebene der interpersonalen Beziehung zwischen Führungskraft und Mitarbeiter werden die eben genannten positiven Effekte verstärkt den folgenden Dimensionen zugeschrieben:

- **Zuneigung** (z. B. aufgrund wahrgenommener Ähnlichkeit): Gleiches verbindet; fokussieren Sie also auf Gemeinsamkeiten. Dies stellt eine solide Basis für gegenseitiges Vertrauen dar und kann Lebensbereiche wie Hobbies, Sport, Politik oder Familie betreffen. Es sollte sich zu Beginn aber nahe am Arbeitsleben, dem Team und den gemeinsamen Zielen orientieren.
- **Loyalität:** Dies dürfte für Mitarbeiter anders konnotiert sein als für Führungskräfte. Im Sinne dieses Buches sollten Sie darauf achten, auch selbst loyales Verhalten zu zeigen: Stellen Sie sich vor Ihre Mitarbeiter. Seien Sie Vorbild. Zeigen Sie Loyalität auch gegenüber dem Unternehmen und darin enthaltenen Visionen und Werten.
- **Wahrgenommenes Engagement:** Wir Menschen lassen uns leicht blenden oder gar täuschen. Es geht oft nicht darum, wie hoch das Engagement wirklich ist, sondern welche Wahrnehmung wir davon haben. Achten Sie daher darauf, wirkliche Leistung von wahrgenommenem Engagement zu unterscheiden. Seien Sie sich dabei bewusst, dass man auch bei Ihnen eher das wahrgenommene und weniger das wirkliche Engagement bewerten wird.
- **Berufliche Anerkennung:** Erkennen Sie Leistung an, loben Sie. Fördern und fordern Sie auch im Sinne der transformationalen Führung. Dies motiviert Mitarbeiter und stärkt die interpersonale Beziehungsebene.

Bis zur Entfaltung der ganzen Kraft sind im LMX gewisse Phasen zu durchlaufen. Abb. 3.2 veranschaulicht diese Phasen und charakterisiert diese.

	Phase I	Phase II	Phase II
	fremd	vertraut	partnerschaftlich
Rollenverständnis	vorgegeben	testen + evaluieren	verhandelt + gewachsen
Einfluss	einseitig (durch FK)	gemischt (einseitig)	reziprok / gegenseitig
Austausch	niedrig (qual + quant)	mittel (qual + quant)	hoch (qual + quant)
Interesse	eigenes Ego	Selbst & Gegenüber	Gruppe

t →

Abb. 3.2 Phasen im LMX-Modell

In Phase 1 sind die Rollen klassisch-hierarchisch verteilt und letztlich arbeitsvertrag-lich geregelt. Das gegenseitige Verhalten folgt typischen Rollenbildern und ist sowohl qualitativ als auch quantitativ unauffällig. Beide Seiten verfolgen eigene Interessen. In Phase 2 öffnet sich eine der beiden Seiten und zeigt Interesse an gesteigertem sozialen oder beruflichen Austausch. Beide Seiten prüfen dabei, ob sich dieser Aufwand lohnt und letztlich zu interessanten Möglichkeiten führt. Die rein formale Ebene wird nun durch Respekt und Vertrauen angereichert. Nun weichen individuelle Ziele erstmalig in Teilen gemeinsamen Zielen. In Phase 3 besteht eine hochwertige LMX-Beziehung, gezeichnet durch gegenseitiges Vertrauen und auch gegenseitiger Verpflichtung. Es fällt leicht, gegen-seitige Gefallen einzufordern und zu leisten oder auch Sonderwünsche zu äußern und zu gewähren. Im Fokus stehen Lösungen zum Wohle aller.

Wie kann ich LMX in meinen Alltag als Führungskraft einbauen?
Wichtiges Grundpostulat des LMX-Modells ist: Die Qualität der Beziehung zu je-dem einzelnen Mitarbeiter kann verändert werden. Für diese Veränderung ist die Führungskraft verantwortlich.

- Erkennen Sie die Verbindung zwischen transformationaler Führung und LMX. Indem Sie transformational führen, steigern Sie quasi automatisch auch den Anteil an LMX-Führung. (Und das ist etwas Gutes.)
- Oberstes Ziel ist die zahlenmäßige Ausweitung der Eigengruppe; Zwischenziel ist das Heranrücken der Fremdgruppe näher an die Eigengruppe. Hierbei helfen alte Bekannte: Gemeinsame Visionen, Werte und Ziele.
- Identifizieren Sie zu Beginn, wer zu Ihrer persönlichen Eigengruppe gehört und welchen Ihrer Mitarbeiter Sie der Fremdgruppe zuordnen. Werden Sie sich der Gründe für diese Einteilung bewusst.
- Beantworten Sie sich selbst die Frage, wie Sie verstärkt Zuneigung ggü. Mitar-beitern der Fremdgruppe zeigen können. Integrieren Sie diese Erkenntnis in Ih-ren Umgang mit diesen Mitarbeitern. (Wie können Sie z. B. verstärkt Interesse an Ihren Mitarbeitern zeigen? Welche Gemeinsamkeiten gibt es zwischen Ihnen und diesen Mitarbeitern?)
- Verstärken Sie qualitativ und quantitativ die Verbindung/den Umgang mit diesen Mitarbeitern.
- Vergegenwärtigen Sie sich bei der Mitarbeiter- bzw. Leistungsbeurteilung, dass Sie bei der Evaluierung der Eigengruppen-Mitarbeiter im Zweifel eine Tendenz zur Milde haben, deren Leistung im Zweifel zu hoch einschätzen, und wirken Sie dem ggf. entgegen.
- Wiegen Sie bei den Fremdgruppen-Mitgliedern nicht einseitig-transaktional Leistung und Bezahlung auf oder verengen Ihre Beziehung zu diesen Mitarbei-tern darauf, sondern nutzen Sie verstärkt Elemente der transformationalen Führung.

Eine Vorlage finden Sie als Bonusmaterial im Download-Bereich.

Beachten Sie unterstützend auch die Ausführungen zu (i) dem Sozialen Identitätsansatz der Führung, um Gruppengrenzen zu öffnen und einen ggf. weiter gefassten Rahmen der Prototypikalität zu etablieren; begleiten Sie dies (ii) durch die Stärkung gemeinsamer Werte und Visionen im Rahmen von Exemplary Leadership; und greifen Sie vor allem bei Mitarbeitern der Fremdgruppe auf die 4i's der transformationalen Führung zurück.

3.4   Exemplary Leadership – Durch und durch vorbildlich: Praktischer wurde Führungsforschung nie geschrieben

Im Original als Exemplary Leadership bezeichnet und auf Deutsch als „beispielhafte Führung" übersetzt (was man durchaus auch als vorbildliche Führung übersetzen könnte), belegt das Werk „Leadership Challenge" der Professoren und Forscher Kouzes & Posner (1987, 2017) einen festen Platz in der praxisorientierten Führungsforschung. Man könnte den Schreibstil des Bestsellers und einem der wichtigsten Bücher zum Thema Führung als populistisch und „typisch amerikanisch" bezeichnen. Dies darf aber auf keinen Fall darüber hinwegtäuschen, dass Jahrzehnte der Forschung und Reife die Inhalte prägen und es sehr wohl gelungen ist, wissenschaftlich fundierte Studien sprachlich für die breite Masse zu verpacken. Mir sei an dieser Stelle die spitze Bemerkung erlaubt, dass niemand, der ernsthaft mit Führung zu tun hat, mit dem Nichtwissen der Existenz dieses Buches glänzen sollte. Es bietet bereits für sich alleine wichtige Einblicke in und Anreize für die eigene Praxis. Zusammen mit weiteren Theorien/Modellen (z. B. aus diesem Buch) potenziert sich dieser Mehrwert.

Im Zeitraum von gut 30 Jahren wurden weltweit Mitarbeiter aller Altersgruppen, Geschlechter und verschiedenster Wirtschaftsbranchen nach Situationen und Verhalten befragt, in denen Führungskräfte Gutes getan hatten. Diese Aussagen von hunderttausenden Antworten und über tausend Fallbeispielen wurden analysiert, kategorisiert und in ein Modell bestehend aus fünf Methoden (im Original „practices" bezeichnet, was man durchaus auch als Praktiken übersetzen könnte) gegossen. Jede Methode enthält zudem zwei Selbstverpflichtungen, die ich unten von a. bis j. erläutern werde. Damit wird bereits auf der Ebene des Modells selbst der auffordernde Charakter für die Führungskraft unmissverständlich. Es beschreibt, was getan werden muss, um eine erfolgreiche Führungskraft zu werden. Dabei stellen die Autoren – wie bereits zu Beginn dieses Buches dargelegt – klar, dass Führung erlernbar ist. Sie zeigen, dass über Jahrzehnte hinweg immer wieder die gleichen Attribute als wichtig benannt wurden: ehrlich, inspirierend, visionär und kompetent. Zudem stellen die beiden Forscher zwei Gesetzmäßigkeiten (Laws of Leadership) auf:

1) Wenn man dem Redner nicht vertraut, dann vertraut man auch der Rede nicht.

   Die Autoren stellen damit Vertrauen über alles andere. Ohne Vertrauen ist alles andere nichts. Es muss also zur wichtigsten Aufgabe werden, Vertrauen zu genießen.

2) Niemals Wasser predigen und Wein trinken.

   Leben Sie vor, was Sie von anderen verlangen. Lassen Sie sich am gleichen Maßstab messen.

Beide Gesetze sind intuitiv verständlich. Die Kunst liegt darin, im Tagesgeschäft ersteres aktiv zu fördern und letzteres zu unterlassen. Dazu benötigt es Selbstreflexion, einen kritischen Blick auf das eigene Verhalten. Darauf gehe ich im letzten Kapitel („Self-Leadership – Gerüstet für die Praxis") des vorliegenden Buchen ein. Widmen wir uns zuerst den Methoden und Selbstverpflichtungen des Exemplary Leadership Modells:

1) **Werte (vor-)leben:** Wofür stehen Sie? Was ist Ihnen im Rahmen Ihrer Tätigkeit als Führungskraft wichtig? Was ist Ihre Führungsphilosophie? Welche Werte sind Ihnen wichtig? Am Anfang Ihrer Reise zu einer besseren Führungskraft sollten Sie sich über Ihre eigenen Werte klar werden. Diese Reise sollten Sie unbedingt ohne Internet und Google beginnen: Es geht um Ihre Werte, darum, was Ihnen wichtig ist. Es geht nicht darum, wichtige Dinge im Internet zu identifizieren. Werte stellen eine Art Leuchtturm in stürmischen Zeiten oder den inneren Kompass des Unternehmens dar. Man kann sich bei Entscheidungsfindungen daran orientieren. Idealerweise hat das Unternehmen bereits Werte. Aber Untersuchungen zeigen, dass nur in Kombination mit zusätzlichen Werten der Führungskraft das höchste Mitarbeiter-Engagement erreicht werden kann. In diesem Zusammenhang wird aufgezeigt, dass im Zweifel die Werte der Führungskraft entscheidender sind als die des Unternehmens.

   a. **Werte klarstellen**

      Wenn Sie Ihre persönlichen Werte kennen, dann sorgen Sie dafür, dass Ihre Mitarbeiter diese auch kennenlernen. Vermitteln Sie diese und holen Sie dabei Ihre Mitarbeiter ab: Nehmen Sie sich Zeit, diese Werte klarzustellen und deren Mehr-Wert zu unterstreichen. Dies kann auch bedeuten, dass gewisse Werte im Team neu interpretiert werden. Fokussieren Sie dabei nicht auf den Namen, sondern den Inhalt. Betonen und kräftigen Sie diese gemeinsame Werte und Ideale. Nutzen Sie dabei Ihre eigenen Worte, Ihren eigenen Sprachstil – imitieren Sie nicht. Gemeinsame Werte ernst zu nehmen, bedeutet nicht, immer einer Meinung zu sein. Das sollte nicht verwechselt werden.

   b. **Vorbild sein**

      Leben Sie Ihre Werte sowie Ideale möglichst konsequent vor und bleiben Sie dabei authentisch. Verschließen Sie sich dabei nicht den Rückmeldungen Ihrer Mitarbeiter. Animieren Sie andere, auch gemäß diesen Werten zu agieren. Idealerweise werden Ihre Mitarbeiter ebenfalls zu Botschaftern dieser Werte. Legen Sie Regeln für den Verstoß gegen diese Werte fest. Zeigen Sie andererseits aber auch offene Zustimmung und Lob für das Einhalten der Werte. Werte-orientiertes Handeln kann zusätzlich auch durch Prozesse und (Belohnungs-)Systeme unterstützt werden.

Im Zusammenhang mit der eben vorgestellten Methode sowie den beiden Selbstver-pflichtungen ereignete sich in einem meiner Führungskräfte-Coachings folgender Vor-fall: Gemeinsam mit einem der beiden Geschäftsführer einer kleinen GmbH waren 2,5h für ein Erstgespräch angesetzt, um zu erörtern, wie die Verbindlichkeit und Ergebniso-rientierung der Mitarbeiter erhöht werden könnte- Es zeigte sich, dass die Mitarbeiter durchaus respektvoll, engagiert und eigenverantwortlich agierten. Einige waren auch deutlich überlastet, was der Größe des Unternehmens geschuldet war. Schnell wurde deutlich, dass unterschiedlichen Akteuren unterschiedliche Dinge wichtig waren und sie deshalb unterschiedliche Schwerpunkte setzten.

Ich schwenkte daher auf eine höhere Ebene und fragte nach „den Werten des Unter-nehmens" sowie den Werten des Geschäftsführers. Diese Fragen kamen sichtlich über-raschend und so recht wollte keine überzeugende Antwort kommen! Ich führte also zunächst den Mehrwert aus, den verbindliche Werte für ein Unternehmen haben. Dabei nannte ich Beispiele, und so näherten wir uns den Werten des Geschäftsführers. Blieb nunmehr noch die Klärung der Werte auf Unternehmensebene. Hierbei fand der Ge-schäftsführer schnell „die üblichen Verdächtigen" (Kundenorientierung, Mitarbeitero-rientierung, Ehrlichkeit, usw.). Ich ermahnte abschließend zur Vorsicht, Bedacht bei der Auswahl walten zu lassen und wir verabschiedeten uns. Noch am gleichen Abend und in der gleichen Nacht erhielt ich vier eMails. Der Gute nahm die Aufgabe so ernst, dass er den ganzen Abend im Internet nach erfolgreichen Firmen und deren Werte suchte. Und natürlich auch fand! Am Ende war die Liste auf über 10 Werte angestiegen, von denen alle sicherlich sinnstiftend waren. Aber kein einziger war wirklich ein ge-nuin authentischer Wert des eigenen Unternehmens. Thema verfehlt!

(Sie finden in Abschn. 4.5 *ein Unterkapitel „Lencionis dysfunktionale Teams – Ein beachtenswerter Bestseller", dort wird mangelnde Verbindlichkeit und Ergebnisorien-tierung explizit aufgegriffen. Aufgrund der faktischen Gegebenheiten des Falles ist das vorgestellte Beispiel inhaltlich aber besser hier als dort aufgehoben).*

2) **Vision erarbeiten:** Wo möchten Sie mit Ihrem Team in 3 oder 5 Jahren ankommen? Was soll sich bis dahin verändern bzw. verbessert haben? Hinterfragen Sie den Status quo. Nur wenn Sie diesbezüglich ein klares Ziel vor Augen haben, können Sie Ihre Mitarbeiter auch dahingehend vorbereiten und transformational führen. Legen Sie bei der Kommunikation der Vision den Fokus auf das Warum, nicht das Was.

c. **Zukunft anvisieren**

Erspähen Sie Chancen für positive Veränderungen und leiten Sie daraus konkrete Handlungsmöglichkeiten ab. Voraussicht ist eine wichtige Eigenschaft bei Füh-rungskräften, welche von Mitarbeitern positiv wahrgenommen wird. Behalten Sie dabei eine positive Grundstimmung: Chancen erkennen, nicht schwarzsehen.

d. **Andere ins Boot holen**

Es reicht nicht, wenn Sie die Zukunft klarsehen. Sie müssen Ihre Vision auch kraft-voll und mit Leidenschaft vertreten. Lassen Sie Ihre Mitarbeiter an Ihrer Vision teilhaben und diese auch mitgestalten. Erstellen Sie ein gemeinsames Zukunftsbild, bringen Sie dieses auf den Weg und arbeiten Sie als Team an dessen Umsetzung. Fokussieren Sie dabei auf Einzigartigkeiten. Dies erlaubt es Ihnen und Ihrem Team unabhängig von übergeordneten Organisationszielen zu agieren. Binden Sie bei der Umsetzung die gemeinsamen Werten und Ideale ein.

3) **Herausforderungen suchen;** Bitte erinnern Sie sich an die Gegenüberstellung von Leadership und Management in Abschn. 1.1. Eine wichtige Aufgabe einer Führungskraft ist, Veränderungen anzustoßen. Wenn ein Unternehmen nur den Status Quo verwaltet, verkümmert dieses zur Mittelmäßigkeit. Doch diese Veränderungen sollten in kleinen Schritten und nicht in einem großen Knall erfolgen.

e. **Gelegenheiten aufspüren**

Suchen Sie nach Möglichkeiten der Veränderung – zusammen mit Ihren Mitarbeitern. Hinterfragen Sie Routinen. Gelegentlich können Sie sich und im Team auch die Frage stellen: Was würden wir ändern, wenn alles möglich wäre? Dies kann dann in kleine Schritte runtergebrochen werden.

f. **Experimente wagen und Risiken eingehen**

Die meisten Innovationen kommen von guten Mitarbeitern, nicht von guten Führungskräften. Erlauben Sie Ihren Mitarbeitern daher experimentierfreudig zu sein und kalkulierbare Risiken einzugehen. Dies beinhaltet auch eine Umgebung zu schaffen, in der Fehler offen kommuniziert werden können und nicht unter den Tisch gekehrt werden müssen.

4) **Andere zum Handeln befähigen:** Gute Führungskräfte erkennen das Potenzial von Mitarbeitern, fördern dieses und vertrauen diesen. Sie schaffen eine Arbeitsatmosphäre, in der jeder Mitarbeiter seinen Wert kennt und zum Erreichen der gemeinsamen Ziele einsetzt. Sie wissen, dass Sie die Welt nicht alleine retten können. Schließlich haben Sie genau aus diesem Grund gute Mitarbeiter um sich herum. Gegenseitiger Respekt ist nebst Vertrauen elementar, um Verantwortung abzugeben.

g. **Zusammenarbeit fördern**

Erinnern Sie sich an die Grundfunktion der Führung: Kohäsion. Stärken Sie den inneren Zusammenhalt. Sorgen Sie für gegenseitiges Vertrauen. Dies können Sie dadurch vorleben, dass Sie offen Informationen und Wissen teilen. Setzen Sie dabei vor allem auf gemeinsame Zeit in der realen Welt und wenig auf online bzw. Homeoffice (hierzu lesen Sie in Abschn. 5.3 Wichtiges).

h. **Andere stärken**

Vertrauen in die Fähigkeiten der anderen beinhaltet auch, den Mitarbeitern Freiräume und Entscheidungsfreiheiten zu gewähren. Stärken Sie deshalb das Selbstvertrauen der Mitarbeiter, diese Freiheiten mit Bedacht zu nutzen. Stellen Sie dabei aber sicher, dass die Mitarbeiter auch Verantwortung tragen. Hierbei kann das AKV-Prinzip (Aufgabe-Kompetenz-Verantwortung – siehe Unterkapitel Full Range Leadership Modell (FRLM)) hilfreich sein.

5) **Ermuntern und ermutigen:** Wir alle wünschen uns, dass unsere Arbeit wohlwollend gewürdigt wird. Würdigen und belohnen Sie die Verdienste Ihrer Mitarbeiter.

Anerkennung und Lob sind die kostengünstigsten und gleichermaßen effektivsten Mittel, andere zu stärken. Lernen Sie Stolz auf das Erreichte Ihrer Mitarbeiter zu entwickeln und auch auszudrücken.

i. **Beiträge anderer würdigen**

Schmücken Sie sich auf keinen Fall mit den Verdiensten anderer. Zeigen Sie Achtung vor der Leistung Ihrer Mitarbeiter. Schaffen Sie eine Arbeitsatmosphäre, in der sich alle gegenseitig offen konstruktive Rückmeldung geben. Würdigen Sie Erfolge von Mitarbeitern auch öffentlich.

j. **Werte und Erfolge feiern**

Erfolge sollten nicht nur in einer Dankesrede gewürdigt, sondern (gerne ausgiebig) gefeiert werden. Nichts stärkt Familie mehr als gemeinsame Aufgaben und gemeinsame Feiern; Unternehmen sind hierbei keine Ausnahme. Dabei muss es nicht immer das Mega-Event des Jahres darstellen. Auch Familienfeiern sind nicht immer üppig und berauschend. Dies fördert die Gruppenidentität und den Gemeinschaftsgeist. Nutzen Sie diese Zusammenkünfte auch dazu, gemeinsame Werte und Zukunftsbilder zu transportieren.

Aufmerksamen Lesern ist nicht entgangen, dass Parallelen zur transformationalen und charismatischen Führung existieren. Zusätzlich zeigt Methode 4 Nähe zur Situativen Führung. Das kommt nicht von ungefähr, sondern es ist ein wichtiger Beleg dafür, dass sich die Führungsforschung aus verschiedenen Perspektiven und mit verschiedenen Schwerpunkten doch auf allgemeine Gemeinsamkeiten stützt.

Wie kann ich Exemplary Leadership in meinen Alltag als Führungskraft einbauen?
Vorbildlich führen bedeutet, Vorbild sein. Vorbild sein kann man nur, wenn die Werte und die Vision(en) der Führungskraft den Mitarbeitern bekannt sind.

- Stellen Sie sicher, dass Sie Ihre Werte kennen. Teilen Sie diese Werte mit Ihren Mitarbeitern und stimmen Sie diese mit den Werten der Mitarbeiter ab. Es sollten nicht mehr als 3 bis 5 Werte sein. Seien Sie dabei inhaltlich und sprachlich authentisch! Achten Sie bei der Diskussion weniger auf das Label oder Etikett, sondern vielmehr auf den dahinterliegenden Inhalt.
- Sorgen Sie dafür, dass alle Mitarbeiter im Team die abgestimmten Werte kennen und diese alltäglich leben – auch Sie als Führungskraft.
- Entwickeln Sie – ggf. zusammen mit Ihren Mitarbeitern – eine oder mehrere Zukunftsvisionen. Dies muss keiner Revolution gleichkommen. Gehen Sie in kleinen Schritten vor.
- Sorgen Sie dafür, dass alle diese Zukunftsvision(en) kennen und aktiv darauf hinarbeiten.
- Nutzen Sie jede Chance, bestehende Abläufe zu hinterfragen, und erlauben Sie dies auch Ihren Mitarbeitern.

- Fördern Sie die Gruppenkohäsion durch gemeinsame Veranstaltungen außerhalb des Büros. Gerade weil diese so wichtig für das Betriebsklima sind, sollten Sie sich dafür einsetzen, sie anfangs sogar im Rahmen der Arbeitszeit stattfinden zu lassen; später können diese zumindest teilweise auch außerhalb der Arbeitszeit liegen.
- Nutzen Sie diese Veranstaltungen, um Mitarbeiter zu würdigen oder gar zu ehren und dabei auch die gemeinsamen Werte und Visionen zu festigen.

Kouzes und Posner haben einen Fragebogen entwickelt, der es Unternehmen bzw. Führungskräften erlaubt, den Grad der Führung im Sinne von Exemplary Leadership zu approximieren – das sog. Leadership Practices Inventory (LPI). Es umfasst 30 Fragen bzgl. vorhandener bzw. gezeigter Führungskompetenzen und hilft dadurch gezielt Verhalten zu trainieren. Auch ich habe diesen Fragebogen bereits genutzt. Er könnte für Sie als Führungskraft oder für die Führungskräfte-Entwicklung seitens der Personalabteilung gute Dienste leisten.

3.5 Geschlechterrollen im Führungskontext – Was die Wissenschaft (!) weiß und Berücksichtigung verdient

In diesem Kapitel ist die Gefahr einer „blutigen Nase" für den Schreiber sehr groß. Zu polarisierend, emotional und leider auch politisch geladen, präsentieren sich diverse Lager. Es sei daher nochmals auf wichtige Kernaussagen im Vorwort dieses Buches verwiesen:

- Dies ist kein allumfängliches Lehrbuch.
- Es werden vereinzelte, für die Führungskräfte-Praxis relevante Elemente aufgegriffen.

Grundsätzlich ist an dieser Stelle die Klarstellung wichtig, dass politische Entscheidungen auf wissenschaftlichen Erkenntnissen basieren können, aber eben nicht müssen. So kann etwas der Political Correctness Genüge tun, dabei aber wissenschaftlich gesicherter Fakten entbehren. Klassische Beispiele im thematischen Sinne sind Diskussionen um die Themen „Geschlecht und soziales Geschlecht", aktuelle Debatten um eine mögliche Impfpflicht oder Gleichheit und Ungleichheit von Mann und Frau. Solche Debatten haben allesamt eines gemeinsam: Schnell sieht man sich gezwungen, sich für eine Seite zu entscheiden, sich zu verteidigen. Hier erscheint mir das beste Mittel „Dialog und Aufklärung". Dabei tausche ich – sehr bewusst – Political Correctness mit evidenz-basierter Forschung (also breit abgesicherten Fakten). Verstörende Beispiele, was passiert, wenn wissenschaftliche Fakten auf Political Correctness treffen und letzteres obsiegt, gibt es viele. Als Anregung sei auf *„Google's Ideological Echo Chamber"* oder auch *„The End of Gender"* von *Debra Soh* (2020) verwiesen.

Fakt ist, Männer und Frauen sind weder auf rein biologischer, physiologischer noch psychologischer Ebene gleich. Körper, Verhalten und Persönlichkeit unterscheiden sich; nicht immer entscheidend, aber messbar. Die Forschung erkennt allein am Gehirn mit 80 %iger Treffsicherheit, ob es sich um eine weibliche oder männliche Person handelt. Eindeutiger wird es bei Hormonspiegeln, Knochenbau; Kommunikation und vielen anderen Dingen. So bestimmen u. a. weibliche Hormone (z. B. Progesteron) über die Ausprägung sozialer Anschlussmotivation (Schultheiss et al. 2003). Und Menschen mit hohem Testosteron zeigen höhere kognitive Leistungen in Positionen mit hohem Status, während Menschen mit niedrigem Testosteron in Positionen mit niedrigem Status bessere kognitive Ergebnisse erzielen (Van Vugt und Ronay 2014).

Fakt ist, Frauen und Männer führen erkennbar unterschiedlich (Eagly und Johnson 1990; Engen und Willemsen 2004).

Fakt ist, Frauen führen nicht schlechter als Männer.

Fakt ist leider aber auch, dass Menschen gewisse Stereotypen und idealisierte Vorstellungen von guten Führungskräften haben. Diese von Männern und Frauen gleichermaßen vorgenommenen Kategorisierungen sind Ergebnis von kulturellen und auch religiösen Einflüssen sowie Sozialisierungsprozessen, welche allesamt bereits ab Geburt einsetzen. Doch auch bei der Geburt bereits verankerte und evolutionsbiologisch begründete Umstände müssen benannt werden dürfen. Starten wir mit der Perspektive der Evolution.

Im Zuge der Evolutionary Leadership Theory (ELT – van Vugt und Ahuja 2010) werden bestimmte Verhaltensweisen und Einstellungen als angeboren angesehen. Eine Diskussion darüber, was angeboren, anerzogen, Umwelt- oder kulturelle Prägung ist, möchte das vorliegende Buch nicht führen. Dazu fehlt eine breite Einigkeit in der Wissenschaft, und politisch-motivierte Prägungen erachte ich in diesem Zusammenhang als nicht zielführend. Ich möchte Sie daher bitten, sich dieser Sichtweise, dass gewisse Dinge angeboren sind, einen Moment lang anzunehmen. So ist es, z. B., allgemein anerkannt, dass unsere Vorlieben für Süßes, Salziges und Fettiges evolutionsbiologisch begründet werden. Denn nur wenn wir uns dieser angeborenen psychologischen Mechanismen, gerade im Zusammenhang mit Führung – auf beiden Seiten der Debatte – öffnen und diese anerkennen, kommen wir in der Diskussion einen Schritt weiter und können dann auch adäquate Veränderungen einleiten. (Gesetze auf Vorstandsebene oder bzgl. der paritätischen Besetzung von Betriebsräten sind es m.E. nicht.) Unsere Umwelten haben sich zweifelsfrei im Laufe der Zeit geändert und tun dies auch weiterhin. Es ist allerdings fraglich, inwieweit dies „Urprozesse" des menschlichen Denkens und Handels – z. B. andere Menschen zu dominieren oder gar auszunutzen bzw. die kognitiven Prozesse bei der Entscheidung für oder gegen eine Führungskraft – ebenso getan haben. Grundverständnis ist dabei, dass nicht nur unser Körper das Ergebnis einer Jahrhunderttausende dauernden Evolution ist, sondern (selbstverständlich) auch unser Verstand: Das Überleben – auch in Gruppen (und somit einer Form von Organisation) – hing sehr lang von praxiserprobten, auf die harte Tour erlernten Verhaltensweisen ab. Nun ändern sich Umwelten in der Neuzeit bekanntermaßen ungleich schneller als dies die Entwicklung unseres Körpers und somit auch unseres Verstandes vermögen. Dies sollte generell bei Gender-Fragen nicht leichtfertig abgetan werden und verliert dort, wo Führungskräfte auf Geführte treffen, sicherlich nicht an Relevanz. Evolutionstheoretisch fielen hinsichtlich Führung vor allem Aufgaben aus den Bereichen Koordination, Konflikt oder Zusammenhalt auf inter- und intragruppaler Ebene an, deren Lösung am einfachsten dadurch sichergestellt wurde, dass jemand Entscheidungen traf und andere diesen mehr oder weniger bereitwillig folgten. In diesen frühen Zeiten menschlicher Geschichte waren physikalische Merkmale wie z. B. Größe, Stärke, Ausdauer sehr wichtig. Heute sind diese nicht mehr so relevant. Trotzdem beurteilen wir alle (Männer und Frauen) Führungskräfte auch weiterhin implizit aufgrund ihres Erscheinungsbildes. So ist die Größe einer (angehenden) Führungskraft oder auch eines Politikers weiterhin – im 21. Jahrhundert – ein wichtiger und treffsicherer Prädiktor. Größe sorgt auch weiterhin für höhere Entlohnung zu Beginn und während der beruflichen Laufbahn sowie für höhere Aufstiegschancen. Mit körperlicher Größe verbinden wir Intelligenz, Gesundheit und soziale Dominanz; unabhängig davon, ob wir Mann oder Frau sind. Selbstredend, Kommunikation sowie die Fähigkeit zum Netzwerken sind in der modernen globalen Wirtschaft ungleich wichtiger als die Größe einer Person. Aber dennoch: Kommt es zu intergruppalen Konflikten, wählen Männer und Frauen gleichermaßen „lieber" einen Mann bzw. eine maskuline Führungskraft (Van Vugt und Ronay 2014). Und auch heute noch ist Gesichtssymmetrie ein wichtiger Faktor bei der persönlichen Einschätzung und Wahl einer Führungskraft! Schade. Unbrauchbar. Irrelevant. Aber Fakt. Autoren wie z. B. Fletcher (2004), Reuvers et al. (2008) oder auch Eagly (1987, 1990; Eagly und Karau 2002) erklären, dass verallgemeinerte Vorurteile ggü. weiblichen Führungskräften, welche eben eher gleichermaßen von Männern und Frauen ausgehen, dafür verantwortlich sind, dass gleiche Leistung leider nicht gleich bewertet wird. Eagly und Carli (2003) bringen es auf den Punkt, wenn sie konstatieren, dass Frauen in Führungspositionen einem Zweifach-Standard entsprechen müssen: Sie müssen extrem kompetent und zugleich angemessen feminin erscheinen. Männer hingegen gereicht Kompetenz. „Fair" ist dies sicherlich nicht – allerdings wäre es auch nicht fair, wollte man einseitig den Männern dafür die Schuld geben.

Es gibt sie also, die Unterschiede zwischen Mann und Frau. Diese Unterschiede werden auch von der Führungsforschung aufgegriffen, sind wissenschaftlich anerkannt und können daher auch nicht aus politischer oder ideologischer Motivation heraus ignoriert werden – unabhängig von individuellen Erfahrungen, Standpunkten, Schicksalen, gesetzlichen Regelungen oder innerbetrieblichen Vereinbarungen: Ein gutes Unternehmen, eine gute Führungskraft, muss solche Debatten aushalten können und sich diesen stellen! Konstruktiv und ohne Angst vor (übertriebener) politischer Korrektheit ausgetragen, kann dies der Sache nur dienlich sein. Zumindest ist es zweifelsfrei hilfreicher als dies zu einem Tabu zu erklären und gewisse Meinungen oder eben auch Fakten zu unterdrücken.

Beschränken wir uns im Sinne dieses Buches auf den Themenkomplex „Frauen und Führung", dann scheinen drei Dinge – basierend auf vielerlei Forschungsberichten und auch zwei Meta-Studien von 1990 und 2004 (Eagly & Johnson sowie van Engen & Willemsen) – gesichert:

- Die Unterschiede im Führungsverhalten sind gering, aber existent.
- Frauen führen partizipativer und demokratischer als Männer.
- Es gibt keine Unterschiede zwischen Frauen und Männern bzgl. Führungserfolg

Es gibt also Unterschiede, und diese drücken sich vor allem im Ausmaß der Berücksichtigung und Beteiligung der Mitarbeiter aus. Wir wissen außerdem, dass gute Führung und somit Führungserfolg kontextabhängig ist. Das bedeutet: Es gibt Situationen und Umstände, in denen ein partizipativer bzw. demokratischer Führungsstil mit besseren Erfolgsaussichten einhergeht. Es gibt aber Konstellationen, in denen partizipative Elemente keineswegs ein Garant für mehr Erfolg sind. Grundsätzlich sind hierzu Notsituationen als Beispiel geeignet: Bei einem Brand muss die Feuerwehr-Mannschaft schnell und zielgerichtet vorgehen. Auch bei einer Operation ist nicht die Zeit, das Vorgehen erst gemeinschaftlich auszudiskutieren …

3.5.1 Wir alle denken in Schubladen – und zwar so ziemlich den gleichen

Seit „Menschengedenken" und mit Fug und Recht könnte man sagen: seit biblischer Zeit ist die Menschheit von „Führern" fasziniert. Geschichten, Fabeln, Legenden und Mythen werden gleichsam über Jahrtausende hinweg „vererbt", sind nicht selten Teil eines Nationalverständnisses! (Meine Studierenden frage ich an dieser Stelle gerne danach, ob die Hauptfiguren und „Helden" der eigenen Religion und Kultur eher männlich oder weiblich sind. Die Antworten weisen eine klare Tendenz zugunsten männlicher Helden auf – selbst bei weiblichen Studierenden.)

Schon kleine Kinder kennen viele unterschiedliche Helden/Führer und haben daher ein Verständnis davon, was einen Helden/Führer – aber auch, was gute Gefolgschaft – ausmacht. Dies wirkt auch prägend hinsichtlich der Stereotypisierung aufgrund der Gewichtung von Persönlichkeitseigenschaften und einer selektiven Wahrnehmung von Führungskräften. Die Wissenschaft filtert aus einer umfangreichen Ansammlung von Führerfiguren kulturübergreifend ein paar übereinstimmende Typisierungen („Führer-Meme") heraus (Zaccaro 2014):

- **Krieger** (leader-warrior)
  - Couragiert/Risiko-freudig/ehrenhaft
  - Zu finden im strategischen Management & Militär
  - Motiviert und führt in den Kampf/schaltet Gegner bzw. Mitbewerber aus

- – (Beispiele: Sun Tzu/griechische + römische Helden/Washington, Churchill/David & Goliath)
- **Problem-Löser** (leader-problem solver)
  - – Weisheit/komplexer Sachverstand/Denker
  - – Führt durch ausgeprägte Problemlöse-Fähigkeiten
  - – (Beispiele: König Salomon/Plato's Republik -„Philosophen-Könige"/Benjamin Franklin)
- **Politiker** (leader-politician)
  - – Kommunikativ/Verhandlungs-sicher/gesellschaftlicher Scharfsinn
  - – Fähigkeit, eine „kritische Masse" an Mitläufern zu mobilisieren und loyal zu halten
  - – (Beispiele: Cicero/Machiavelli's Principe/Martin Luther King)
- **Lehrer** (leader-teacher)
  - – Emphatisch/authentisch/ergeben + bescheiden/integer (ehrenhaft)
  - – Fähigkeit, andere zu befähigen (im Sinne transformationaler Führung)
  - – (Beispiele: Jesus/Lao Tze)

Wenn wir anderen von den eigenen Vorgesetzten erzählen und diese charakterisieren, greifen wir bewusst und unbewusst mehr oder weniger auf die genannten Zuordnungen zurück. Dabei wecken wir beim Gegenüber bewusst und unbewusst damit einhergehende Stereotypen. Übrigens: Man beachte bei den obigen Typisierungen die sprachliche und inhaltliche Festlegung (einschließlich der Beispiele) auf das Maskuline, welche nicht von mir stammt, sondern aus dem Originaltext. Aber eine kritische Analyse dazu würde hier zu weit führen.

Von Impliziten Führungstheorien zur Rollen-Kongruenz-Theorie
Der Ansatz impliziter Führungstheorien (auch: Leadership Categorization-Theorie) konzentriert sich auf die Sichtweise der Geführten. Im Zentrum dieser sozial-kognitiven Theorie effektiver Führung steht die Annahme, dass Menschen auch in Bezug auf Führungspersonen implizite Theorien darüber haben, was eine „gute" Führungsperson ausmacht. Darüber hinaus auch, was gute „Gefolgschaft" ausmacht!

Geführte haben „kognitive Schemata" davon, was eine Führungsperson an „guten" Eigenschaften haben sollte. Als kognitive Schemata werden bewusste und unbewusste Grundannahmen bezeichnt, die unser Denken und Verhalten beeinflussen. Positiv bewertet wird dementsprechend nur die Führungskraft, welche diesen kognitiven Schemata entspricht! Dabei zeigen kross-kulturelle Meta-Studien, dass „wir" uns bei der Kategorisierung von Führungskräften drei Fragen beantworten:

1. Stellt die Person eine typische Führungskraft dar (oder nicht)?
2. Welchen Führungskräfte-Typ verkörpert die Person (z. B. Politiker/Lehrer)?
3. Welchen Führungs-Stil verfolgt die Person (z. B. Aufgaben/Mitarbeiter-orientiert oder auch autokratisch/demokratisch)?

Gerade für die erste und in Teilen die zweite Frage bemühen wir eigene Vorstellungen darüber, was eine typische Führungskraft überhaupt ist. Wie sie aussieht, was sie kann und somit, welchen Typ sie verkörpert. Geführte (Männer und Frauen) haben „kognitive Schemata" davon, was eine Führungsperson an „guten" Eigenschaften haben sollte. Diese Schemata/Stereotypen unterscheiden sich nicht (bzw. nur schwach) nach Geschlecht (Douglas 2012)! Positiv bewertet wird dementsprechend nur die Führungskraft, welche diesen kognitiven Schemata entspricht! Im Rahmen der Rollen-Kongruenz-Theorie (Eagly und Karau 2002) wurde empirisch bewiesen, dass männliche Geschlechtsstereotype (z. B. kompetent/durchsetzungsfähig) stärker mit generellen Führungsschemata übereinstimmen als weibliche Geschlechtsstereotype (z. B. warm/fürsorglich). Dementsprechend wird Männern mehr Führungspotenzial zugesprochen, und das tatsächlich gezeigte Führungsverhalten von Männern positiver bewertet als das von Frauen.

Jeder von uns trägt ein (persönliches) Idealbild einer Führungsfigur in sich. Dieses Bild ist kulturell und familiär geprägt und durch Sozialisierungsprozesse gefestigt; teilweise aber eben auch evolutionsbiologisch begründet (siehe weiter oben). Es ist vor allem dieses Bild, das wir heranziehen, wenn wir eine Führungskraft beurteilen. Daraus ergeben sich wahrgenommene Unvereinbarkeiten zwischen „Frauen" und „Führung". Diese stellen das größte Hindernis für Frauen in Führungsrollen dar. Damit verbunden sind vorurteilsbeladene Bewertungen und schlechtere Leistungsbeurteilungen, basierend auf – im Vergleich zu Männern – unterschiedlichen Standards. Allerdings: Auch Frauen unterliegen diesen Fehlurteilen/Perzeptionen! Auch Frauen beurteilen die Leistung von weiblichen Führungskräften im Zweifel schlechter als die gleiche Leistung männlicher Kollegen. Im Kern müssen wir akzeptieren, dass es eine „Gender-neutrale" Sicht auf Führung nicht (wirklich) gibt! Es ist aber wichtig zu akzeptieren, dass dies nicht als reines Männerproblem abgetan werden kann; denn das ist es nicht. Verkürzt verweist die Wissenschaft an dieser Stelle auf zwei Dinge:

1. Das tatsächlich gezeigte Führungsverhalten und der damit verbundene Führungserfolg unterscheiden sich kaum zwischen Frauen und Männern.
2. Unglücklicherweise ist die Perzeption von Frauen und Männern bei gleichem Verhalten und gleicher Leistung für weibliche und männliche Führungskräfte absolut unterschiedlich.

Daraus ergibt sich ein Dilemma: Geschlechter-spezifische Stereotypen (dazu gehört u. a., aber nicht ausschließlich, auch Diskriminierung) sowie sich selbst erfüllende Prophezeiungen bestimmen den Arbeitsalltag. Damit verbunden sind auch Beurteilungen der Kleidung, der Stimmlage oder der Lautstärke gesprochener Worte. Dies betrifft uns alle, unabhängig vom eigenen Geschlecht. Dabei kommen wir oft zu den gleichen Ergebnissen, haben die gleiche (getrübte) Wahrnehmung – ebenfalls unabhängig vom Geschlecht. Wenn also Männer feminin oder Frauen maskulin erscheinen bzw. wahrgenommen werden, dann widerspricht dies den gängigen Stereotypen und führt im Zweifel (aber eben in der Regel) zu stereotypischen Attributionen.

Tonfall und Lautstärke einer Stimme, Kleidung und viele Dinge mehr werden – zuerst – danach beurteilt, ob diese (i) für eine Führungskraft und (ii) für einen Mann oder eine Frau „angemessen" sind. Zur Verdeutlichung: Befragungen zeigen wiederholt, dass die typische Führungskraft in den 40-ern, sportlich, ca. 1,80 groß und männlich ist. Stellen Sie sich kurz eine solche Person vor, wie diese mit einer viel zu hohen, piepsigen Stimme versucht, als Offizier anderen Soldaten Befehle zu erteilen. Ist es möglich, dass eine solche Person eine gute Führungskraft ist? A b s o l u t! Hat die piepsige Stimme auch nur im Ansatz etwas mit den tatsächlichen Fähigkeiten zu tun? Absolut nicht! Der erste Eindruck und eine damit einhergehende Beurteilung – so ungerecht und falsch diese auch ist – sind aber leider „schneller". Erste Forschungsergebnisse in diesem Zusammenhang zeigen, dass sich der erste Eindruck und die damit verbundene Beurteilung revidieren, wenn Zeit und Raum dafür zur Verfügung stehen (Kalish und Luria 2021).

Die Rolle der Frau im „Führungskräfte-Darwinismus"
Der Aufstieg in eine (höhere) Führungsposition ist im Kern ein darwinistischer Prozess! Es gibt schlichtweg mehr Menschen, die gerne eine Führungsposition anstreben und innehätten als es entsprechende Positionen zu besetzen gibt. Dadurch entsteht – im Sinne Darwins – die Notwendigkeit, sich durchzusetzen. Regelmäßig erfolgt der steinige Weg des Aufstiegs mittels deutlich erhöhtem Arbeitseinsatz, Ehrgeiz, Beharrlichkeit sowie der Imbalance zwischen Beruf, Gesundheit und Familie. Dies über Jahre oder gar Jahrzehnte hinweg. Ich bin mir unsicher, ob dies grundsätzlich schlecht ist und möchte an diesem Prinzip daher aktuell nicht rütteln. Denn „oben" oder „ganz oben" sollte eine Person stehen, die es kann und entsprechende Akzeptanz und Vertrauen erfährt. Diesen langatmigen Weg müssen Männer und Frauen gleichermaßen bereit sein zu gehen – im Zweifel zu Lasten von Hobbies, Geselligkeit, Gesundheit und Familie. Prof. Dr. Jordan Peterson[1, 2] bemerkt hierzu, dass Frauen in einem gewissen Alter schlichtweg erkennen, dass der zu zahlende Preis, um in die Vorstandsetage zu gelangen, zu hoch ist, und lassen daher eher davon ab als Männer. Er belegt dies mit einer Langzeit-Beobachtung aus Canada, in Anwaltskanzleien. Das Partner-Level in den Kanzleien erreichen regelmäßig beide Geschlechter. Doch danach zeigt sich bei Frauen, mehr als bei Männern, die Erkenntnis, dass das Leben mehr zu bieten hat, vielfältiger ist. Dadurch kommt es in dieser Phase zu einem „Karriere-Stau". Ähnliches weiß man mittlerweile auch aus skandinavischen Ländern zu berichten. Obgleich diese Region als (weit) fortschrittlich bzgl. „Gleichstellung" Ansehen genießt, zeigen die Zahlen nicht den gewünschten Ausschlag hin zu annähernd gleichen Studentinnen in MINT-Fächern oder anschließenden Karrieren in MINT-Bereichen im Vergleich zu männlichen Studenten. (Und wenn trotz jahrelanger Förderung von Frauen für MINT-bezogene Berufe weiterhin mehr Männer in diesen Berufen arbeiten, dann bleibt auch die Wahrscheinlichkeit, dass dann auch mehr Männer in Führungsetagen aufsteigen, größer. Gänzlich ohne Diskriminierung und Vorherrschaft des Patriarchats.) In

---

[1] https://www.youtube.com/watch?v=NV2yvI4Id9Q.

[2] https://www.youtube.com/watch?v=cUwqRMTL8oc.

diesem Zusammenhang wird Frauen ein stärkeres Interesse an Menschen und Männern ein stärkeres Interesse an Dingen zugeschrieben. Dass diese (Grund-)Interessen nicht nur sozialisiert und anerzogen sind, zeigen wiederholte Studien mit Primaten: Baby-Affen suchten sich in drei Studien menschliches Spielzeug gemäß Geschlecht aus: männliche Affen griffen zu typischen Spielsachen für Jungs, und umgekehrt. Dieser verstärkte Fokus auf Menschen könnte erklären, warum weibliche Führungskräfte positiver über ihre Mitarbeiter denken als Männer. Dieses positivere Menschenbild verstärkt dabei die Kraft transformationaler Führung, insbesondere „individualized consideration" (Sahin et al. 2017).

Aus den angeführten Gründen bin ich überzeugt, dass Gesetze im Sinne von Quoten in der Arbeitswelt nur äußerst unzureichend wirken. Veränderungsprozesse müssen breiter und vor allem früher – im Nukleus der Familie und bei kulturellen Werten – ansetzen …
Und vielleicht müssen wir selbst dann akzeptieren, dass gewisse Dinge „in der Natur der Sache" liegen und eben nicht alles Kultur und Sozialisierung unterliegt. Doch dies ist nicht Gegenstand dieses Buches!

Nichtsdestotrotz gibt es die Notwendigkeit, Dinge zu verändern und dementsprechend natürlich Ansatzmöglichkeiten! In einem ersten, sehr wirkungsvollen Schritt zu mehr Chancengleichheit könnte man, im Sinne von Rawls` „Schleier des Nichtwissens" hin zu mehr Gerechtigkeit, zeitgemäße, evidenz-basierte Konzepte bei der Personalauswahl und den damit verbundenen Einbezug psychometrischer Verfahren nutzen. Der Einsatz solcher Methoden der empirischen Psychologie mittels diverser Befragungsverfahren und Tests objektiviert die Auswahl, basiert auf nachvollziehbaren Kriterien und sorgt somit bei den Mitarbeitern und den evaluierten Personen für mehr Akzeptanz für die getroffene Auswahl. Dies könnte sogar das Image des Unternehmens stärken. Letztlich könnten die somit bereits bei Einstellung gewonnen Daten zur Person auch längerfristig für Weiterbildung und Karriereentwicklung genutzt werden. Doch wie im Vorwort bereits dargelegt: (HR-)Manager versteifen sich weiterhin auf die Omnipotenz des eigenen Bauchgefühls. Somit wird – stillschweigend – die damit einhergehende kognitive Dissonanz bei zwangsläufig über-zufälligen Fehleinschätzungen akzeptiert. Schade.

Wie kann ich den-Geschlechter-Einfluss in meinem Alltag als Führungskraft berücksichtigen?
Aus streng praktischer, und bewusst nicht ideologischer Sichtweise:
   Wenn Sie selbst (angehende) Führungskraft oder neue Führungskraft in einem neuen Unternehmen sind:

- Seien und bleiben Sie authentisch – Sie sind, wer Sie sind, und das ist gut so.
- Nutzen Sie das Wissen, dass Führungskräfte (ultra-)kurzfristig stark stereotypisch und in sehr allgemeinen Schemata beurteilt werden, diese ersten Eindrücke

in den überwiegenden Fällen dann von konkreten, individuellen Evaluierungen des tatsächlichen Verhaltens abgelöst werden.

- Entscheiden Sie, ob Sie diese anfängliche stereotypische Wahrnehmung und Beurteilung kurzfristig (positiv) beeinflussen wollen oder nicht.
- Wenn Sie kurzfristig eine positive(re) Wahrnehmung Ihrer Person erzeugen wollen, dann sollten Sie sich nicht zu weit von stereotypischen Kategorien entfernen.
- Mittel- und langfristig können Sie darauf vertrauen, dass Ihre Persönlichkeit und Authentizität über kurzfristige stereotypische Wahrnehmungen und Beurteilungen triumphieren werden – unabhängig vom eigenen Geschlecht oder dem der anderen. Sorgen Sie also aktiv dafür, dass es nicht bei den üblichen ersten Eindrücken bleibt, und suchen Sie aktiv nach Möglichkeiten, dass andere Sie besser kennenlernen können.

Beachten Sie unterstützend auch die Ausführungen (i) zur transformationalen und (ii) charismatischen Führung, beides hilft, von „Äußerlichkeiten" auf die relevante Ebene des Verhaltens als Führungskraft zu wechseln sowie (iii) zu aktivem Zuhören und (iv) dem JoHari-Fenster, um zusätzliche Möglichkeiten des Einwirkens und Verständnisses auszuloten.

Wenn Sie als Führungskraft andere Führungskräfte einstellen/evaluieren/befördern:

- Wir alle nutzen Stereotypen und Kategorisierungen; das hat uns die Natur so beigebracht. Sie tun dies also auch (und zwar auch dann, wenn Sie dies bewusst gar nicht wollen). Versuchen Sie sich dessen in Entscheidungs- bzw. Evaluationssituationen zu vergegenwärtigen.
- Stellen Sie sicher, dass Mitarbeiter in Ihrem Umfeld wissen, dass wir in Stereotypen und Kategorisierungen denken und urteilen. Stellen Sie klar, dass dies per se natürlich, aber nicht unbedingt wünschenswert oder sachdienlich ist. Zeigen Sie alternative Möglichkeiten der Wahrnehmung und Beurteilung auf.
- Sorgen Sie aktiv dafür, dass es nicht bei den üblichen ersten Eindrücken bleibt, und suchen Sie aktiv nach Möglichkeiten, Ihre Führungskräfte besser kennenlernen zu können.
- Es könnte sich lohnen, bei sonst gleicher Eignung weibliche Führungskräfte in Männer-dominierten Teams/Abteilungen (allgemeiner: organisationalen Einheiten) einzusetzen; und umgekehrt.
- Unternehmen sollten verstärkt auf psychometrische (Test-)Verfahren setzen, um geeignete Bewerber zu identifizieren.

3.5.2 Einschub in eigener Sache: Triple F – Förderprogramm Frauen in Führung

Vielleicht ist bei Ihnen, geschätzte Leser, der Eindruck entstanden, dass in diesem Kapitel im „Altherren-Stil" am Patriarchat festgehalten und unter dem Deckmantel der Wissenschaftlichkeit einseitig als Fakten verpackte Ideologie verbreitet wird. Dies überzeugend zu entkräften kann ich an dieser Stelle nicht leisten, will mich dem auf andere Art und Weise aber gerne stellen: Treten Sie einfach mit mir in Kontakt! Im Rahmen meiner Möglichkeiten diskutiere ich diese Themen auch regelmäßig mit meinen Studierenden. Fordere immer wieder dazu auf, sich am Diskurs zu beteiligen und die eigene (!) Sichtweise mit belastbaren Belegen aus angesehener Literatur zu untermauern. Zudem möchte ich anfügen, dass ich Ende 2021/Anfang 2022 ein Programm zur Förderung adoleszierender Mädchen/Frauen ins Leben gerufen habe, um einen wichtigen Hebel zu einem höheren Frauenanteil in Führungspositionen anzusetzen und im Sinne der Frauen nutzbar zu machen. Das Programm trägt den Namen „Triple F – Frauen in Führung" und richtet sich im Allgemeinen an Mädchen/Frauen der 10. Klasse und im Speziellen an solche mit Migrationshintergrund sowie an solche aus bildungsfernen Familien. Denn es gilt – selbstverständlich – nicht, sich hinter evolutions-biologischen Fakten zu verstecken oder gegenwärtige Ungleichheiten geduldig fortzuschreiben. Gestaltungsansätze zu einer verbesserten Chancen-Gleichheit sind unbedingt ernst zu nehmen. Die wissenschaftliche Basis für dieses Programm will ich ebenfalls gerne mit Ihnen teilen:

Frauen in Führungsverantwortung sind weiterhin in Unternehmen unterrepräsentiert. Neuere Forschung stellt dabei auf die Adoleszenz als Zeitpunkt ab, an dem sich Geschlechts-Unterschiede negativ auf künftige Chancen für Frauen in Führungspositionen auswirken (Bailey et al. 2017). Denn es ist gerade in dieser Lebensphase, in welcher das Treffen von Entscheidungen unter Unsicherheit geübt, der Umgang mit Risiken gefestigt und erste Führungserfahrungen gesammelt werden; allerdings vor allem von Jungen (Eva et al. 2021). Verstärkend wirken die in dieser Lebensphase vor allem bei Mädchen auszutragenden Konflikte mit dem eigenen Selbst, dem Druck geschlechterspezifischer Rollen (Archard 2013), niedrigerem Selbst-Vertrauen und größerer Angst vor Versagen (Muno und Keenan 2000; Hart et al. 2003) als deren Vertrauen in Erfolg (Archard 2012). In Summe sind adoleszente Mädchen daher deutlich gegenüber gleichaltrigen Jungs im Nachteil, sich selbst als Führungskräfte wahrzunehmen (Hoyt und Kennedy 2008).

Studien zeigen, dass Mädchen unabhängig von der Gegenwart von Jungs relevante Erfahrungen in einem „geschützten Raum" sammeln müssen, da in geschlechtsübergreifenden Führungsprogrammen geschlechtsstereotypische Verhaltensmuster greifen, welche Mädchen benachteiligen (u. a., weil dann auf kompetitives Verhalten zu Gunsten von kooperativem Verhalten verzichtet wird). Zudem können geschlechts-übergreifende Führungs-Programme für diese Altersgruppe nicht in notwendigem Maß auf die angeführten spezifischen Barrieren des weiblichen Geschlechts eingehen. Demgegenüber erhöhen speziell für Mädchen zugeschnittene Führungsprogramme die eigene Wahrnehmung der Eignung als Führungskraft und stärken das notwendige Selbstvertrauen, Führungsverantwortung übernehmen zu können und zu wollen. Triple F startet im November 2022 an meiner Hochschule und wird auch in 2023 fortgesetzt.

Literatur

Archard (2012): Adolescent girls and leadership: The impact of confidence, competition, and failure; International Journal of Adolescence and Youth; 17(4); 189–203

Archard (2013): Adolescent Leadership: The Female Voice; Educational Management, Administration & Leadership;41(3); 336–351

Bailey, Hufford, Emmerson & Eckert (2017): Identifying and Living Leadership in the Lives of Prekindergarten Through 4-Grade Girls: The Story of One Intentional Leadership Identity Development Program; Journal of Research in Childhood Education; 31(38); 1–21

Bass (1985): Leadership and performance beyond expectations (Free Press)

Bass (1999): Two Decades of Research and Development in Transformational Leadership; European *Journal of Work and Organizational Psychology*; 8 (1); 9–32

Bass & Avolio (1990): The implication of transactional and transformational leadership for individual, team, and organisational development; *Research in Organisational Change and Development*; 4(1); 231–272

Conger & Kanungo (1988): Charismatic Leadership in Organisations (SAGE Publications)

Douglas (2012): The moderating role of leader and follower sex in dyads on the leadership behavior–leader effectiveness relationships; *The Leadership Quarterly*; 23(1); 163–175

Eagly, Johannesen-Schmidt & van Engen (2003): Transformational, transactional, and laissez-faire leadership styles: a meta-analysis comparing women and men; *Psychological Bulletin*; 129(4); 569–591

Eagly & Carli (2003): Finding gender advantage and disadvantage: Systematic research integration is the solution; *The Leadership Quarterly*; 14(6); 851–859

Eagly & Karau (2002): Role congruity theory of prejudice toward female leaders; *Psychological Review*; 109(3); 573–598

Eagly & Johnson (1990) Gender and Leadership Style: A Meta-Analysis; *Psychological Bulletin;* 108(2); 233–256

Eva, de Cieri, Murphy & Lowe (2021): Leader development for adolescent girls: State of the field and a framework for moving forward; The Leadership Quarterly; 32(1); 101457

Fletcher (2004): The paradox of postheroic leadership: An essay on gender, power, and transformational change; The Leadership Quarterly; 15(5); 647–661

Gardner & Avolio (1998): The charismatic relationship: A dramaturgical perspective; *Academy of Management Review*; 23(1); 32–58.

Graen & Uhl-Bien (1995): Relationship-based Approach to Leadership: Development of LMX theory of Leadership over 25 years; *The Leadership Quarterly*; 6(2); 219–247

Hart, Gary, Duhamel & Homefield (2003): Building Leadership Skills in Middle SchoolGirls Through Interscholastic Athletics; ERIC Digest; EDO-CG-03-07

Hogg (2001): A social identity theory of leadership; *Personality and Social Psychology Review*; 5(3); 184–200

Hoyt & Kennedy (2008): Leadership and Adolescent Girls: A Qualitative Study of Leadership Development; American Journal of Community Psychology; 42(2-3); 203–219

Kalish & Luria (2021): Traits and time in leadership emergence: A longitudinal study; *The Leadership Quarterly*; 32(2); 101443

Kouzes & Posner (2017): The Leadership Challenge (Jossey-Bass)

Muno & Keegan (2000): The After-School Girls LeadershipProgram: Transforming the SchoolEnvironment for Adolescent Girls; Social Work in Education; 22(2); 116–128

Pelz (2016): Transformationale Führung – Forschungsstand und Umsetzung in der Praxis; in von Au (Hrsg.); *Wirksame und nachhaltige Führungsansätze* (93–112)

Reuvers, van Engen, Vinkenburg & Wilson-Evered (2008): Transformational Leadership andInnovative Work Behaviour: Exploring the Relevance of Gender Differences;Leadership and Innovation; 17(3); 227–244.

Sahin, Gürbüz & Sesen (2017): Leaders' managerial assumptions and transformational leadership: the moderating role of gender; *Leadership & Organization Development Journal*; 38(1); 105–125

Schultheiss, Dargel & Rohde (2003): Implicit motives and sexual motivation and behavior; *Journal of Research in Personality;* 37(3); 224–230

Soh (2020): The End of Gender – Debunking the Myths about Sex and Identity in Our Society (Threshold Editions)

Tajfel & Turner (1986): The social identity theory of intergroup behavior; in: Worchel und Austin (Hrsg.): *Psychology of intergroup relations* (7–24)

Turner, Hogg, Oakes, Reicher & Wetherell (1987): Rediscovering the social group. A Self-Categorization Theory (Blackwell)

Wolfram & Mohr (2010); Gender-typicality of economic sectors and gender-composition of working groups as moderating variables in leadership research; *Gender in Management*; 25(4); 320–339

Van Engen & Willemsen (2004): Sex and leadership styles: A meta-analysis of Research Published in the 1990s; *Psychological Reports;* 94(1); 3–18.

Van Vugt & Ronay (2014): The evolutionary psychology of leadership: Theory, review, and roadmap; *Organizational Psychology Review*; 4(1); 74–95

Van Vugt, & Anjana (2010): Selected: Why some people lead, why others follow, and why it matters (Profile Books Ltd.)

Zaccaro (2014): Leadership memes: From ancient history and literature to twenty-first century theory and research; in Day (Ed.): *The Oxford handbook of leadership and organizations* (13–39)

Was eine gute Führungskraft zusätzlich berücksichtigt

4

Die Kenntnis effektiver, evidenz-basierter Führungsmodelle und -techniken und deren Anwendung im Führungsalltag sind essenzielle Bestandteile eines guten Führungskräfte-Methodenkoffers. Doch unzweifelhaft braucht es deutlich mehr. Dieses Mehr wird in den folgenden Kapiteln vermittelt. Erneut sei daran erinnert, dass Sie gerne gezielt einzelne Unterkapitel ansteuern können. Zudem ist es unmöglich, sämtliche Hinweise und Ratschläge aller Kapitel gleichermaßen zu berücksichtigen: Sie sind somit quasi gezwungen, sich bewusst für oder gegen die sofortige Integration einzelner Inhalte in Ihren Führungskräfte-Alltag zu entscheiden. Besonders mögen Ihnen die Kapitel über Macht, Motivation sowie Unternehmenskultur nahegelegt sein. Nur wenn Sie diese bereits kennen oder gelernt haben, diese adäquat zu berücksichtigten, sollten Sie sich der Umsetzung weiterer Kapitel widmen.

4.1 Heranführung an ausgewählte sozial-psychologische Phänomene – Die trüben Sinne

Soziale Interaktion beinhaltet – bei Sender und Empfänger – immer auch unbewusste (automatische) Verzerrungen und (Fehl-)Urteile. Besonders tragische Folgen hat dies, wenn Führungskräfte Mitarbeiter beurteilen und somit über deren Karrieren und

Ergänzende Information Die elektronische Version dieses Kapitels enthält Zusatzmaterial, auf das über folgenden Link zugegriffen werden kann [https://doi.org/10.1007/978-3-662-65905-2_4].

Entlohnung richten. Folgend finden Sie eine Auswahl an Effekten, die vor allem zum Nachdenken anregen und verdeutlichen sollen, wie schnell wir in die Falle eines falschen Meinungsbildes tappen.

- **Halo-Effect:** Haben Sie gewusst, dass wir – unbewusst – attraktiven Menschen einen höheren IQ zusprechen als weniger attraktiven Menschen? Wie bereits an anderer Stelle in diesem Buch ausgeführt, lassen wir uns von markanten äußerlichen Merkmalen gerne zu Aussagen verleiten, die mit dem wahrgenommenen Merkmal nichts zu tun haben.
- **Primacy-/Recency-Effect:** Der erste Eindruck zählt. Auch das haben Sie bereits an anderer Stelle in diesem Buch erfahren. Einige Forscher bekräftigen in diesem Zusammenhang die Macht des ersten und (leicht schwächeren) letzten Eindruckes.
- **Mere Exposure Effect:** Glauben Sie, dass Ihre Führungskraft aus Ihrem Team eher die Person befördert, von welcher ihr nichts bekannt ist oder eher die Person, von der viel bekannt ist – ceteris paribus? Jegliche Nähe, jedes Gespräch erhöht letztlich die Kontaktmöglichkeiten. Umso mehr Kontakt zu einer Person besteht, umso eher kann sich Zuneigung entwickeln; umso besser lernt man sich kennen und auch akzeptieren. (Selbstverständlich werden sich dadurch zwei Personen, welche sich schlichtweg nicht ausstehen können, nicht alsbald als Freunde umarmen. Doch selbst dabei besteht die Möglichkeit der Annäherung.)
- **Default Effect (Voreinstellungsüberzeugung):** Stehen uns mindestens zwei Handlungsalternativen zur Verfügung, dann neigen wir öfter dazu, die Variante zu wählen, bei welcher der aktuelle Status Quo erhalten bleibt. Nichts zu tun und somit keine aktive Entscheidung zu treffen, erscheint uns nicht selten risikoärmer oder schlichtweg bequemer. (Doch gerade Veränderung aktiv herbeizuführen ist eine wichtige Eigenschaft guter Führungskräfte – siehe hierzu Kap. 1 und speziell Tab. 1.1.)
  In einem mir bekannten Service-Unternehmen gingen die Umsätze erschreckend zurück. Hinter vorgehaltener Hand wusste jeder, dass eine Kombination aus Marketing und Produktqualität wichtige Stellschrauben darstellten. Die Service-Mitarbeiter aber zu einer verbesserten Leistungserbringung zu motivieren, diese mit eigenen Verbesserungspotenzialen zu konfrontieren, unangenehme Gespräche führen und deren Leistungssteigerung zu überwachen, hätte eine zu starke Veränderung des Status Quo bedurft. Da fokussierte man dann – sehr lange – nur auf zusätzliche Marketing-Aktivitäten.
- **Attributionsverzerrung – dispositional versus situativ:** Eigenes Verhalten begründen wir stets situativ, während wir das Verhalten anderer sofort der Person/Persönlichkeit zusprechen. Dies hat zur Folge, dass wir anderen deutlich weniger situations-abhängiges Verhalten zugestehen. Dies ist, leider, oft auch damit verbunden, dass wir anderen Menschen nur schwer eine Verhaltensänderung, einen „Verhaltensfortschritt" und somit einer „Verhaltenslernkurve" zugestehen. Besonders fatal ist die Attributionsverzerrung einer Führungskraft ggü. Mitarbeitern bei der Leistungs-Evaluation: Poten-

ziale werden im Zweifel nicht erkannt und Misserfolg vorschnell der Person zu-geschrieben, anstelle die Situation und Umstände genauer zu verifizieren.

Als junge Führungskraft sollte einer meiner Mitarbeiter unbedingt einen Auftrag für meinen Chef durchführen, von dem ich überzeugt war, dass mein Mitarbeiter dafür nicht ausgebildet und daher nicht geeignet war. Leider schaffte ich es nicht, meinen Chef vom Gegenteil zu überzeugen. Nennen wir meinen Mitarbeiter Andreas und meinen Chef Benjamin.

Erwartungsgemäß versagte Andreas schlussendlich bei der Aufgabe. Benjamin warf ihm daraufhin mangelnde Professionalität und unzureichende Fähigkeiten vor.

Schon damals wusste ich um den Effekt der Attributionsverzerrung. Obwohl ich Benja-min entsprechend aufzuklären versuchte, war das schlechte Ergebnis von Andreas so verankert, dass es mich knapp ein Jahr kostete, um Benjamin davon zu über-zeugen, dass Andreas sehr wohl professionell und fähig seine Leistung erbringt. Aber eben basierend auf seinen (Vor-)Kenntnissen.

- **Selbstwertdienliche Verzerrung:** Wir alle schreiben eigene Erfolge unseren Fähig-keiten zu. Die letzte Prüfung haben wir gut bestanden, weil wir uns gut vorbereitet haben. Niederlagen hingegen schreiben wir den äußeren Umständen und der Situation zu. Sind wir in einer Prüfung durchgefallen, ist schnell der Prüfer und schlecht formu-lierte Fragen oder gar der Baustellen-Lärm auf der anderen Straßenseite verantwortlich.
- **Bestätigungsfehler:** Informationen werden derart gesucht und selektiert, dass diese der eigenen Meinung und Erwartung entsprechen. Es ist uns nur unter großer An-strengung möglich, Informationen wirklich objektiv oder neutral zu bewerten. Dem liegt der falsche Glaube zugrunde, unbeeinflusst zu denken, zu handeln oder zu urtei-len. Wenn wir von einer Sache überzeugt sind, suchen wir lediglich nach Beweisen, die unsere Überzeugung stützen. Besser wäre es, wenn wir stattdessen Informationen su-chen, die unsere Überzeugung widerlegen.
- **soziale Erwünschtheit:** Mein Englisch-Lehrer hat mir beigebracht, dass es auf die Frage „How are you?" nur eine einzige Antwort gibt, nämlich „I am fine. How are you?". Es spielt keine Rolle, so mein Englisch-Lehrer, ob man den Kopf unterm Arm trägt, die Antwort ist immer die gleiche. Ähnliches gilt für die Frage, ob Sie schon ein-mal etwas von Ihrem Arbeitgeber gestohlen haben – z. B. einen Kugelschreiber oder eine Packung Papier? Oder ob Sie schon einmal in Ihrer Beziehung fremd gegangen sind? Uns allen ist intuitiv klar, welches Verhalten erwünscht ist und wir beantworten daher die Frage im Zweifel nicht ehrlich.

  Ich erlebe es immer wieder, wie vor allem junge und neue Mitarbeiter eines Unter-nehmens schlechte Weiterbildungsangebote gegenüber ihren Vorgesetzten oder der Personalabteilung als gut, interessant oder lehrreich bezeichnen. Dies geschieht regelmäßig, weil diese jungen Leute wissen, dass eine negative Rückmeldung auch negative Stimmungen erzeugen kann und vermeiden dies daher.

- **Tendenz zur Mitte:** Wann immer wir mit einer Frage konfrontiert werden, deren Ant-wort wir nicht kennen, tendiert unsere Antwort zur Mitte. Stellen Sie sich hierzu gerne eine Glockenkurve vor. Die Enden sind klein und schmal, während der Glockenkörper in der Mitte sehr viel Raum einnimmt. Es ist viel wahrscheinlicher, dass die richtige Antwort in der Mitte zu finden ist.

- **Hawthorne-Effekt:** Der Hawthorne-Effekt beschreibt – in aller vereinfachenden Kürze – den Umstand, dass Menschen nicht nur bewusst, sondern vor allem unterbewusst ihr Verhalten ändern, sobald sie wissen, dass ihnen Aufmerksamkeit zuteil wird (z. B. sie beobachtet werden oder Teil einer Studie sind).
- **Konzept der Sozialen Erleichterung & Sozialen Hemmung:** Bei der Bearbeitung leichter oder hoch überlernter Aufgaben führt die bloße Anwesenheit anderer zu einer Leistungssteigerung (soziale Erleichterung). Bei Aufgaben, die komplex oder neu sind, wirkt sich die Anwesenheit anderer hingegen negativ auf die Leistung aus (soziale Hemmung). Ausschlaggebend ist eine erhöhte Erregung, basierend auf:
  - biologischer Faktoren (körperliche Anwesenheit von Mitgliedern derselben Spezies führt zu einer angeborenen Erregungszunahme)
  - Bewertungsangst (Sorge, aufgrund der eigenen Leistung bewertet zu werden)
  - Ablenkung (Aufmerksamkeitskonflikt durch die Ablenkung aufgrund anderer Personen)

Der Effekt ist eher gering; bei geringem Selbstwertgefühl und/oder komplexen Aufgaben allerdings grundsätzlich stärker.

Als mein Sohn mit einer Frage bzgl. Mathematik auf mich zukam, erklärte ich es ihm. Anschließend gab ich ihm eine Aufgabe zum Üben. Währenddessen blieb ich neben ihm stehen und wartete auf das Ergebnis.

Schnell bemerkte ich seine Nervosität; sein Zögern und schließlich sein Erstarren. Nichts ging mehr. Im Gleichen Moment wuchs in mir der Unmut über seine vermeintliche Unfähigkeit. Ich wurde ungeduldig und entlud es mit unsachlichen, herabwürdigenden Bemerkungen. Ein Desaster, welches mir noch heute peinlich ist und mich schmerzlich berührt.

(Wir alle kennen dieses Verhalten auch aus der Schule: Wenn der Lehrer während einer Klassenarbeit hinter uns stand und uns über den Rücken schaute, erhöhte dies regelmäßig das Stressniveau. Nur bei den ganz leichten Aufgaben oder den Aufgaben, die wir schon oft erfolgreich gelöst hatten, machte uns der Blick über die Schulter nicht nervös.).

Daher begriff ich schnell, dass ich meinen Sohn in solchen Situationen besser mit etwas Abstand begleite. Seitdem helfe ich, gebe weiterhin eine Übungsaufgabe, aber ich verlasse den Raum mit der Bemerkung: Wenn Du Hilfe brauchst oder fertig bist, rufe mich einfach.

Das funktioniert sehr gut.

- **Pygmalion-Effekt:** Ist uns die Erwartungshaltung anderer auf unsere Leistung bekannt, beeinflusst diese unsere Leistung. Wenn Eltern geringe oder negative Erwartungen hegen, wird dies tatsächlich dazu führen, dass die Leistung geringer ausfällt. Gleiches gilt für die Erwartungshaltung von Führungskräften gegenüber den Mitarbeitern. Dort, wo die Führungskraft vertrauend und wohlgesonnen agiert, wird auch die Leistung passen.

Es gibt wahrlich noch viele dieser Phänomene. Meine Erfahrung aus Lehrveranstaltungen legt nahe, dass es dabei darauf ankommt, mit dem jeweiligen Phänomen schon einmal persönlich zu tun gehabt zu haben. Nur dann ist man gewillt, darüber zu reflektieren. Sie finden schnell im Netz, unter den Stichwörtern „psychologische Effekte der Entscheidung" oder „Psycho-Effekte", weitere.

Wie kann ich diese (sozial-)psychologischen Effekte als Führungskraft in meinem Alltag berücksichtigen?

Ein wichtiger Schritt zur Berücksichtigung dieser Effekte ist damit getan, dass Sie diese Phänomene nun kennen. Dieses passive Wissen reicht aber noch nicht aus, um eine nachhaltige Verhaltensveränderung zu bewirken.

- Fragen Sie sich bei den oben vorgestellten Phänomenen, welchen Sie selbst schon erlegen sind – entweder aktiv, weil Sie selbst solche Muster angewandt haben, oder passiv, weil andere bei Ihnen solche Muster angewandt haben. Suchen Sie nach Beispielen aus Ihrem eigenen (Berufs-)Leben. --> Identifikation.
- Hierbei kann es hilfreich sein, wenn alle Ihre Mitarbeiter diese Effekte kennen und man sich gegenseitig auf diese aufmerksam macht.
- Fragen Sie sich nun, was Sie künftig tun können, um nicht nochmals in diese Muster zu verfallen oder Opfer dieser Muster zu werden. --> Modifikation.
- Im folgenden Kapitel wird hierzu „System 1 und System 2" erklärt. Zusätzlich finden Sie im Kapitel Self-Leadership – Gerüstet für die Praxis Hinweise sich andere Verhaltensmuster anzueignen.
- Wiederholen Sie diese eben vorgestellten Schritte der Identifikation und Modifikation!
- Fokussieren Sie auf solche Phänomene, die Sie beim Lesen oder Nachdenken als besonders einprägsam empfanden. (Niemand kann sofort alle gleichermaßen berücksichtigen und in den Führungsalltag integrieren.)

Beachten Sie unterstützend auch die Ausführungen (i) zu Self-Leadership, denn nur wenn Sie nachhaltig an der beschriebenen Muster-Erkennung arbeiten, können Sie diese in Ihren Führungsalltag integrieren.

4.2   Verhaltensökonomie à la Kahneman – Warum langsamer besser ist

Verhaltensökonomie versucht ökonomische Entscheidungen (bzw. die Entscheidungsfindung) psychologisch zu begründen. Dabei erforscht und berücksichtigt die Verhaltensökonomie ein sehr breites Feld, z. B. Prokrastination, (mangelnde) Selbstkontrolle, Hass,

Liebe, Vergeltung, Massenphänomene, usw. Kahneman hat hierzu viele Jahrzehnte zusammen mit Tversky geforscht. Deren Erkenntnisse mündeten letztlich in einem Nobelpreis und einem Bestseller-Buch: Schnelles Denken – Langsames Denken (2016). In Ergänzung zum vorangegangenen Kapitel möchte ich auch hierzu einige wenige Akzente setzen und gerne zum Lesen des Werkes anregen.

Im Kern stellt das Buch eine Vielzahl von Techniken vor, welche wir zur Problemlösung einsetzen. Leider sind diese Techniken ungenau. Wir neigen dabei dazu, vorschnell Informationen zu verzerren und uns auf Heuristiken – also letztlich grobe Annäherungen an eine Lösung- zu verlassen. Dies führt oft (aber nicht immer) recht schnell zu einer Lösung, welche der Ideallösung einigermaßen nahekommt. Heuristiken sind mit „Daumenregeln" vergleichbar: fundierte Vermutungen, intuitive Urteile oder schlichtweg gesunder Menschenverstand. Allerdings sind diese ausnahmslos kognitiven Illusionen, Gedankenfehlern oder intuitiven Schwachstellen bzw. Verzerrungen unterworfen und führen daher oft in die Irre. Kahneman setzt diesen schnellen Lösungen das langsame und bewusste Nachdenken entgegen. Er bezeichnet diese unterschiedlichen Herangehensweisen sodann als System 1 und System 2. Verkürzt spiegelt System 1 unser implizites System, unseren Autopiloten wider, welches u. a. auf Intuition setzt. System 2 hingegen ist unser explizites System, bei welchem wir den Autopilot ausschalten und logisches Denken nutzen.

System 1 ist schnell, automatisch, intuitiv und oft unbewusst. Es liefert einen schnellen, aber (oft) schlechten Entwurf der Realität. Es ist unser System 1, welches z. B. Feindseligkeit in einer Stimme bemerkt und ohne Anstrengung die Phrase „Brot und …" vervollständigt. Man kann System 1 mit dem Bild eines Revolverhelden verbinden, der aus der Hüfte schießt. (Ein schneller Schuss, der – hoffentlich – das Ziel trifft.)

Auf den Berufsalltag übertragen erlebe ich dies oft in Meetings. Jemand schildert ein Problem, kommt der Lösung nicht näher und erhofft sich Beistand aus dem Team. Nicht selten ist es dann vor allem die Führungskraft, welche (zu) schnell mit vordergründig einleuchtenden Argumenten eine Lösung vorgibt. In der Besprechung selbst ist dann oft keine Zeit zur Reflexion und Abwägung, sodass der Vorschlag dann „blind" umgesetzt wird.

System 2 springt an, wenn wir die Steuererklärung ausfüllen müssen oder unser Auto rückwärts in eine enge Lücke einparken. System 2 ist langsam, analytisch, gewissenhaft und begreift die Welt mittels bewusstem, logischem Denken. Dummerweise ist System 2 nicht nur rational und gewissenhaft, sondern auch faul und ermüdet leicht. Man kann es mit dem Bild eines Scharfschützen vergleichen, der nach gewissenhafter Tarnung lange in seiner Deckung ausharrt, um dann mit einem einzigen Präzisionsschuss sicher sein Ziel zu treffen.

Das obige Beispiel zu System 1 aufgreifend wäre es besser, wenn sich sowohl die Führungskraft selbst als auch die anfragende Person langsamer der Lösung nähern würden. In dem meisten Fällen sind die Mitarbeiter tiefer in der Materie als die Führungskraft.

Somit kann die Führungskraft gerne als Ideengeber oder richtungsweisend fungieren. Doch sollte man sich nicht immer zu einem Schnellschuss im Sinne einer Lösung noch während des Meetings hinreißen lassen. Leider empfinden es viele Führungskräfte als Stärke und Notwendigkeit, bei einem geschilderten Problem auch gleich vor der Gruppe mit einer Lösung aufwarten zu können. Meine persönliche Praxis hat dies eher als Qualitätseinbuße aufgedeckt. Wenige Führungskräfte haben hierbei erkannt, gedanklich einen Schritt zurückzumachen und sich Zeit für die Lösungsfindung zu nehmen.

Das Buch schildert über 40 Beispiele, bei welchen wir unserem Denken eine Abkürzung erlauben und zweifelhafte Ergebnisse damit erzielen. Allesamt erachte ich für wertvoll und hilfreich für jede Person, die Entscheidungen trifft oder mit Entscheidungen anderer leben muss. Trotzdem möchte ich mich auf drei beschränken, welche unstrittig zum Wissen einer Führungskraft gehören sollten.

- **Priming:** Priming beschreibt die unterbewusste Beeinflussung des Denkens oder Handelns aufgrund eines vorangegangenen Reizes. Dieser Reiz hat keinerlei offensichtlich bedeutende Verbindung zu dem darauffolgenden Denken oder Handeln. Die folgenden Beispiele sollen dies verdeutlichen:
  - Wer Texte (oder Wortpuzzle) über ältere Menschen liest (bzw. löst), läuft danach langsamer.
  - Wer gebeten wird, langsamer zu laufen, erkennt Wörter in (nonsense) Texten, welche mit dem Altern zu tun haben, schneller.
  - Wenn Bilder von Apple-Computern gezeigt werden, führt dies bei anschließenden Aufgaben zu kreativeren Lösungen.
  - Menschen wurden gebeten, leichtere oder schwerere Einkaufstüten zu tragen und danach sollten diese entscheiden, ob Nährwert-Angaben bei Lebensmitteln wichtig sind. Solche, die schwerere Tüten trugen, schätzen auch die Wichtigkeit der Nährwert-Angaben höher ein.
  - Studierende wurden vor einer Runde des Spiels Trivial Persuit gebeten, sich vorzustellen, wie es wäre, ein Professor/eine Professorin zu sein. Die andere Gruppe wurde gebeten, sich als Fussball-Rowdy vorzustellen. Die erste Gruppe konnte deutlich mehr Fragen richtig beantworten.
  - In Amerika aufgewachsene Menschen chinesischer Abstammung wurden vor einem Mathematik-Test entweder nach deren asiatischen oder amerikanischen Lieblingsgericht gefragt. Solche, die ein asiatisches Gericht benennen sollten, erreichten eine höhere Punktzahl. Hintergrund: Asiaten wird in den USA ein besseres mathematisches Verständnis zugesprochen als Amerikanern.

  Es ist also möglich, dass Unternehmen und Führungskräfte das Denken und Handeln der Mitarbeiter unbewusst in gewisse Bahnen lenken. Dies ist etwas, was die Verkaufs- und Werbe-Psychologie sehr ausgiebig nutzt.
- **Anchoring/Ankerpunkte:** Anchoring beschreibt das Festhalten an eher irrelevanten Informationen – vor allem numerischen Werten. Dies auch dann noch, wenn zusätz-

liche oder neue Informationen zur Urteils- oder Entscheidungsfindung verfügbar gemacht werden. Menschen nutzen diese Heuristik bei Entscheidungen unter Unsicherheit, indem sie einen Referenzpunkt (= Anker) setzen, diesen dann aber bei zusätzlicher
Information für die Entscheidung unzureichend adjustieren.

- Erfahrene Makler wurden gebeten, den Wert eines Hauses zu schätzen. Allen wurden die gleichen Informationen überlassen, aber unterschiedliche Verkaufspreise genannt. Die meisten Makler gaben an, dass der genannte Verkaufspreis keinen Einfluss auf deren Einschätzung des wahren Wertes habe. Trotzdem schätzen Makler
  den Wert des Hauses höher ein, wenn ihnen ein höherer Verkaufspreis (bei sonst
  gleichen Informationen) genannt wurde.
- Studierende in den USA hatte man gebeten, die letzten beiden Ziffern ihrer Sozial-
  versicherungsnummer zu benennen. Anschließend erklärte man ihnen, dass sich
  diese Zahl aus zufälligen Ziffern zusammensetzen würde. Daraufhin legte man
  ihnen verschiedene Artikel vor (z. B. einen Kugelschreiber oder eine Flasche Sekt)
  und wollte wissen, wie viel Geld sie bereit wären, für jeden einzelnen Artikel zu
  zahlen. Studierende mit hohen Endziffern boten deutlich mehr für die Artikel.

  Sie alle kennen dieses Vorgehen auch von Vertragsverhandlungen. Eine Seite nennt
  einen Preis oder Gehaltsvorstellung und die andere Seite ist damit quasi gezwungen,
  von dieser Basis ausgehend zu argumentieren. Unabhängig von der Abwegigkeit einer
  Forderung wird der somit kommunizierte Anker gesetzt. Gerade Gewerkschaften
  schaffen somit (unnötig) Druck auf die Verhandlungen und wecken nicht selten unhalt-
  bare Hoffnungen bei den eigenen Mitgliedern.

- **Framing/Einrahmung:** Framing bezeichnet die bewusste Betonung von Teilaspekten
  oder geschickte Formulierung von Sachverhalten, um dadurch die Antwortwahrschein-
  lichkeit zu beeinflussen. Framing beeinflusst somit auch das Verhalten. Grundsätzlich
  werden dazu vor allem negativ bzw. positiv besetzte Wörter genutzt: Gewinn versus
  Verlust ist hierbei ein gutes Beispiel, denn bei Verlusten wird es gedanklich schnell
  negativ, während ein Gewinn sehr positiv besetzt ist.

- Welche Operation wurden Sie eher durchführen lassen, die mit 80 % Überlebens-
  wahrscheinlichkeit oder die, mit 20 % Sterberisiko?

  Selbst Ärzte tendieren deutlich dazu, die OP bei Aussage 1 zu bevorzugen, aber
  bei Aussage 2 anzuzweifeln! Dabei geht es einerseits um die Prozentzahlen, aber
  auch um die Wörter überleben und sterben.

-

Wie kann ich Kahneman als Führungskraft in meinem Alltag berücksichtigen?
Die vorgelegte sehr kleine Auswahl soll verdeutlichen, dass wir uns – alle -schnell
zu falschen Schlüssen verleiten lassen. Es soll aber keinesfalls als Anregung verstanden werden, Ihre Mitarbeiter zu manipulieren. Vielmehr erachte ich es als „Werk
der Aufklärung", welches sicherstellen soll, dass Sie erkennen, wenn Dritte Sie manipulieren wollen.

- Versuchen Sie bei wichtigen Fragen oder Entscheidungen bewusst auf System 2 zu wechseln. Erbitten Sie sich zusätzliche Zeit, um Fakten zu evaluieren, Informationen zu prüfen oder auch Experten-Meinungen hinzuziehen zu können. Das ist kein Zeichen von Unwissenheit oder Schwäche, sondern zeigt Besonnenheit, Weitsicht und qualitativen Anspruch.
- Hinterfragen Sie Fragestellungen oder Aufforderungen auch dahingehend, ob diese nicht bereits durch schlichtes Umformulieren an Gewicht verlieren oder gewinnen würden.
- Seien Sie sich bewusst, dass Sie vor allem durch Framing und Anchoring zur Stimmungs- oder Meinungsmache beitragen. Wählen Sie daher Beispiele und selbst Worte bewusst(er).

Denn es macht einen Unterschied, ob Sie sagen „Wer raucht, stirbt früher" oder „Wer mit dem Rauchen aufhört, lebt länger"!

4.3 Macht

Von Max Weber stammt die viel zitierte Definition, „Macht bedeutet jede Chance, innerhalb einer sozialen Beziehung den eigenen Willen auch gegen Widerstreben durchzusetzen". Führung (und bereits der Wille dazu,) ist stets Macht-beladen! Etwas weniger brachial kann Macht auch als Fähigkeit und Potenzial der Beeinflussung verstanden werden: Wer immer Fähigkeit und Potenzial zur Beeinflussung anderer hat, besitzt Macht. Wer immer diese Fähigkeiten und Potenziale nutzt, übt Macht aus. Somit ist Macht nicht per se an eine bestimmte Rolle als Führungskraft oder an Hierarchie im Unternehmen gebunden. Jedoch stellt Hierarchie im Unternehmen sicher, dass Entscheidungen nicht grundsätzlich per Mehrheitswahl getroffen werden müssen. Umgekehrt mag es sehr wohl Personen geben, die aufgrund der Stellung und Rolle im Unternehmen Macht besitzen, aber leider keine (guten) Führungskräfte sind. Der damit verbundene Machtmissbrauch ist ein wichtiges Thema, welches in Abschn. 4.3 aufgegriffen wird.

Auch wenn Macht oft negativ konnotiert erscheint, so ist sie doch wichtiger Teil jeder beruflichen und unternehmerischen Erfolgsgeschichte. Wichtig ist die Unterscheidung zwischen Machtausübung zur Einflussnahme im Sinne der Lokomotionsfunktion der Führungskraft und Machtausübung zur Machtdemonstration. Letzteres hat negative Auswirkungen auf Motivation und Engagement der Mitarbeiter sowie deren Leistung. Dabei wirkt Macht in sämtliche sozialen/menschlichen Bereiche einer Organisation: Erfolg, Unternehmenskultur, Vertrauen, Zufriedenheit, gegenseitiger Umgang, Kommunikation (dies wird weiter unten nochmals kurz aufgegriffen), Fluktuation, Absentismus und Präsentismus und vieles mehr ...

4.3.1   Welcher Typ „Machtmensch" sind Sie und welcher Typ wollen Sie künftig sein?

French & Raven haben bereits 1959 eine bis heute sehr beachtete Typologie unterschiedlicher Basen der Macht erstellt. Die folgende Aufstellung entspricht nicht genau dem Original. Dort werden Belohnung und Bestrafung jeweils eigenständig angeführt. Zudem wurde später auch Information als eigenständige Basis ergänzt. Die Basen mögen theoretisch unterschiedlich sein, in der Praxis erscheint dies aber teilweise akademisch-gekünstelt: Wer belohnen kann, kann auch immer bestrafen. Und ob eine Führungskraft Wissen oder Informationen missbraucht, darf in einem ersten Schritt aus praktischer Sicht ebenfalls vernachlässigt werden.

- **Legitime Macht:** Der Vorgesetzte hat schlichtweg das (legitimierte) Recht, z. B. aufgrund der relativen Position in einer Organisationsstruktur und formaler Gegebenheiten, zur Ausübung von Macht. Mitarbeiter nehmen diese Art der Macht in Verbindung der Organisation wahr: Wenn die Organisation selbst die legitimierte Autorität ernst nimmt, tun dies die Mitarbeiter auch. Allerdings sind sich die Mitarbeiter dadurch auch sehr bewusst, an welcher Stelle die formale Macht endet, und lassen sich darüber hinaus nur schwer beeinflussen. Allen Beteiligten ist klar, dass nach Beendigung der Legitimation auch die Autorität endet. (So ist ein Schiedsrichter in einem Spiel bestimmend, doch nach dem Spiel definitiv nicht mehr.) Sofern in einer Organisation legitimierte Macht relevant ist, sollte dies unbedingt mit Experten-Macht kombiniert werden, da ansonsten die allgemeine Glaubwürdigkeit leidet. Dies wiederum erhöht die allgemeine Frustration, führt zu Vertrauensverlust und wirkt demotivierend und leistungsmindernd.
- **Macht durch Belohnung/Strafe:** Der Vorgesetzte hat die Möglichkeit, Belohnungen (materiell/finanziell, aber auch emotional/sozial im Sinne von Aufmerksamkeit/Zuwendung) auszusprechen, gezielt zu verweigern oder gar zu bestrafen (z. B. Degradierung, Ausbleiben von Bonuszahlungen, usw.). Im Sinne von French & Raven wird allerdings stets der rein materielle Charakter diese beiden Machtprinzipien betont. Der Grat zwischen Nachgiebigkeit und übertriebener Härte kann schmal sein. Gerade das Durchsetzen des eigenen Willens und der Gehorsam aus Angst vor Bestrafung wirken demotivierend und erscheinen kontraproduktiv. Im Extremfall kann es auch zu Vergeltungsmaßnahmen im Form von Frustreaktionen führen. Umgekehrt wird oft darauf hingewiesen, dass intrinsisch motivierte Mitarbeiter, welche nur durch Belohnung Beachtung finden, demotiviert werden können. Diese Mitarbeiter sind daher mehr emotional bzw. verbal zu belohnen.
- Wenn man sich auf diese beiden Extremformen der Macht zurückzieht, erkennen dies Mitarbeiter sehr schnell. In beiden Fällen werden Mitarbeiter die Führungskraft auch danach beurteilen, wie viel Ressourcen (z. B. Geld) im Sinne von Macht wirklich zur Verfügung stehen und passen dementsprechend ihr Verhalten an.
- **Macht durch Identifikation:** Geht mit dem Gefühl der Verbundenheit einher (Theorie der sozialen Identität) und basiert auf dem Charisma des Vorgesetzten: Die Mitarbeiter

schätzen die persönlichen Eigenschaften und Qualitäten der Führungsperson, identifizieren sich damit und kopieren deren Verhalten mit Überzeugung. Dabei akzeptieren die Mitarbeiter sowohl die eigene Rolle als auch die der Führungskraft. Dies kann auch zu einer regelrechten Bewunderung führen. Spätestens dann muss die Führungskraft mit Bedacht Macht durch Identifikation einsetzen und eigenes Verhalten verstärkt hinterfragen. Der Wert dieser Macht-Basis ist immens, denn er erstreckt sich über viele Teile des Führungskräfte-Verhaltens und ist kaum beschränkt. Der Einfluss auf die Mitarbeiter und die Organisation als Ganzes ist daher sehr hoch und weitreichend.

- **Experten-Macht:** Hierbei schätzen die Mitarbeiter das Fachwissen, die Erfahrung oder die Fähigkeiten ihrer Führungskraft. Dieses Expertenwissen wird auch in einem erweiterten Kreis, z. B. bei Kunden oder Lieferanten, anerkannt. Auf dieser Basis ist es möglich, Mitarbeiter zu beeinflussen und zu überzeugen. Das Vertrauen in das Handeln einer solchen Führungskraft ist – unabhängig von der hierarchischen Position im Unternehmen – besonders hoch. Dies bedingt vor allem Ehrlichkeit im Umgang mit Mitarbeitern, Wissen und Informationen. Allerdings ist allen Beteiligten auch klar, an welchen Stellen die Expertise endet. Dort sollte sich die Führungskraft offen Rat und Beistand holen.
- **Macht durch Wissen (+ Informationsvorsprung):** Situations- und fachbereichsbezogene Machtbasis aufgrund der relativen Position in einer Organisationsstruktur; inkl. der Macht, Informationsempfänger durch verfälschte Informationen (Desinformation) zu beeinflussen. Die Führungskraft ist schlichtweg in höheren Kreisen der Organisation unterwegs und hat dadurch Zugang zu bzw. Kontakt mit Informationen und Wissen, welches den Mitarbeitern nicht zur Verfügung steht. Dies kann leicht dazu führen, Informationen und Wissen bewusst vorzuenthalten, um dadurch die eigene Macht zu sichern.

Gemäß Lunenburg (2012) lassen sich die ersten beiden vorgestellten Basen der Gruppe der organisationalen und die restlichen in die der sozialen Machtbasen unterteilen (vgl. Abb. 4.1).

Organisationale Machtbasen zeigen vor allem im Zusammenhang mit dem bereits vorgestellten LMX-Modell negative Auswirkungen auf die Eigengruppe. Grundsätzlich sind also soziale Basen der Macht erstrebenswerter. Dabei begünstigen legitimierte und Experten-Macht gleichermaßen das Einhalten von Regeln. Angeführt wird gelegentlich auch eine positive Verbindung zwischen dem bereits vorgestellten Exemplary Leadership

Abb. 4.1 Basen der Macht

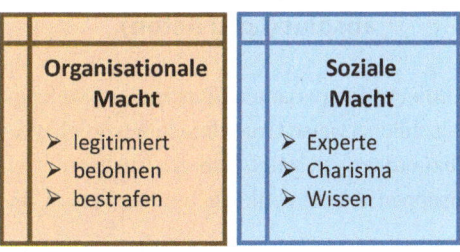

und Experten-Macht. Unabhängig von der Machtbasis haben Mitarbeiter in aller Regel ein stark ausgeprägtes soziales Gerechtigkeitsempfinden. Dieses sollte bedacht, nicht strapaziert werden, um unerwünschte Gegenreaktionen zu vermeiden.

Wie kann ich French & Raven in meinen Alltag als Führungskraft einbauen?
Macht im Sinne der Beeinflussung einzusetzen ist für eine Führungskraft nichts Anrüchiges. Vermeiden Sie aber unbedingt, Macht für demonstrative Zwecke zu missbrauchen.

- Verfallen Sie nicht dem Irrglauben, Sie müssten in allem der Experte sein und/oder Informations-/Wissensmacht ausüben zu müssen! Unerfahrene Führungskräfte versuchen gerade diese beiden Punkte mittels Micro-Management und übertriebener legitimierter Macht zu kompensieren.
- Gerade unerfahrene Führungskräfte ziehen sich schnell hinter Bestrafungsmacht zurück und erachten dies als legitimes Mittel der Verhaltenskorrektur von Mitarbeitern. Über dieses Kapitel hinaus soll Ihnen dieses Buch aufzeigen, dass es weitaus mehr Möglichkeiten der Verhaltensbeeinflussung gibt. Beachten Sie diese Alternativen.
- Bauen Sie vor allem auf den sozialen und weniger den organisationalen Basen Ihre Macht aus (Elias, 2008). Fokussieren Sie dabei aber immer nur auf eine und lassen Sie sich und Ihren Mitarbeitern ausreichend Zeit für diese Erweiterung. Sie werden dabei erkennen, dass sich einige Macht-Basen auch gegenseitig beeinflussen. Gerne dürfen Sie daher auch die Machtbasis gemäß persönlicher Präferenz wählen und bevorzugen – dies verleiht dieser wichtige Authentizität.

Vor allem im Licht der transformationalen Führung ist ein im Englischen passendes Wortspiel relevant: Empowerment. Im Deutschen ist die Verbindung mit Macht etwas weniger augenscheinlich: Ermächtigung. Dieses Konzept der Übertragung von Macht an die Mitarbeiter entwickelt und fördert Eigenständigkeit und Verantwortung. Sie sollen als Führungskraft also nicht nur reflektieren, welche Art von Macht Sie in welcher Form ausüben, sondern vor allem auch, wie Sie Macht übertragen können.

4.3.2 Vorsicht: Macht korrumpiert – und absolute Macht korrumpiert absolut (Lord Acton)

In einem interessanten Experiment, welches zumindest im deutschsprachigen Raum oft fälschlicherweise Gruenfeld zugesprochen wird, aber unbedingt Ward und Keltner (1998) zuzuordnen ist, zeigt sich eindrucksvoll, wie schnell Macht Verhalten verändert: In 3er Gruppen wurde willkürlich einer Person die Macht zur Evaluation zugesprochen. Während die Gruppe weiter an einer Aufgabe arbeitet, wird ein Teller mit 5 Keksen auf den Tisch gestellt. Dabei zeigt sich wiederholt Folgendes:

- Nachdem jeder einen Keks gegessen hat, bleiben 2 übrig.
- Überzufällig häufig nimmt sich die Person mit mehr Macht auch mehr Kekse.
- Die Person mit Macht spricht häufiger mit vollem Mund.
- Die Person mit Macht krümelt häufiger auf die eigene Kleidung sowie den Tisch.

Übergeordnet lässt sich ableiten, dass Macht Egozentrik (eigene Bedürfnisse sind wichtiger) sowie Egoismus (Bedürfnisse anderer sind weniger wichtig) steigert und dafür sorgt, dass sich Menschen weniger an Regeln halten, welche sie von anderen erwarten. Stellen Sie sich eine Gruppe vor, welche von einer Führungskraft mit hoher Bestrafungsmacht geführt wird – und eine andere Gruppe, welche von einer Führungskraft ohne Bestrafungsmacht geführt wird. Obgleich beide Führungskräfte die Grundfunktionen der Führung – Lokomotion und Kohäsion – erfüllen müssen, stellen sich interessante Fragen:

- Glauben Sie, dass die beiden Führungskräfte unterschiedlich führen werden?
- Wie unterscheidet sich das Verhalten dieser beiden FKs ggü. den jeweiligen Gruppenmitgliedern?
- Welche Verhaltensweisen fördert Bestrafungsmacht bei einer Führungskraft?
- Glauben Sie, dass sich das Verhalten sowie die Kommunikation innerhalb dieser beiden Gruppen unterscheidet?
- Welche Verhaltensweisen fördert Bestrafungsmacht bei den Mitarbeitern?

Kipnis (1972) fand hierzu sehr wichtige Antworten, deren Korrektheit über die Jahre keinesfalls an Bedeutung und Relevanz verloren haben. Selbstverständlich fanden in der Zwischenzeit auch weitere wichtige Erkenntnisse ihren Weg ans Tageslicht. Personen mit Machtinduktion …

- Mischen sich doppelt so häufig bei Mitarbeitern ein und diktieren Vorgehensweisen
- Unterschätzen die Fähigkeiten der Mitarbeiter signifikant
- Würden die Mitarbeiter für andere Jobs seltener einstellen
- Schlagen seltener Beförderungen vor
- Zeigen sich mit den Mitarbeitern seltener bei außerbetrieblichen Aktivitäten
- Nutzen weitaus weniger die Mittel der Überzeugung oder des Lobes
- Machtinhaber sind stärker auf Eigen-Interessen fokussiert
- Machtinhaber zeigen ein deutlich breiteres Verhalten (= Situations-angepasst) im Gegensatz zu geführten Personen
- Menschen mit Macht neigen mehr zu „Automatismen", während Geführte öfter abwägen; zudem verringert Macht allgemein die Zurückhaltung gegenüber Impulshandlungen. (Beides kann durchaus auch im Sinne von „System 1 versus System 2" interpretiert werden, dies wurde bereits im Kapitel zur Verhaltensökonomie verdeutlicht)

• In Konfliktsituationen sind Untergebene eher zur Schlichtung + Kooperation bereit
Untergebene passen sich – unbewusst, aber regelmäßig – den Erwartungen von Macht-
inhabern an

•

Wie kann ich das Thema Macht(missbrauch) als Führungskraft in meinem Alltag berücksichtigen?
Macht ist grundsätzlich kein Übel. Eltern besitzen eine nicht unerhebliche, quasi uneingeschränkte Macht über ihre Kinder. Doch richtig eingesetzt, fördert dies die gesunde Entwicklung. Allerdings zeigt sich immer wieder, dass vor allem un-erfahrene Machtinhaber (also auch unerfahrene Führungskräfte) dazu neigen, diese zu missbrauchen.

• Orientieren Sie sich gerade als unerfahrene Führungskraft am (Macht-)Verhalten von erfahrenen Führungskräften der Organisation. Denn jede Organisation lebt Macht unterschiedlich. Wenn Sie sich dabei an das halten, was in der Organisa-tion üblich ist, findet dies bei den Mitarbeitern grundsätzlich Verständnis.
• Reflektieren Sie Ihren Umgang mit Macht. Ziehen Sie hierzu auch die Perspek-tive sowie den Rat anderer hinzu.
• Nutzen Sie die volle Klaviatur einer guten Führungskraft. Setzen Sie Macht aber wohl dosiert ein. Mit übertriebenem Machteinsatz verspielen Sie – auf sehr lange Zeit – Vertrauen.

Berücksichtigen Sie unbedingt French & Raven aus dem vorherigen Kapitel. Damit erweitern Sie Ihr Repertoire.

4.4   Motivation

Als Führungskraft ist es Ihre Aufgabe, Mitarbeiter zu motivieren. Arbeitsergebnisse sind bei guter Motivation besser, es werden höhere Leistungen erzielt, weniger Unfälle passie-ren und die eigene Einstellung, das eigene Wohlbefinden, sind besser als bei der Durch-führung von Tätigkeiten, die wir ohne oder mit mangelnder Motivation angehen. Dabei können nicht alle Ihre Mitarbeiter „stumpf" auf die gleiche Art und Weise motiviert wer-den. Einstimmend auf nachfolgend wichtige Theorien/Modelle sei übergeordnet an-gemerkt, dass im Ergebnis gleiches Verhalten oder gleiche Leistung durchaus sehr deutlich unterschiedlich motiviert sein kann. Dies zu erkennen und im Umgang mit anderen Men-schen zu berücksichtigen ist sehr wichtig. Nehmen wir vereinfachend eine Schülerin und legen kurz die unterschiedlichen Möglichkeiten für ihre Motivation eines guten Ab-schneidens in einem bestimmten Schulfach oder einer einzelnen Arbeit zugrunde:

- Hoffnung auf Erfolg
- Angst vor Misserfolg (Versagen)/schlechter Leistung
- Anerkennung guter Leistung (z. B. durch die Eltern oder Lehrer)
- Sozialer Vergleich (z. B. besser oder nicht schlechter sein zu wollen als die Freundin)
- Lust und Interesse am Lehrfach bzw. den Lehrinhalten selbst (klassische intrinsische Motivation)

Das Ergebnis „nach außen hin" ist für die Lehrkraft gleich, aber nur wenn die Motivation des Mädchens bekannt ist, kann diese gezielt genutzt werden, um Leistung zu erhöhen. Unterschiedliche Mitarbeiter sind also – bei ggf. gleicher Leistung – durchaus unterschiedlich motiviert. Es liegt in der Verantwortung der Führungskraft, motivationale Bedürfnisse eines jeden Mitarbeiters zu kennen und zu berücksichtigen.

Auch für dieses Kapitel gilt das bereits im Vorwort Geschriebene: Nicht alle relevanten Theorien/Modelle werden dargelegt und selbst die folgend aufgeführten werden bewusst nicht in epischer Breite und Tiefe behandelt, sondern auf deren Kernaussagen und praktische Relevanz verkürzt.

> **Wie kann ich das Thema Motivation als Führungskraft in meinen Alltag einbauen?**
> Versuchen Sie die Motivation aller Mitarbeiter zu verstehen. Es ist akzeptabel, wenn Sie dabei im Einzelfall intuitiv und mit Bauchgefühl beginnen. Es ist aber unumgänglich, dass Sie dies in der (direkten oder indirekten) Kommunikation mit dieser Person verifizieren oder zumindest über beobachtbares Verhalten danach streben. Suchen Sie also nach Bestätigung dafür, dass Ihre Annahmen über die Motive und Motivation einzelner Mitarbeiter korrekt sind.
> Folgend werden Ihnen zwei sehr bekannte und äußerst praktikable Modelle vorgestellt.

4.4.1 Bitte nicht Maslow; weil …

Mitunter zählt Maslows Bedürfnispyramide zu der am weitesten verbreiteten Motivationstheorie, leider. Denn als Teil der Psychologie-Ausbildung werden schon lange klare Kritikpunkte gegen diese Theorie dargelegt und sind durchaus auch in der Breite „anerkannt". Während also der gemeine Psychologie-Studierende Maslow und die Schwachpunkte der Theorie kennt, bekommt der unbekümmerte BWL/WiWi-Studierende nicht selten weiterhin Maslow unkritisch als einzigen Vertreter diverser Motivationstheorien präsentiert. (Verstärkt wird dies dadurch, dass an vielen Hochschulen das eigenständige Lesen und aktive Erarbeiten von Stoff aus guten Lehrbüchern durch den passiven Konsum von Präsentationen und Folien-Handouts ersetzt wurde.)

Bewusst sei hier die Maslowsche Pyramide nicht erläutert, sondern direkt Schwachpunkte (für die kommende Theken-Diskussion) offengelegt:

- Es fehlen sämtliche (brauchbaren, seriösen) Belege im Sinne empirischer Studien.
- Es ist sehr fraglich, ob diese Bedürfnisse derart hierarchisch und sequenziell auftreten bzw. auch als „abgehakt" angesehen werden sollten.
- Sowohl die unterste Ebene der Grundbedürfnisse als auch die oberste Ebene der Selbstverwirklichung dürfte für keine bzw. kaum eine Führungskraft im deutschsprachigen Geschäftsleben von Bedeutung bzw. praktischer Relevanz sein. Grundbedürfnisse dürfen allgemein als „gedeckt" und Selbstverwirklichung am Arbeitsplatz darf allgemein als eher romantische Vorstellung angesehen werden. Somit beraubt sich das Modell selbst 2 von 5 Stufen und büßt bereits einen zu großen Raum ein.
- Versuchen Sie, des reinen Spaßes halber, Gehalt motivatorisch Maslows Pyramide zuzuordnen. Ist jemand durch Geld zu motivieren, um seine Grundbedürfnisse zu befriedigen? Oder geht es dabei um Anerkennung? Oder strebt jemand der Gehaltsmaximierung entgegen, um in 10 Jahren seinen Selbstverwirklichungs-Traum leben zu können?

Auch an dieser Stelle sei ein persönlicher Einschub erlaubt: Wurde oder wird Ihnen bei einer Lehrveranstaltung oder einem Weiterbildungs-Seminar mit dem Brustton der Überzeugung einzig und allein Maslow dargeboten und noch nicht einmal auf die bekannten Schwächen hingewiesen, gereicht das meiner Meinung nach dazu, den Raum zu verlassen und Inhalt sowie Dozent anzuzweifeln … Lassen Sie uns konsequent die Spreu vom Weizen trennen!

4.4.2   McClelland – Der unschlagbare Praktiker für Führungskräfte

Obgleich McClelland seine Theorie der Grundbedürfnisse bereits 1961 formulierte, gilt diese weithin als die am intensivsten erforschte Theorie bzgl. Motivation. Gemäß McClelland gibt es drei Grundbedürfnisse, welche unser Handeln motivieren. Wer diese kennt, kann besser auf Bedürfnisse eingehen und gezielt Anreize und Belohnungen einsetzen. Grafisch können diese Grundbedürfnisse wie folgt charakterisiert werden – die Überschneidungen sind bewusst dargestellt (vgl. Abb. 4.2).

Abb. 4.2 Motivationale
Grundbedürfnisse

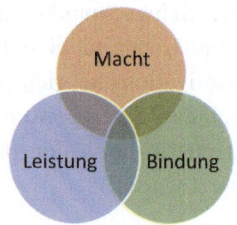

Folgend werden die Kernelemente vorgestellt:

- **Bedürfnis nach Macht:** Kontrolle ausüben sowie andere beeinflussen und Autorität sowie Dominanz ausüben. Wettbewerb und Gewinnen sind diesen Menschen wichtig. Im Zweifel sollen Entscheidungen entsprechend den eigenen Wünschen oder Bedürfnissen ausfallen. Somit geht es weniger darum, Interessen anderer zu vertreten. Status und Anerkennung sind wichtige Treiber.
- Um diese Mitarbeiter zu motivieren, sollten sie in Entscheidungen eingebunden werden, z. B. Ihre Urlaubsvertretung übernehmen oder auch mal an Meetings an Ihrer Stelle teilnehmen dürfen.
- Typische Ängste/Befürchtungen, welche es als Führungskraft im Umgang mit diesen Personen zu vermeiden/reduzieren gilt, sind z. B. Missachtung sowie das Gefühl unbedeutend oder unwichtig zu sein.
- **Bedürfnis nach Leistung/Erfolg:** Herausfordernde Ziele werden gesteckt und erreicht; dabei werden kalkulierbare Risiken in Kauf genommen; diese Personen vermeiden gleichermaßen Situationen mit niedrigem Risiko und damit niedriger Belohnung als auch Situationen mit sehr hohem Risiko. Sie schätzen ein leistungsstarkes und ergebnisorientiertes Arbeitsumfeld. Im Zweifel arbeiten diese Menschen lieber allein bzw. sind für zu erbringende Ergebnisse alleine verantwortlich.
- Dabei motiviert ein ernst gemeintes Lob zur rechten Zeit mehr als ein monetärer Bonus. Aber auch für angebrachte, konstruktive Kritik sind diese Menschen offen. Um diese Mitarbeiter zu motivieren, sollten deren Leistungen realistisch anerkannt werden. Typische Ängste/Befürchtungen, welche es als Führungskraft im Umgang mit diesen Personen zu vermeiden/reduzieren gilt: Gefühl, als unfähig oder unwissend dazustehen bzw. zu versagen.
- **Bedürfnis nach Bindung/Zugehörigkeit:** Teil einer Gruppe zu sein und Zusammenarbeit sind wichtiger als Wettbewerb oder Leistung. Situationen mit oder das Treffen von Entscheidungen unter Unsicherheit werden vermieden. Von anderen geliebt zu werden ist wichtig. Das Wohl der Gruppe ist wichtiger als eigene Bedürfnisse. Zwischenmenschliche bzw. soziale Kontakte und deren Pflege sind für diese Menschen im Arbeitsalltag besonders wichtig. Bestehende Regeln werden eingehalten. Änderungen werden, mitunter aus Angst vor Zurückweisung, nicht initiiert. Sicherheit, Zuwendung und Geborgenheit ist diesen Menschen wichtig.
- Um diese Mitarbeiter zu motivieren, sollten diese ins Team integriert werden und generell deren Beiträge zum Wohle des Teams bzw. des Unternehmens beachtet sowie hervorgehoben werden.
- Typische Ängste/Befürchtungen, welche es als Führungskraft im Umgang mit diesen Personen zu vermeiden/reduzieren gilt: Zurückweisung, ausgeschlossen oder isoliert werden.

Bei gleicher Leistungsfähigkeit gilt es also grundsätzlich herauszufinden, ob und wenn ja, welches dominante Bedürfnis vorliegt. Tab. 4.1 fasst typische Vorteile und Nachteile der

Tab. 4.1 McClelland's Bedürfnisse

Macht-motivierte	Leistungs-motivierte	Bindungs-motivierte
Vorteile		
nehmen Einfluss	bevorzugen Sachargumente	bevorzugen Beziehungsargumente
besitzen Durchsetzungsvermögen	treiben Themen, Inhalte und Lösungen voran	bereichern das Klima und die gute Atmosphäre im Team
Nachteile		
können narzisstische Tendenzen zeigen	es besteht die Gefahr, Mitarbeiter aufgrund des eigenen Leistungsanspruches zu überfordern	scheuen sich davor, (harte) Entscheidungen zu treffen
mit steigender Macht steigt auch die Gefahr des Machtmissbrauchs	können im Zweifel aufgrund des eigenen Leistungsanspruches schlecht delegieren	besitzen einen schlechteren Fokus auf Inhalt (und fokussieren lieber auf die Beziehung)
oft zu finden		
in Management und Politik	im (Spitzen-)Sport und der Wissenschaft	auf unteren Ebenen

drei Grundbedürfnisse zusammen. Dabei zeigt diese Aufstellung nochmals allgemeingültige Verhaltensweisen, welche es einerseits zu nutzen und andererseits zu bedenken gilt.

Notiz am Rande: Bandura zeigte (1989), dass zwischen Leistungsmotiv und der Leistung kein signifikanter Zusammenhang besteht und das Machtmotiv nichts über den Führungserfolg aussagt. Es ist also nicht zwingend notwendig, dass eine (gute) Führungskraft an ihrem Macht-Motiv erkennbar sein müsste.

In diesem Zusammenhang ist es wichtig festzuhalten, dass keines dieser Motive besser oder höherwertiger als ein anderes ist. Es gibt auch kein Motiv, welches per se schlechter als andere ist. Ein gutes Team vereint Mitarbeiter, welche in Summe alle drei Grundbedürfnisse vertreten.

Wie kann ich McCelland in meinen Alltag als Führungskraft einbauen?

Die drei Grundbedürfnisse nach McClelland sind von Person zu Person unterschiedlich gewichtet. In aller Regel gibt es ein dominierendes Motiv. Behalten Sie aber die Möglichkeit im Hinterkopf, dass sich dieses „Hauptmotiv" ggf. nicht gleichermaßen in allen Lebens- bzw. Arbeitsbereichen niederschlägt.

Stark verkürzt beinhaltet die Führungsaufgabe im Sinne McClelland's:

- Den Beitrag des Mitarbeiters zu beachten und ihn zu integrieren, um das Bedürfnis nach Zugehörigkeit zu befriedigen.
- Den Mitarbeiter in Entscheidungen einzubinden, um das Bedürfnis nach Macht anzuerkennen.
- Die Leistung des Mitarbeiters anzuerkennen!

Für Ihre Mitarbeiter:
*   Bringen Sie in Erfahrung, welches Grundbedürfnis gemäß McClelland für jeden Ihrer Mitarbeiter dominiert. Klären Sie diese Einschätzung mit dem jeweiligen Mitarbeiter ab.
*   Überlegen Sie sich hierzu, welche Aufgaben dieses Grundbedürfnis vermehrt befriedigen und lassen Sie diese Aufgaben in den Arbeitsalltag der Mitarbeiter einfließen.

Für Sie als Führungskraft:
*   Welchem Grundbedürfnis messen Sie bei sich selbst die größte Relevanz zu?
*   Sind Sie sich bewusst, dass dieses dominante Grundbedürfnis auch Ihr Verhalten im Umgang mit Ihren Mitarbeitern prägt? Beachten Sie, dass dies auch negative Auswirkungen auf den Umgang mit Ihren Mitarbeitern haben kann.

Nutzen Sie auch die anderen Kapitel/Inhalte zum Thema Motivation. Sofern Sie bis dato keine der vorgestellten Theorien in Ihren Arbeitsalltag haben einfließen lassen, starten Sie mit der SDT – siehe nächstes Kapitel. Erst wenn Sie die SDT ausreichend sicher in Ihren Alltag einfließen lassen konnten, sollten Sie gezielt McClelland für einzelne Mitarbeiter berücksichtigen.

4.4.3 Die Allzweckwaffe „Selbstbestimmung" sowie intrinsische und extrinsische Motivation

Die Selbstbestimmungstheorie (Deci und Ryan 1985 + 2000) auch im Deutschen oft mit SDT (self-determination theory) abgekürzt, darf als Makro-Theorie verstanden werden: Die ist SDT keineswegs auf die Arbeitswelt beschränkt anwendbar. Empirisch belegte Wirkung zeigt die SDT in unterschiedlichsten Umfeldern wie z. B. Familie, Beruf, Sport, und dies auch Kultur-übergreifend. Damit wird die SDT zu einer wahren Allzweckwaffe: Universell einsetzbar und dazu auch noch leicht verständlich, aufgrund der Berücksichtigung von lediglich 3 Faktoren. Sie zeigt, dass Motivation, und somit seitens der Führungskraft gewünschtes Verhalten, durch die Befriedigung bzw. Berücksichtigung dreier Grundbedürfnisse positiv verstärkt werden kann. Im Kern erhöhen diese in Kombination das Empfinden von Selbstbestimmung. Dieses wiederum wirkt sich positiv auf (Arbeits-)Leistung im Sinne von effizienzsteigerndem Verhalten und sogar auf unsere Gesundheit aus. Diese Grundbedürfnisse sind:

*   **Autonomie/Selbstbestimmung:** Das Gefühl der Freiwilligkeit oder zumindest der Einflussnahme auf Notwendigkeiten stärkt das „Wollen" und sorgt damit für ein nied-

rigeres Stressempfinden, gesteigerte Selbst-Kontrolle, höheres Durchhaltevermögen. Dies mündet in gesteigerter Leistung und sogar gesünderen Verhaltensweisen.

- **Kompetenzerleben:** Mitarbeiter wollen sich als kompetent erleben, einen wichtigen Beitrag leisten. Ergebnisse erzielen zu können, die von anderen verlangt oder sogar geschätzt werden, erzeugt ein befriedigendes Gefühl und Wohlbefinden. Die Führungskraft muss dementsprechend nicht nur dafür sorgen, dass Mitarbeiter ihren Fähigkeiten entsprechend eingesetzt werden, sondern dass diese auch Chancen erhalten, Fähigkeiten zu erweitern.
- **Zugehörigkeit/Anerkennung:** Mitarbeiter möchten Teil einer Gruppe sein und von dieser Anerkennung erfahren; aber auch Möglichkeiten erleben, anderen Anerkennung zuteilwerden zu lassen.

Vor allem hinsichtlich Autonomie ist gut belegt, dass sich selbstbestimmtes Verhalten auch positiv auf Kompetenzerleben und Anerkennung auswirkt. Ebenso verringert Kontrollausübung nicht nur das Autonomie-Erleben, sondern auch die Wahrnehmung der anderen beiden Dimensionen (Frühwirth, 2020). Es konnte zudem gezeigt werden, dass eine höhere (berufliche) Belastung bei gleichzeitig steigendem Autonomiegrad weitaus weniger belastend empfunden wird, als wenn eine höhere Belastung bei gleichbleibender oder sinkender Autonomie erlebt wird.

Im Zuge der Selbstbestimmungstheorie haben die Autoren die grundsätzliche und bekannte Dichotomie von intrinsischer und extrinsischer Motivation durch das Selbstbestimmungs-Kontinuum aufgelöst. Dies hat den wichtigen Vorteil, dass Mitarbeiter nicht mehr in „gute", weil intrinsisch motivierte, und „schlechte", weil extrinsisch motivierte, Mitarbeiter stigmatisiert werden müssen. Zudem fördert es das Verständnis, dass Motivation auch einen persönlichen (Lern-)Prozess darstellt. Auf einer von Deci & Ryan entwickelten 6-stufigen Skala von der kompletten Abwesenheit jeglicher Motivation (= Amotivation) bis zur absolut selbstdeterminierten intrinsischen Motivation zeigt sich, dass unterschiedliche Handlungen unterschiedlich motiviert sein können. Am Beispiel der Frage, ob ein Universitätsstudium aufgenommen werden soll oder doch besser eine kaufmännische Lehre angesteuert werden sollte, lassen sich die unterschiedlichen Motivationsstufen gemäß der SDT verdeutlichen:

Wer ein Studium beginnt, weil er sich sehr für das Thema interessiert und darin die persönliche (berufliche) Zukunft sieht, ohne Rücksicht auf die Meinung anderer oder Verdienstaussichten, handelt intrinsisch.

Wer ein Studium nur beginnt, um die Eltern nicht zu enttäuschen und dabei den Wunsch nach einer kaufmännischen Lehre unterdrückt, handelt extrinsisch – fremdbestimmt.

Wer ein Studium beginnt, weil es alle Freunde tun und man sich mit dem Beginn einer kaufmännischen Lehre als minderwertig fühlen würde, handelt gemäß „introjizierter Regulation" – also eher von außen bestimmt, aufgrund der (erhofften) Anerkennung.

Wer ein Studium beginnt, weil dies vermeintlich mit interessanteren Aufgaben und/oder gesteigerten Karrierechancen einhergeht und somit versteht, „dass es sich lohnt", handelt gemäß „identifizierter Regulation".

Wer ein Studium aufgrund der Überzeugung beginnt, damit mehr Geld als ohne Studium verdienen zu können und dem Gehalt einen großen persönlichen Stellenwert beimisst, handelt gemäß „integrierter Regulation".

Wer ein Studium zwar beginnt, aber weder mit den Studieninhalten noch mit dem möglichen Abschluss etwas verbindet und letztlich auch nicht nach Anerkennung strebt oder Angst vor Versagen hat, handelt amotiviert.

Nicht alles im Leben basiert also auf intrinsischer Motivation. Nicht automatisch führt jede ausgeführte Handlung zu inhärenter Befriedigung. So ist bei neu zu erlernenden Tätigkeiten, Routinearbeiten oder unangenehmen Aufgaben nicht automatisch mit intrinsischer Motivation zu rechnen. In diesem Zusammenhang sind mir persönlich gelegentlich entgegengebrachte pauschalierte Aussagen von Vorgesetzen bzgl. einer mangelnden intrinsischen Motivation bei Mitarbeitern ein Zeichen dafür, dass das dahinterliegende Konzept nicht ganz durchdrungen wurde; daher folgende Klarstellungen:

Intrinsische Motivation beschränkt sich auf bestimmte Lebens- bzw. Arbeitsbereiche; es nicht realistisch zu erwarten, dass gute Mitarbeiter stets intrinsisch motiviert sind. Ungeliebte Aufgaben sowie Routinetätigkeiten sind in aller Regel kaum mit intrinsischer Motivation belegt.

Intrinsische Motivation ist nicht etwas, was eine Person besitzt oder nicht, sondern es ist etwas, auf das die Führungskraft Einfluss nehmen kann und muss. Sind Mitarbeiter in wichtigen Bereichen der eigenen Tätigkeit nicht intrinsisch motiviert, darf es gerne als Aufgabe der Führungskraft angesehen werden, dies zu ändern.

Wie kann ich die Selbstbestimmungs-Theorie in meinen Alltag als Führungskraft einbauen?

Auch wenn diese Motivations-Theorie erst am Ende dieses Kapitels dargelegt wurde, lohnt es sich, diese zuerst in den eigenen Führungsalltag einzubauen. Denn sie ist die allgemeinste und bietet daher die breiteste Basis, von Ihnen genutzt zu werden. (Die Begründung dafür, erst am Ende des Kapitels die SDT zu erläutern, erschießt sich, wenn Sie die folgenden Tipps beachten.)

Idealerweise sind Ihre Mitarbeiter stets intrinsisch motiviert. Jedoch ist dies kaum realistisch. Glücklicherweise aber auch per se nicht „kriegsentscheidend". Durch die SDT haben Sie nunmehr ein besseres und tieferes Verständnis der Abstufungen von extrinsischer zu intrinsischer Motivation.

- Erkennen Sie, ob Mitarbeiter aus eigenem Antrieb Leistung zeigen oder eher extrinsische Motive dahinterstecken. Begleiten Sie vor allem solche Mitarbeiter bzw. Tätigkeiten, die mit Amotivation oder reiner extrinsischer Motivation handeln bzw. erledigt werden. Um an diesen Stellen in Richtung intrinsischer Motivation vorzustoßen, hilft es: (i) Das Warum von Aufgaben/Tätigkeiten zu erläutern und den Mehrwert zu verdeutlichen; (ii) die folgend aufgeführten Elemente der SDT zu berücksichtigen und (iii) darauf aufbauend auch bei jedem einzelnen Mitarbeiter gemäß McClelland zu steuern.

Autonomie

Grundsätzlich – sowie intuitiv nachvollziehbar – erscheint vor allem die Darbietung von Handlungsalternativen dem Grundbedürfnis nach mehr Autonomie zu entsprechen. Dies ist allerdings nicht per se so. Es ist möglich, dass die angebotenen Alternativen als Zwang verstanden werden. Zudem kann es bedrückend sein, eine Entscheidung zu treffen.

- Es ist also wichtig, dass die angebotenen Wahlmöglichkeiten den Bedürfnissen der Person entsprechend. Berücksichtigen Sie hierzu Bedürfnisse und persönliche Interessen. Ist dies nicht möglich, überzeugen Sie mit Erläuterungen bzgl. des Nutzens einer gewünschten Handlung; erklären Sie das „Warum".
- Sollten Mitarbeiter zu Mehrarbeit, Überstunden oder zusätzlichen Aufgaben gezwungen sein, sollten Sie als Führungskraft darauf bedacht sein, diesen Mitarbeitern dafür gesteigerte Freiheitsgrade (z. B. bei der Einteilung der Aufgaben oder dem Zeitpunkt der Erledigung) einzuräumen.

Kompetenz

Damit Mitarbeiter Kompetenz erleben können, muss auf das richtige Maß an Herausforderung geachtet werden. Aufgaben dürfen weder zu simpel noch übermäßig schwer sein. Herausforderungen beinhalten allerdings auch immer die Gefahr des Scheiterns.

- Es ist also wichtig, Aufgaben so zu wählen, dass sie zu bewältigen sind. Dabei muss die Person die Chance haben, Fortschritt erkennen zu können. Geben Sie daher positiv Rückmeldung mit informativem Charakter (anstelle eines reinen, kurzen Lobes).
- Idealerweise nutzen Sie hierzu auch die Erkenntnisse aus dem vorherigen Kapitel: McClelland stellt klar, dass einige Menschen eher an sozialen Bindungen und weniger an Leistungserbringung interessiert sind. Dementsprechend sollten diese Mitarbeiter weniger mit herausfordernden Aufgaben als mit Möglichkeiten der sozialen Interaktion/Bindung motiviert werden.

Die Angst des Scheiterns wird durch eine ausgeprägte Kultur der Fehlertoleranz genommen. Beachten Sie bitte daher auch das Kapitel „Unternehmenskultur – Das verkannte Element".

Soziale Bindung

Das Gefühl nach Zugehörigkeit speist sich nicht durch eine hohe Anzahl an sozialen Kontakten, sondern durch deren Qualität. Vertrauen spielt dabei eine zentrale Rolle.

Stark verkürzt: Ist es den Mitarbeitern erlaubt, ihr wahres Ich zu zeigen?

* Dementsprechend ist auch hier wichtig, Zeit und Ort für qualitativ hochwertige Beziehungen und Begegnungen einzurichten und darüber hinaus auch eine entsprechende Unternehmenskultur zu schaffen.

Idealerweise nutzen Sie hierzu auch die Erkenntnisse aus dem vorherigen Kapitel: McClelland stellt klar, dass einige Menschen eher an Leistung und weniger an sozialer Bindung interessiert sind. Dementsprechend sollten diese Mitarbeiter etwas weniger über eine hohe Anzahl an sozialen Kontakten und eher über herausfordernde Aufgaben motiviert werden.

4.5 Team-Psychologie

Im Laufe meiner Berater-Karriere haben sich zwei Begriffe bzw. Standard-Sätze bei mir eingebrannt. Bei beiden zucke ich noch heute etwas zusammen, diese sind: „Das Problem ist komplex." und „Wir müssen zur Lösung ein Team bilden." Beide Aussagen werden mir persönlich deutlich zu inflationär und ohne Bedacht getroffen. Die erste Aussage mag ich nicht, weil geschätzt 95 % der Fälle keinesfalls komplex, sondern maximal kompliziert sind. Sehr viel von dem, was gerade als riesiges Problem dargestellt wird, ist nicht neu, wurde schon 1000-mal erlebt und erfolgreich gelöst. Die zweite Aussage mag ich nicht, weil es maximal unklar ist, ob ein Team tatsächlich die beste Wahl zur Lösung des Problems ist. Einige Autoren sprechen hierbei sogar von „unglaubwürdiger Werbung für Teamarbeit" (Hasebrook et al. 2020). Lassen Sie mich dies kurz an vier Szenarien aufgreifen und meinen Standpunkt klarstellen:

Nehmen wir an, dass ein Fußballfeld vom Schnee befreit werden muss. Für diese Aufgabe stehen unendlich viele Schaufeln zur Verfügung. Jeder, der helfen möchte, kann gerne helfen. → Glauben Sie, dass es dafür ein Team braucht? Oder reicht hier einfach eine Gruppe von Menschen, die Schnee schippen?

Stellen wir uns eine Fußballmannschaft vor. Ohne Torwart kann die Mannschaft nicht antreten. Und wenn die gegnerische Mannschaft deutlich stärker ist, dann muss auch mal ein Stürmer in der Verteidigung aushelfen. Die beiden Außenverteidiger verstehen sich blind und wechseln spielerisch auch mal die Seiten. → Glauben Sie, dass es sich hierbei um ein Team handelt?

Nehmen wir an, eine Gruppe von Schülern wird gebeten, als Team eine Mathe-Aufgabe zu lösen. Es muss also nicht jeder einzeln ran, sondern die Gruppe soll das Ergebnis erarbeiten. Was wird wohl das Erste sein, was die Gruppe klärt? Richtig! Zuerst werden einige offen bekennen, von Mathe keine Ahnung zu haben und danach wird die Person gesucht, welche in Mathe am besten ist. Diese Person wird sich dann der Lösung widmen. → Ist das somit noch eine Team-Leistung?

Zu guter Letzt noch das Bild einer Bergsteiger-Truppe: Alleine aufzusteigen wäre zu gefährlich. Jeder muss sowohl aufsteigen als auch andere sichern. Dabei ist es wichtig, die physischen und psychischen Stärken und Schwächen voneinander zu kennen. Ich, z. B., habe Höhenangst, dieses Wissen könnte „in der Wand" unser aller Leben retten ... → Glauben Sie, dass man in diesem Zusammenhang von einem Team sprechen sollte?

Sie erkennen, dass es Aufgaben unterschiedlichster Couleur gibt. Nicht immer besteht die Lösung darin, ein Team (anstelle einer Einzelperson oder einer Gruppe) anzusetzen. Die Wissenschaft kennt in diesem Zusammenhang weitere wichtige Parameter, die es zu berücksichtigen gilt. Als Führungskraft sollten diese Berücksichtigung in Ihrem Führungskräfte-Alltag finden. Die meisten der folgenden Punkte sind sehr gut belegt, einige wenige bedürfen weiterer evidenz-basierter Absicherung, zeigen aber eine wichtige Tendenz.

- Teams zu führen ist schwieriger als die Führung von Einzelpersonen
- Die genaue/gerechte Evaluation von Einzelleistungen ist in Teams schwierig
- Beim Lösen komplexer Probleme sind größere Teams besser
- Grundsätzlich erledigen kleinere Teams Aufgaben schneller als größere Teams
- Es scheint, als wären Gruppen mit ungerader Anzahl von Mitarbeitern im Vorteil
- In Anlehnung an die Millersche Zahl scheinen Teams zwischen 5 und 7 Mitgliedern am besten
- Brainstorming in Gruppen kann zu weniger Resultaten per se und geminderter Diversität der Resultate führen
- Auch in leistungsstarken Teams benötigt es Führung
- Nicht selten ist die Summe der Motivation in Teams niedriger als die vergleichbarer Einzelpersonen
- Team-Entscheidungen sind oft nur von mittelmäßiger Qualität
  - Da sich nicht immer alle im Team zu 100 % an der Lösungsfindung beteiligen
  - Aufgrund mangelnden Interesses oder mangelnder kommunikativer Fähigkeiten sowie
  - gruppendynamischer Prozesse (diese werden weiter unten nochmals aufgegriffen) oder gar Gruppendenken gibt es eine allgemeine Tendenz hinsichtlich standardisierter Vorgehen und Lösungen
- Kleinere Teams treffen besser Entscheidungen als größere Teams
- Team-Entscheidungen sind oft risikoreicher

Insgesamt kennt die Forschung mehr negative als positive Effekte im Zusammenhang mit Teamarbeit. Das mag kontra-intuitiv erscheinen. Doch bei rechter Überlegung wird klar, dass es kein Allheilmittel – kein „Schlangen-Öl" – gibt. Alles hat Vor- und Nachteile, die es abzuwägen gilt. Dabei soll dieses Kapitel weder ein Statement gegen Teamarbeit sein noch davor Angst verbreiten. Es soll aber den bedachten Umgang damit erleichtern. Als ähnlich unbedacht erscheint mir der gegenwärtige Trend in puncto Diversität bzw. Heterogenität (z. B. bezogen auf Alter, Kultur, Geschlecht). Auch hierbei wird viel zu oft und viel zu schnell dafür geworben, ohne abzuwägen. Jegliche Diversität darf durchaus auch als Quelle für Konflikt angesehen werden. Diese Konflikte lassen sich i. d. R. mit (erhöhtem Aufwand an) guter Kommunikation begegnen und ausgleichen. Doch dies bedarf einer gewissen Zeit, denn gute Kommunikation fällt nicht vom Himmel! Und in der Zeit, wo diverse Teams noch an ihrer Kommunikation arbeiten (müssen), ist auch die Kohäsion noch nicht auf einem Hoch. Dies führt dazu, dass gerade in der Anfangsphase homogenere Teams bereits auf hohem Niveau leisten und effektiv kommunizieren, während heterogene Teams dazu noch nicht in der Lage sind. Wie Sie weiter unten im Kapitel zu Tuckmans Phasenmodell noch lesen werden, kann diese Anfangsphase auch leichtmehrere Monate dauern …

Einen wirklich klar belegten Vorteil bringen heterogene Teams in Bezug auf Kreativität und Innovation. Es kommen mehr unterschiedliche Standpunkte zum Tragen. Heterogenität in den Mitarbeiter-Kompetenzen ist vor allem bei komplexen Aufgaben vorteilhaft. Doch wie viele Abteilungen oder Mitarbeiter bzw. Teams eines Unternehmens sind vornehmlich mit Kreativität und Innovation betraut oder haben hoch komplexe Aufgaben zu erledigen?

> **Wie kann ich das als Führungskraft in meinen Alltag einbauen?**
> Nicht immer bedarf es bei der Erledigung einer Aufgabe oder Lösung eines Problems eines Teams – schon gar nicht, wenn dies erst zusammengestellt oder gar extern eingekauft/beauftragt werden muss.
>
> Wenn Sie sich bewusst machen, dass es Vor- und Nachteile gibt, Sie nach beidem aktiv suchen und erst danach abwägen, hat sich das Lesen dieses Kapitels für Sie und Ihr Unternehmen bereits gelohnt.

4.5.1 Sozial-psychologische Phänomene im Team – Warum immer ich?

Warum soll immer ich das machen? Warum fragt mein Chef nicht die anderen? Wenn ich mich still verhalte, wird es schon ein anderer für mich übernehmen … Diese und ähnliche Fragen sowie Gedanken hatten wir alle schon. Gemeinsam ist der Umstand, dass wir uns in Gruppen anders verhalten. (Dies wird übrigens regelmäßig auch von Gerichten anerkannt: Straftaten einer Gruppe führen in Summe zu niedrigeren Haftstrafen als bei

Einzeltätern.) Die folgende Auflistung stellt wichtige Phänomene vor, die die Leistung innerhalb von Gruppen oder Teams beeinflussen. In vielen Fällen wird mittlerweile auch im Deutschen der englische Fachbegriff genutzt, Sie finden die deutsche Entsprechung in Klammern.

- **Soldiering (Soldatentum):** Eine wahrgenommene ungerechte Behandlung eines Mitarbeiters führt zur Leistungsdrosselung der Kollegen
- **Social Labouring (Köhler-Effekt):** Leistungssteigerung, um im Team nicht als schwächstes Glied dazustehen
- **Social Facilitation (Soziale Erleichterung):** Leistungssteigerung aufgrund der Anwesenheit unterstützender Anderer (u. a. wird damit erklärt, warum Heim-Mannschaften öfter gewinnen)
- **Social Loafing (Soziales Faulenzen):** Individuelle, eher unbewusste Leistungsdrosselung innerhalb einer Gruppe oder eines Teams (dabei gibt es Anzeichen, dass dies bei Männern stärker ausgeprägt ist als bei Frauen und westliche Kulturen mehr belastet als östliche Kulturen)
- **Free-Riding (Trittbrett-Fahren):** Individuelle, aber bewusste Leistungsdrosselung innerhalb einer Gruppe oder eines Teams
- **Social Compensation (Soziale Kompensation):** Persönliche Leistungssteigerung zur Kompensation der geringeren Leistung anderer (jeder Mannschaftsport zeigt dies)
- **Sucker Effect (Gimpel-Effekt):** Leistungsreduktion, um nicht Opfer von Trittbrett-Fahrern oder sozialen Faulenzern zu werden

Wie kann ich (sozial-)psychologische Teameffekte in meinem Alltag als Führungskraft berücksichtigen?
Leistungswille und Leistungsfähigkeiten unterliegen in Gruppen anderen bzw. zusätzlichen Gesetzmäßigkeiten.

- Bleiben Sie wachsam gegenüber negativen Effekten. Sprechen Sie dazu neigende Personen oder offensichtliche Vorfälle direkt an.
- Fördern Sie positive Effekte u. a. dadurch, dass Sie entsprechende Situationen und Umgebungen schaffen; Kohäsion fördern.

Nutzen Sie auch die anderen Kapitel/Inhalte zum Thema Motivation. Sofern Sie bis dato keine der vorgestellten Theorien in Ihren Arbeitsalltag haben einfließen lassen, starten Sie mit der Selbstbestimmungstheorie (SDT) - weiter oben. Erst wenn Sie die SDT ausreichend sicher in Ihren Alltag einfließen lassen konnten, sollten Sie gezielt McClelland für einzelne Mitarbeiter berücksichtigen.

4.5.2   Entscheidungsfindung – Gruppendenken, Gruppendruck und Gruppenkonformität

Wie bereits in den vergangenen beiden Kapiteln festgestellt, kennt die Wissenschaft gewichte Gründe gegen Team-Entscheidungen:

- Komplexe Entscheidungen werden schneller und von besserer Qualität von einem Experten als vom Team getroffen, z. B. aufgrund
  - von „kognitivem Faulenzen" (Unlust, selbst Gedanken zu investieren)
  - mangelndem Interesse sowie mangelnder kommunikativer Fähigkeiten
  - Gruppendruck (fördert die Tendenz zur Mitte/etablierten Standards/Gruppendenken)
- Team-Entscheidungen sind tendenziell risikoreicher (aufgrund von Verantwortungsdiffusion)
- Umso kleiner das Team, desto besser die Entscheidung
- Gruppendenken – dieser eher harmlos daherkommende Terminus hat es faustdick hinter den Ohren: Vor allem bei „starken" Führungspersönlichkeiten bzw. hoch kohäsiven Gruppen neigt die Gruppe dazu, sich der Meinung der Führungskraft „blind" anzuschließen. Im Ergebnis werden Entscheidungen nicht adäquat geprüft oder hinterfragt. Es kann sogar so weit kommen, dass eben dieses kritische Hinterfragen nicht erwünscht ist und sanktioniert wird.

Um Gruppendynamik, Gruppenkonformität sowie Gruppendruck – höchst eindrucksvoll und gänzlich ohne Text – zu vermitteln, möchte ich Sie an dieser Stelle bitten, die folgenden Kurzvideos anzusehen. Schauen Sie die Videos unbedingt in der vorgegebenen Reihenfolge und nacheinander an. Es sind allesamt „Klassiker" der Sozial-Psychologie (und daher auch bereits etwas älter):

1. https://www.youtube.com/watch?v=P00i7_C8tl8
   „Fahrstuhl" – zu finden auch unter „Prudential Everbody's Doing it" (Dauer ca. 2min31)
2. https://www.youtube.com/watch?v=iRh5qy09nNw
   „Asch-Experiment" – zu finden auch unter „The Asch Experiment" (Dauer 1min57)
3. https://www.youtube.com/watch?v=RVyQo4zkiDs
   „Fire" – zu finden auch unter „Dangerous Conformity" (Dauer 7min26)

Wie kann ich die aufgeführten Phänomene als Führungskraft in meinen Alltag einbauen?
Seien Sie sich stets bewusst, dass sich individuelles Verhalten innerhalb von Gruppen ändert. Niemand steht gerne als Außenseiter da. Im Zweifel bewegt uns dies dazu, Verhalten oder Entscheidungen im Sinne der Gruppe (oder einflussreicher Personen der Gruppe) anzupassen; und dies auch wider besserem Wissen. Gerade für junge Mitarbeiter kann dies sehr herausfordernd sein, wenn „alte Hasen" oder gar die Führungskraft selbst eine (falsche) Ansicht vertreten.

- Unterschätzen Sie die (unsichtbare) Macht der Gruppe nicht. Hinterfragen Sie getroffene Entscheidungen dahingehend, ob diese auch von unabhängigen Individuen getroffen worden wären.
- Überprüfen Sie (immer wieder), ob sich Gruppendenken eingeschlichen hat.

4.5.3 Tuckman – ohne den läuft es nicht im Projekt

Gerade in der Projektmanagement-Weiterbildung, sofern nicht zu eng an einer konkreten Projektmanagement-Methodologie ausgerichtet, werden die Teilnehmer mit dem Phasenmodell von Tuckman vertraut gemacht. Dabei ist sein Modell selbstverständlich nicht auf Projektteams beschränkt, sondern generell in den Bereichen Teambildung und Teamentwicklung hilfreich. Dies kann bei gerade neu zusammengestellten Teams gute Dienste leisten, aber auch für bereits bestehende Teams mit einem Leistungstief nützlich sein. Obgleich es bereits in den 1960ern entwickelt wurde, finden sich auch heute noch wissenschaftliche Aufsätze darüber. Damit verbundene Verbesserungen betreffen u. a. die Bereiche Kommunikation, Konflikt, Arbeitsklima oder auch die Klarheit von Aufgaben, Rollen und Zielen. Konkret bietet das Phasenmodell wichtige Vorteile:

- Erhöhte Motivation
- Positiver Einfluss auf Fluktuation
- Senkung von Konflikten
- Verbesserte Leistungsfähigkeit

Das Modell gliederte sich ursprünglich in 4 Phasen. Tuckman fand darauf aufbauend zusammen mit Jensen (1977) Evidenz für eine fünfte Phase. Idealerweise werden die einzelnen Phasen nacheinander durchlaufen. Doch einige Autoren bemerken, dass ein Team auch auf eine bereits durchlaufene Stufe zurückfallen kann. Dies ist als Zeichen zu werten, dass beim ersten Durchlauf wichtige Dinge auf der Strecke geblieben sind und daher nochmals angegangen werden müssen. Letztlich ist es das erklärte Ziel, Phase 4 schnell und sicher zu erreichen und dann dort als Team möglichst lange zu verbleiben. Wie lange und intensiv die unterschiedlichen Phasen durchlebt werden, variiert stark: Es ist möglich, die Stufen 1 bis 3 in wenigen Tagen zu durchlaufen; es kann aber auch einige Monate dauern. Dies hängt zum einem von den Vorerfahrungen der betroffenen Teammitglieder und zum anderen von den Fähigkeiten der Führungskraft ab. Nachfolgend werden die einzelnen Phasen charakterisiert und dazu die Rolle der Führungskraft umrissen.

- **Forming** – Kennenlernen
  In dieser erste Phase stehen die üblichen Höflichkeiten und Belanglosigkeiten eines ersten Kennenlernens im Vordergrund. Die Kommunikation wird von der Suche nach

Gleichgesinnten bzw. Gemeinsamkeiten und der Feststellung von Gegensätzen begleitet. Jedoch werden weder ernste Themen noch persönliche Gefühle angesprochen. Die Beteiligten fühlen sich etwas aufgeregt und nervös, gegebenenfalls leicht ängstlich; dennoch herrscht eine grundsätzlich optimistische Grundstimmung. Es zeichnet sich ein gewisser Themenfokus in Richtung der gemeinsamen Aufgaben und Zielen ab sowie des damit verbundenen Vorgehens.

Wie sollte ich mich in dieser Phase als Führungskraft verhalten?
In dieser Phase erwarten die Beteiligten eher direkte Führung und konkrete Vorgehensanweisungen; orientieren Sie sich dabei gerne an der Rolle eines Gastgebers. Als Führungskraft sollten Sie das Team über die Aufgaben und Ziele sowie damit verbundene Vorgaben (z. B. Zeit- oder Budgetvorgaben) informieren. Legen Sie einen Verhaltenskodex fest oder erarbeiten Sie diesen gemeinsam; z. B. kann festgelegt werden, wann Teammeetings stattfinden, ob sich alle duzen, wann morgens spätestens alle im Büro sein sollten, usw. Teilen Sie bei dieser Gelegenheit auch Ihre Führungsvision mit. Damit sich die Teammitglieder schneller besser kennenlernen, können Sie „ice breaker"/Kennenlern-Spiele nutzen.

- **Storming** – Konfrontation
  In dieser Phase ist Schluss mit Nettigkeiten, die Teammitglieder zeigen ihr wahres Ich. Machtgerangel, Dominanz sowie Konkurrenz machen sich breit und stellen das gesamte Team auf die Probe. Rollen werden ausgehandelt und der eigene Platz im Team ausgelotet. Damit einhergehende Unstimmigkeiten und Meinungsverschiedenheiten bedürfen der Auflösung. Die Gruppe verspürt in dieser Phase das verstärkte Bedürfnis nach klaren Strukturen (im Sinne von Prozessen und Spielregeln).

Wie sollte ich mich in dieser Phase als Führungskraft verhalten?
Fakt ist und bleibt: Diese Phase gibt es, und nur wenn diese durchlaufen wurde, kann sich das Potenzial der darauffolgenden Stufen entfalten. Es ist für Sie wichtig, diese Phase nicht als notwendiges Übel, sondern als Chance zu verstehen.

- Versuchen Sie die Spannungen positiv hinsichtlich der Aufgaben und Zielerreichung umzuformen; etablieren Sie hierzu Arbeitsstrukturen, betonen Sie gemeinsame Werte.
- Stärken Sie die Problem- und Konfliktlöse-Kompetenzen der Teammitglieder (ggf. können Sie auch explizit darauf eingehen, dass die Gruppe sich gerade in der Storming-Phase befindet und es daher „normal" ist, gewisse Konflikte auszutragen).
- Sorgen Sie dafür, dass Konflikte nicht unterschwellig bleiben oder unter den Teppich gekehrt, sondern offen angegangen werden.

- **Norming** – Organisationsphase
  Die in der vorherigen Phase geschaffenen Strukturen werden nun akzeptiert, genutzt und zur Norm. Dies festigt die gegenseitige Loyalität sowie das Verantwortungsbewusstsein, und die Gruppe fokussiert auf das gemeinsame Ziel. Im Ergebnis steigt die Gruppenkohäsion; die Gruppe wird zum Team. Uneinigkeiten richten sich nun weniger gegen die Person, sondern sind inhaltlicher Natur. Kritik wird konstruktiv geäußert.

Wie sollte ich mich in dieser Phase als Führungskraft verhalten?
In dieser Phase sollte die Führungskraft die Normen im Verhaltenscodex festschreiben. Dies könnte auch bedeuten, dass dieser angepasst werden sollte, um Akzeptanz und Einhaltung zu erhöhen. Treten Sie dabei auch als Berater für das Team auf – Sie wechseln somit von einem eher direktiven Führungsstil zu einem partizipativen Führungsstil. Das Team widmet sich nun vertieft den Aufgaben.

- Überwachen Sie zeitgerechte Ausführung und Qualität der Aufgabendurchführung.
- Achten Sie auf versteckte Konflikte (ggf. noch aus der Storming-Phase) und bringen Sie diese an die Oberfläche.
- In dieser Phase ist die Kreativität am höchsten – nutzen Sie dies.

- **Performing** – Leistungshoch
  Im Team sind nunmehr die individuellen Stärken sowie Schwächen bekannt. Es ist wichtig, dass man sie akzeptiert und zum Besten für das Team einsetzt. Leistung und Selbstorganisation haben einen natürlichen Höhepunkt erreicht. Die Team-Kohäsion ist in dieser Phase sehr hoch. In dieser Phase bedarf es kaum der zusätzlichen, expliziten Motivation durch die Führungskraft. Aufgrund dieser Umstände (Leistungshoch, kaum Notwendigkeit des Eingreifens der Führungskraft) fühlt sich das Team „unbesiegbar" und grenzt sich gegenüber anderen stark ab.

Wie sollte ich mich in dieser Phase als Führungskraft verhalten?
In dieser Phase sollte die Führungskraft einen größeren Anteil an Laissez-faire zeigen und dem Team vertrauen.

- Beobachten und Überwachen Sie die Leistung und greifen Sie nur bei Unterschreitung der Standards ein.
- Belohnen Sie das Team (möglichst nicht einzelne Personen) für erreichte Meilensteine.
- Behalten Sie Intra- und Intergruppen-Dynamiken auf dem Schirm: stellen Sie vor allem sicher, dass Sie persönlich nicht Teil der Fremdgruppe werden (denn für

das Team selbst könnte der Eindruck entstehen, dass es gerade besser ohne Sie läuft) oder dass sich das Team zu sehr von anderen Teams/Abteilungen abgrenzt. Bieten Sie sich daher in dieser Phase vor allem als Problemlöser für das Team an und vertreten es nach außen.

- Seien Sie sich bewusst, dass dieses Leistungshoch nicht ewig anhält. Gegenmaßnahmen werden im nächsten Kapitel aufgezeigt.

Beachten Sie unterstützend auch die Ausführungen (i) zum Sozialen Identitätsansatz, damit innerhalb der Eigengruppe keine unerwünschten Untergruppen entstehen oder sich das Team als Eigengruppe zu sehr von Fremdgruppen (außerhalb des Teams/Projektes) abgrenzt. Eine starke Gruppenkohäsion ist gut, aber eine zu starke Abkehr bzw. Herabsetzung von anderen Gruppen kontraproduktiv. Zusätzlich helfen in dieser Phase die Erkenntnisse zur (ii) Selbstbestimmungstheorie und (iii) Situativen Führung

- **Adjourning** – Auflösungsphase
  Wie bereits erwähnt wurde diese abschließende Phase von Tuckman erst später hinzugefügt. Sie unterstreicht die Relevanz eines „geordneten Auseinandergehens" aller Beteiligten und beinhaltet vor allem die Durchführung von Lessons Learned (im Zusammenhang mit agilen Konzepten auch als Retroperspektive bezeichnet) und deren Zur-Verfügung-Stellen für künftige Anliegen gleicher oder zumindest ähnlicher Art. Zudem sollte hier (nochmals) das Team für Geleistetes belohnt werden.

Wie sollte ich mich in dieser Phase als Führungskraft verhalten?
In dieser Phase stehen Evaluation und Reflexion im Vordergrund.

- Belobigen und belohnen Sie das Team (und gegebenenfalls zusätzlich einzelne Personen) für Geleistetes.
- Führen Sie Lessons Learned durch – dies hat für alle am Projekt Beteiligten einen großen Mehrwert: Über Fehler kann nun entspannt gesprochen und deren Wiederholung somit vermieden werden. Gutes wird somit für künftige Teams/ Projekte nutzbar und geht nicht verloren.
- Dokumentieren Sie die Lessons Learned (nutzen Sie hierfür Unternehmenseigene Standards oder etablieren Sie diese).

Beachten Sie auch hierzu unterstützend die Ausführungen (i) zum Sozialen Identitätsansatz, damit innerhalb der Eigengruppe keine unerwünschten Untergruppen entstehen oder sich das Team als Eigengruppe zu sehr von Fremdgruppen (außerhalb des Teams/ Projektes) abgrenzt. Eine starke Gruppenkohäsion ist gut, aber eine zu starke Abkehr bzw. Herabsetzung von anderen Gruppen kontraproduktiv. Zusätzlich helfen in dieser Phase die Erkenntnisse zur (ii) Selbstbestimmungstheorie und (iii) Situativen Führung.

Tuckmans Werk blieb nicht ohne Kritik. Vor allem der strenge, Wasserfall-artige Ablauf der einzelnen Stufen ist in dieser Form durch Studien nicht überzeugend zu replizieren (Knight, 2007). Dies soll uns Praktiker aber nicht von den hilfreichen Einblicken in die jeweiligen Phasen und das damit verbundene Verhalten der Führungskraft ablenken.

Nutzen Sie vor allem die ersten Phasen des Modells, um das Team einzustimmen und die klassischen Führungsaufgaben der Lokomotion und Kohäsion voranzutreiben. In Ergänzung zu den Hinweisen der einzelnen Phasen im Sinne von Gestaltungsempfehlungen gilt es Tuckmans Modell auch aus einer gänzlich anderen Perspektive zu berücksichtigen – der einer betroffenen Person!

Wie kann ich Tuckman in meinen Alltag als Führungskraft einbauen?
Die meisten (Projekt-)Manager kennen das Stufenmodell von Tuckman. Es muss Ihnen daher klar sein, dass diese Manager auch Ihr Verhalten gegen die Erwartungswerte der jeweiligen Stufe halten werden: Sind Sie neu in einem Team (aus Führungskräften), welches sich z. B. bereits in der Performing-Phase befindet, dann sollten Sie nicht sofort an bestehenden Normen „drehen". Sie sollten auch nicht per se davon ausgehen, dass man Ihren Überzeugungen auf Veränderungen sachorientiert begegnet, sondern Ihr besserwisserisches Verhalten im Zweifel als „dysfunktional" einstuft. Oder wenn Sie in der Forming-Phase bereits zu sehr auf Leistung getrimmt sind, könnte dies bei anderen Team-Mitgliedern zu vermeidender oder gar ablehnender Haltung Ihnen gegenüber führen.

- Tuckman hilft Ihnen, Ihre Aufgaben in neuen Teams zu priorisieren.
- Tuckman kann allerdings auch „gegen Sie" Anwendung finden, sofern Sie persönlich Teil eines neuen (oder auch bereits etablierten) Teams werden.

Beachten Sie unterstützend auch die Ausführungen (i) zu (sozial-)psychologischen Effekten und Phänomenen, um weder irrtümliche Bewertungs- und Verhaltensmuster zu zeigen oder Opfer dieser zu werden und (ii) auch die Ausführungen im nun folgenden Kapitel.

4.5.4   Edisons Sicht auf dysfunktionale Teams – In Erweiterung zu Tuckman

Edison (2008) sieht Tuckmans Phasenmodell mit dem quasi natürlichen Abschluss während des Leistungshochs kritisch und fügt sog. dysfunktionale Phasen hinzu. Diese zeichnen sich vor allem durch verminderte Leistung aus. Routinen und Bequemlichkeiten schleichen sich ein, man ruht sich auf bereits Erreichtem aus und es kann sich Gruppendenken (siehe hierzu Kap. „Entscheidungsfindung – Gruppendenken, Gruppendruck und Gruppenkonformität") einstellen. Intuitiv erscheint dies durchaus nachvollziehbar. Nicht immer fallen Leistungshoch und Abschluss eines Projektes oder eine Zielerreichung zeitlich zusammen. Verkürzend im Sinne der Praktikabilität und des Mehrwertes für den Führungskräfte-Alltag sei an dieser Stelle sofort auf mögliche Gegenmaßnahmen hingewiesen. Zur Revitalisierung eines bereits erlebten Leistungshochs bietet Edison folgende Möglichkeiten an:

- Einbezug neuer Team-Mitglieder; neue Fähigkeiten und Kenntnisse können bereichernd für alle sein
- Rotation von Team-Mitgliedern zwischen verschiedenen Teams; weisen Sie vereinzelt Mitarbeiter anderen Teams bzw. Projekten zu
- Mitarbeit von Team-Mitgliedern in mehr als einem Team; ggf. können Experten auch mehr als einem Team nützlich sein
- Schaffung von Möglichkeiten, individuelle (Lern-)Herausforderungen anbieten zu können; dazu zählen klassische Formen der Weiterbildung, aber auch Chancen am Platz

Wie kann ich Edison in meinen Alltag als Führungskraft einbauen?
Möglichkeiten der Leistungssteigerung sind mannigfaltig und werden auch in diesem Buch an unterschiedlichen Stellen dargeboten.

- Vergewissern Sie sich, dass es sich um ein Team handelt, welches bereits „geschlossen" auf sehr hohem Niveau produktiv war und etwas geleistet hat.
- Fokussieren Sie bei den von Edison selbst hervorgebrachten Möglichkeiten der Leistungs-Revitalisierung vor allem auf solche, die individuell gewünschte Lern- und Erfahrungszuwächse bringen.

Beachten Sie unterstützend auch die Ausführungen (i) zur Selbstbestimmung, (ii) Situativem Führen und (iii) Motivation, um Mitarbeiter wieder zu bereits gezeigten Hochleistungen zu führen.

4.5.5   Lencionis dysfunktionale Teams – Ein beachtenswerter Bestseller

Unabhängig von Tuckman und Edison – vor allem aber auch unabhängig vom Kontext des Projektmanagements – stellt Lencioni (2014) in seinem Beststeller „The Five Dysfunctions of a Team: A Leadership Fable" fünf sog. Dysfunktionen in Teams vor. Er ist in meinem Buch der einzige reine Praktiker, dem aber aufgrund der eigenen beruflichen Position sowie der empirisch fundierten Beschreibung gleichermaßen ein Platz eingeräumt werden darf. Die von ihm beschriebenen Dysfunktionen sind hierarchisch organisiert und werden oft als Pyramide angeordnet: Erst müssen Probleme auf unterer/unterster Ebene gelöst werden, bevor darüber angesiedelte angegangen werden sollten. Ausgehend von der Basis – fehlendes Vertrauen – werden Ihnen nun die Dysfunktionen kurz vorgestellt und auch sogleich Gegenmaßnahmen offeriert:

1) **Fehlendes Vertrauen:** Mangelndes Vertrauen drückt sich u. a. durch die Tendenz aus, eigene Schwächen oder Fehler zu verheimlichen. Dementsprechend bitten die Mitarbeiter auch eher nicht um Unterstützung oder Hilfe. Dies darf im ersten Moment gerne als natürliches Verhalten angesehen werden. Wenn man in der Gruppe neu ist. Nichtsdestotrotz ist es wichtig, diese Dysfunktion zu überwinden.

   → Fördern Sie Ehrlichkeit, Offenheit, Transparenz und Fehlerkultur, um Vertrauen aufbauen; stellen Sie zudem Nähe zu Ihren Mitarbeitern her. Zeigen Sie, dass auch Sie nur ein Mensch sind und auch Fehler machen bzw. Schwächen haben. Vertrauen entsteht nicht über Nacht; gehen Sie offen aufeinander zu und erhöhen Sie den Anteil an qualitativ anspruchsvoller Kommunikation. Nutzen Sie hierbei ihre hierarchisch höhere Position mit Bedacht, damit neue Teams oder Teammitglieder Vertrauen mit Ihnen und anderen aufbauen können. Nutzen Sie das JoHari-Fenster, um Nähe zu und Offenheit gegenüber Ihren Mitarbeitern zu fördern. Beachten Sie den Ansatz Situativer Führung sowie die Selbstbestimmungs-Theorie, um mehr Freiräume und Eigenverantwortung zu etablieren.

2) **Scheu vor Konflikten:** Ohne gegenseitiges Vertrauen wird verstärkt Konflikten aus dem Weg gegangen. Gerade bei ungleichen Machtverhältnissen führt Misstrauen dazu, dass vor (wichtigen) Konflikten zurückgeschreckt wird. In Besprechungen kann dadurch der falsche Eindruck von Harmonie entstehen. Dabei wird in Wahrheit aber nur unter den Teppich gekehrt. Dies führt dazu, dass kontroverse Sichtweisen und Diskussionen vermieden werden und somit wichtige Chancen auf gute, innovative Lösungen oder den kritischen Blick auf suboptimale Arbeitsweisen versperrt bleiben. Im Ergebnis bleibt die Qualität auf der Strecke.

   → Konflikte bieten die Chance auf Verbesserungen. Gute Konflikte stellen Potenziale für mehr Innovation, Kreativität oder auch Qualität dar. Fördern Sie produktive Konfliktbereitschaft und das Ausrichten auf die Sache, nicht die Person oder politische Spielchen. Dabei ist es auch möglich, dass unterschiedliche Meinungen und Sichtweisen bestehen bleiben. Dies ist für gute Teams aber kein Problem. Fördern Sie kontroverse, aber sachliche Diskussionen. Erkennen Sie in Abgrenzung dazu künstliche Harmonie als Konflikt-Scheue. Stärken Sie eine auf Vertrauen basierte Konfliktbereitschaft im Sinne sachlicher Diskussionen; zeigen Sie dabei auch selbst, dass Sie sich von Sachargumenten überzeugen und entsprechend entscheiden können. Erneut ist es wichtig, Ihre hierarchisch höhere Position nicht zu missbrauchen und die Möglichkeit zu beachten, die Nähe zu Ihren Mitarbeitern zu vergrößern.

   Beachten Sie das Kapitel zu Glasl, damit Konflikte nicht eskalieren und Sie gegensteuern können.

3) **Fehlendes Engagement:** Mangelndes Engagement drückt sich u. a. dadurch aus, dass dem Team die „Marschrichtung" oder gar die Prioritäten nicht klar sind. Es kommt oft zu Verzögerungen und Zeitverschwendung.

   → Engagierte Teams nehmen mehr Möglichkeiten wahr. Stellen Sie die gemeinsamen Ziele in den Vordergrund und fördern Sie das Verständnis dafür. Klären Sie Werte und Visionen und teilen Sie diese. Seien Sie verbindlich und vermeiden Sie

Mehrdeutigkeiten. Im Zusammenhang mit dem weiter oben dargestellten Phasen-modell von Tuckman ist die Erkenntnis wichtig, dass die Untermauerung und Steige-rung des Engagements in der Norming-Phase erfolgen sollte. Versuchen Sie die Rele-vanz und Wichtigkeit einer Tätigkeit für die Zielerreichung – das „Warum" – zu verdeutlichen. Stellen Sie sicher, dass Werte und Visionen bekannt sind und in den Arbeitsalltag sowie Entscheidungen einfließen. Überwachen Sie die Arbeitsergebnisse bzw. deren Fortschritt.

4) **Scheu vor Verantwortung und Verbindlichkeit:** Solche Teams akzeptieren niedri-gere Standards. Die Mitarbeiter fühlen sich oft nur sich selbst verpflichtet und scheuen sich davor, auch Entscheidungen zu treffen; dies bleibt dann der Führungskraft über-lassen. Zugesagte Abgabetermine werden nicht eingehalten.

→ Setzen Sie anspruchsvolle Niveaus mittlerer Schwierigkeit; Ziele sollten nicht zu leicht erreichbar, aber auch nicht gänzlich unrealistisch sein. Bestimmen Sie klar Ver-antwortlichkeiten und achten Sie auf deren Einhaltung. In guten Teams fühlt jeder Ver-antwortung – auch für andere. Das führt zu gegenseitiger Unterstützung. In dieser Phase sollten Sie verstärkt Lokomotion und Kohäsion nutzen, um Gruppendruck auf-zubauen. Teilen Sie hierzu Erfolge und erreichte Ziele in der Gruppe, machen Sie diese publik. Begleiten Sie dabei vor allem neue Mitarbeiter der Gruppe etwas enger, um die richtige „Dosis" an Druck zu erkennen.

Bleiben Sie dabei aber selbstkritisch – und nicht nur kritisch zu anderen.

5) **Fehlende Ergebnis-Orientierung:** Ohne Fokus auf Resultate wird das Team stagnie-ren. Die Mitarbeiter sind mit ihren eigenen Karrieren und individuellen Zielen – dem eigenen Ego – beschäftigt. Diese Teams lassen sich sehr leicht ablenken.

→ Zielorientierung erreichen Sie vor allem durch Sinnstiftung; betonen Sie das „Warum". Betonen Sie gemeinsame Werte. Loben und Belohnen Sie Gruppenleistungen und das Erreichen wichtiger Team-Ziele.

Im Gegenzug hält Lencioni die Eigenschaften sowie Funktionen fest, die ein gut funktio-nierendes Team auszeichnen und eine gute Führungskraft:

- Klare Rollenverteilung
- Übergeordnete, gemeinsame Ziele
- Gute Teamführung
- Verbindliche Spielregeln

In seinem Buch finden Sie konkrete Instrumente im Sinne von Übungen, um den Dys-funktionen Herr zu werden. Dabei bin ich persönlich davon überzeugt, dass Sie Dys-funktionen nicht remote oder virtuell oder im Homeoffice auflösen werden: Die Team-Mitglieder sollten hierzu unbedingt verstärkt zusammen im Büro agieren und interagieren (lernen). Menschliche Interaktion ist seit vielen tausenden von Jahren auf Sprache und nicht auf Text ausgelegt. In dieser Zeit haben wir gelernt, Micro-Gesten, Mimik, Körper-haltungen und para-verbale Zwischentöne zu interpretieren. Das können wir gut. Ein Bildschirm-Gesicht korrekt zu deuten, ist ungleich schwerer. Um sich richtig zu verstehen und kennenzulernen bedarf es der direkten gemeinschaftlichen Interaktion. Diese muss unvermittelt und nicht medial-vermittelt stattfinden. Dann kann Vertrauen entstehen.

Wie kann ich Lencioni in meinen Alltag als Führungskraft einbauen?
Menschen unterscheiden sich und verhalten sich auch nicht jeden Tag gleich. Das ist keine Dysfunktion, sondern gut so. Zusätzlich zu den bereits konkret genannten Gegenmaßnahmen sollten Sie die folgenden Hinweise beachten:

- Bleiben Sie in Bezug auf die beschriebenen Dysfunktionen wachsam und überprüfen Sie Ihr Team dahingehend.
- Sofern Sie eine Dysfunktion erkennen, machen Sie sich bewusst, dass damit auch weitere Dysfunktionen auf darunterliegenden Stufen betroffen sein könnten.
- Gehen Sie zur Sicherheit immer zurück auf die unterste Stufe – gegenseitiges Misstrauen - und prüfen ab dieser Stufe, ob eine Dysfunktion vorliegt. Arbeiten Sie sich von dort aus hin zu der von Ihnen ursprünglich identifizierten Dysfunktion(sstufe).
- Jegliche Dysfunktion lösen Sie kaum per order di mufti – beteiligen Sie auch das Team an der Problemlösung.

Nicht alle Dysfunktionen lassen sich auf den darunterliegenden Ebenen lösen. Prüfen Sie bei Ihrer Analyse und der anschließenden Lösung grundsätzlich auch Tuckman's Phasenmodell.

4.5.6 Psychologische Sicherheit – Der Unterschied zwischen guten und sehr guten Teams

1999 wurde eine für die Disziplinen Führungspsychologie und Team-Entwicklung sehr einflussreiche Studie von Amy Edmondson veröffentlicht, in welcher sie das Konzept der psychologischen Sicherheit als entscheidenden Garant für Hochleistungs-Teams herausarbeitet. In den darauffolgenden 20 Jahren erfuhr ihr Werk jährlich steigende Beachtung und vor allem sehr viel Zustimmung. Weitere Forscher konnten die in unabhängigen Studien, z. B. Google (Delizonna 2017) und deren Projekt Aristotle oder auch in einer weitaus Praxis-orientierteren Studie von McKinsey (2021) das Konzept, die Relevanz und den erheblichen Zusatznutzen bestätigen. Spätestens mit ihrem 2018 veröffentlichten Buch „The Fearless Organization" (welches seit 2020 als „Die angstfreie Organisation" auch auf Deutsch erhältlich ist) erhielten dann auch Praktiker eine reelle Chance, ihren Führungserfolg evidenzbasiert anzureichern.

Grundsatz ist die Erkenntnis, dass dem Unternehmen dienliche Arbeitsleistungen und -ergebnisse kaum noch von Individuen alleine, sondern durch erfolgreiche Zusammenarbeit mit anderen entsteht. Edmondson (2018) beschreibt nun die Faktoren, welche erfolgreiche Zusammenarbeit fördern bzw. ermöglichen und fasst das dadurch entstehende Arbeitsumfeld begrifflich als psychologische Sicherheit zusammen. Im Kern muss es jedem Mitglied eines Teams ohne Angst vor negativen Folgen möglich sein, jegliche Dinge inkl. Spannungen anzusprechen, Kritik offen zu üben und Ideen frei äußern zu dürfen. Unterschiedliche Meinungen werden sachlich und interessiert ausgetauscht. Stark vereinfacht könnte man im Sinne der in Abschn. 1.3 angeführten Grundfunktionen der Führung anmerken, dass dies den Aspekt der Kohäsion betrifft. Bei Untersuchungen in Krankenhäusern hatte sie festgestellt, dass gute Teams mehr Fehler zu machen schienen als schlechte. Dieser kontra-intuitiven Erkenntnis ging sie tiefer auf den Grund und erkannte, dass keineswegs mehr Fehler gemacht wurden. Es wurden lediglich mehr Fehler offen und ehrlich zugegeben!

Innerhalb guter Teams ist es schlichtweg einfacher, die eigene Fehlbarkeit und Verletzlichkeit ohne Furcht vor Geringschätzung offen einzugestehen. Fehler und Kritik werden in einer solchen Arbeitsatmosphäre – also der Organisations-Kultur – als Chance zur Verbesserung gesehen und genutzt. Niemand fühlt sich bei konstruktivem Feedback angegriffen, muss falschen Stolz anderer fürchten oder erntet für Fragen genervte Blicke. Zugleich kennt jeder seine Aufgabe sowie Stellung innerhalb des Teams und übernimmt bei hohen Leistungsstandards Verantwortung für das eigene Tun und das Gesamtergebnis des Teams.

Edmondson leitet dementsprechend zwei Dimensionen in jeweils hoher oder niedriger Ausprägung ab:

- Verantwortungsvolle Zusammenarbeit bei der Zielerreichung und
- Psychologische Sicherheit.

In Kombination entsteht damit eine klassische 4-Felder-Matrix – siehe Abb. 4.3:

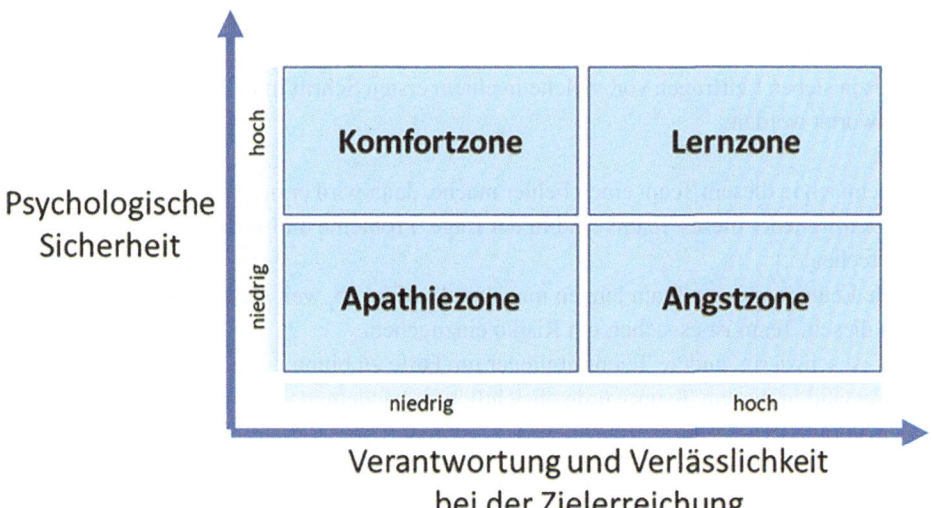

Abb. 4.3 Psychologische Sicherheit

- **Apathiezone:** Hier wird Dienst nach Vorschrift geleistet, nicht mehr. Der eigene Arbeitsplatz ist recht sicher; Zeit wird zur Not abgesessen; es herrscht im Zweifel ein hoher Grad an Gleichgültigkeit; Fehlervermeidung oder gar Fehlervertuschung sind quasi Garanten für künftige Beförderungen; gesteigerte eigene Mühen gehen in den Mühlen der Bürokratie unter.
- **Angstzone:** Sich zu weit aus dem Fenster lehnen, Innovationsfreude oder Schwäche zeigen (nach Hilfe fragen oder als inkompetent und erfolglos zu wirken) verschlechtern das eigene Ansehen. Wichtig ist, als Mitarbeiter zu funktionieren und abzuliefern; Scheu, große Themen anzugehen; Fehler werden vertuscht oder Schuldige gesucht.
- **Komfortzone:** Das Miteinander im Team ist angenehm, man kommt gerne zusammen, aber es bleibt oberflächlich. Risiken werden gescheut; Kontroversen werden vorschnell einvernehmlich und friedvoll zu den Akten gelegt; Probleme werden eher verschleiert; Herausforderungen fehlen und somit bleiben Einsatz und Ergebnis „überschaubar"; nicht selten wird hinter dem Rücken anderer über diese und deren Leistungserbringung geredet.
- **Lernzone:** Klarer Fokus auf gute Zusammenarbeit, Teamatmosphäre, kontinuierliches Lernen sowie Verlässlichkeit bei der Erreichung anspruchsvoller Ziele.

Der Führungskraft obliegt es also, die oben beschriebenen Bedingungen für einen sicheren Hafen in einem vertrauensvollen Arbeitsumfeld – eine Lernzone – zu schaffen. Dahingehend erfolgreiche Bemühungen werden mit gesteigerter Innovationskraft, Motivation, Leistung und geringer Fluktuation belohnt. Dabei darf das Konzept der psychologischen Sicherheit nicht dadurch falsche Anwendung finden, dass den Mitarbeitern bitte sämtliche „Gefahren des Lebens" oder Hindernisse eines steinigen Weges durch die Führungskraft aus dem Weg geräumt werden: Negative Erfahrungen und damit gewonnene Bewältigungs-strategien sind wichtige Lehr-, Lern- und Wachstumsbegleiter. Ebenso muss es im Team möglich sein, sich kritisches Feedback geben und entgegennehmen zu können.

Der Weg dahin beginnt, wie so oft, mit der Offenlegung des gegenwärtigen Zustandes und einer damit verbundenen Reflexion. Um dies zielgerichtet anzugehen, schlägt Edmondson sieben Leitfragen vor, welche in einem ersten Schritt mit einer Skala von 1 bis 7 beantwortet werden:

1. Wenn ich in diesem Team einen Fehler mache, dann wird er oft gegen mich verwendet.
2. Die Mitglieder dieses Teams sind in der Lage, Probleme und schwierige Fragen anzusprechen.
3. Die Leute in diesem Team lehnen manchmal andere ab, weil sie anders sind.
4. In diesem Team ist es sicher, ein Risiko einzugehen.
5. Es ist schwierig, andere Teammitglieder um Hilfe zu bitten.
6. Niemand in diesem Team würde absichtlich so handeln, dass es meinen Bemühungen zuwiderläuft.
7. Bei der Arbeit mit den Teammitgliedern werden meine einzigartigen Fähigkeiten und Talente wertgeschätzt und genutzt.

In Ergänzung dazu habe ich in der eigenen Praxis auch schon die 4-Felder-Matrix genutzt: Nachdem allen Beteiligten die Bedeutung der einzelnen Quadranten klar war, durfte jeder an einer Pinnwand eine Nadel in dem Quadranten anbringen, der nach eigener Auffassung die gegenwärtige Lage am besten repräsentiert. Aufbauend auf dem Mehrheitsergebnis startete dann die Analyse.

Um die besagte Lernzone zu erreichen, schlägt Edmondson konkreten Maßnahmen vor und unterteilt diese in 3 Bereiche. Die folgende Auflistung simplifiziert und kombiniert dabei:

- **Vorbereitung**
  Stellen Sie die allgemeine Erwartungshaltung zur Steigerung der psychologischen Sicherheit klar und betonen Sie den Sinn, das Warum dieser Aktion.
  Starten Sie damit, dass Sie selbst um Feedback über die eigene Leistung und eigenes Verhalten erbitten; seien und bleiben Sie ansprechbar, bleiben Sie dabei unvoreingenommen, nehmen Sie sich Zeit zum Zuhören und Besprechen (ggf. sollten Sie hierfür auch Ihren Kalender etwas „aufräumen" und zusätzliche Freiräume schaffen); gestehen Sie eigene Fehler offen ein.
  Stellen Sie klar, dass Probleme nunmehr als Lernmöglichkeiten verstanden werden.
  Schaffen Sie Möglichkeiten, Ideen zu äußern, und Prozesse, diese zu evaluieren sowie anschließend Feedback zu geben.
- **Beteiligung**
  Die Mitarbeiter müssen motiviert werden, sich aktiv zu beteiligen; ermutigen Sie sie dazu, Dinge zu hinterfragen und eigene Ideen auszudrücken. Stellen Sie hierfür Kommunikations-Spielregeln zur Verfügung, welche vor allem das Zuhören kultivieren. Zeigen Sie gewünschtes Verhalten selbst.
- **Anerkennung**
  Setzen Sie vor allem positives Feedback als Verhaltensverstärker ein.
  De-Stigmatisieren Sie Fehler – führen Sie eine offene und positive Fehlerkultur ein.
  Sanktionieren Sie Verhalten, welches psychologische Sicherheit destabilisiert.
  Betonen Sie den Prozess des kontinuierlichen Lernens.

Wie kann ich psychologische Sicherheit in meinem Alltag als Führungskraft stärken?
Das Ziel, gemäß der 4-Felder-Matrix das eigene Team in die Lernzone zu begleiten, kann je nach Ausgangslage nicht nur anspruchsvoll, sondern auch zeitaufwendig sein. Erwarten Sie im Zweifel nicht zu schnell spürbare Erfolge oder belasten gar das Team mit dieser Erwartungshaltung.

- Fokussieren Sie auf die Interaktion der Mitarbeiter (und ggf. weniger auf Ergebnisse im Sinne der Sachebene gemäß Kap. 2). Nutzen Sie hierzu die oben vorgestellten sieben Fragen und lernen Sie im Team das aktive Zuhören gemäß Rogers (Abschn. 4.6.3) zu praktizieren.

- Verorten Sie gemeinsam das Team in der Zusammenarbeit gemäß obiger 4-Felder-Matrix und analysieren Sie das Ergebnis.
- Einmal mehr spielt Vertrauen eine zentrale Rolle. Nutzen Sie das in diesem Buch vorgestellte Johari-Fenster, um einen offenen Umgang mit eigenen Schwächen und der eigenen Verletzlichkeit zu fördern und damit die Kommunikations- und Feedback-Kultur sowie das gegenseitige Vertrauen zu stärken.
- Gehen Sie mit gutem Beispiel voran: Erbitten Sie Feedback, zeigen Sie sich offen für Neues.
- Fordern Sie die Mitarbeiter auf, sich zu öffnen.
- Zeigen Sie Wertschätzung für das neue Verhalten der Mitarbeiter.
- Sorgen Sie dafür, dass Mitarbeiter für eigenes Handeln Verantwortung übernehmen -→ nutzen Sie hierzu das Kapitel über Lencioni sowie das AKV-Prinzip aus Abschn. 3.2.
- Achten Sie darauf, wahre psychologische Sicherheit nicht mit apathischer Oberflächlichkeit zu verwechseln.

Das Konzept der psychologischen Sicherheit fügt sich sehr gut mit den Führungsstilen der transformationalen Führung, LMX sowie Exemplary Leadership zusammen und lässt mit Leichtigkeit eine wichtige Verbindung mit guter Organisationskultur zu. Beachten Sie daher auch unbedingt diese Kapitel.

4.6   Kommunikation + Konflikt

Keine gute Führungskraft kommt ohne solides Wissen aus den Bereichen Kommunikation und Konflikt aus. Letztlich beruht die Anwendung aller in diesem Buch angeführten Modelle und Theorien immer darauf, dass Sie mit Ihren Mitarbeitern kommunizieren! Der effiziente Austausch von Informationen, die Weitergabe von Wissen, das Mitteilen von Gefühlen, Wünschen oder Bedenken, alles läuft über Kommunikation. Dabei gehe ich so weit, dass gute Kommunikation schwieriger zu praktizieren ist als gute Führung. Mit guten kommunikativen Fähigkeiten ist soziale Interaktion schlichtweg viel einfacher. Gelungene Kommunikation stellt eher ein Ideal als den Regelfall dar. Nichts im Zwischenmenschlichen läuft öfter schief als Kommunikation. Denn die Qualität der Kommunikation wird gleichermaßen vom Sender als auch vom Empfänger gestaltet. Selbst im engsten Kreis der Familie oder unter langjährigen Freunden passiert es immer wieder, dass Missverständnisse entstehen. Worte werden falsch verstanden und schnell wird aus einer Mücke ein Elefant. Wir alle kennen das. Das Gute: Kommunikation ist nicht nur Ursprung des Übels, sondern vor allem auch die Lösung. Gerade wenn die Dinge nicht so gut laufen – im Beruf oder im Privatleben – ist es wichtig, die Kommunikation zu erhöhen, mehr miteinander zu sprechen, nicht weniger. Die folgenden Kapitel sollen Ihnen helfen, Ihre kommunikativen Fähigkeiten auszubauen.

4.6.1   Schulz von Thun – Das Kommunikations-Muss

Gemäß Schulz von Thun (2010) ist ein wichtiger Grund für misslungene Kommunikation darin zu suchen, dass eine Nachricht zwischen Sender und Empfänger auf unterschiedlichen Ebenen – er nennt es auch Ohren – interpretiert wird. Es wird zwischen einer Sachebene, einer Beziehungsebene, der Selbstkundgabe und dem Appell unterschieden:

- **Sachebene:** Auf dieser Schiene wird der eigentliche Inhalt transportiert, worüber informiert wird bzw. werden soll. Hier wird die Frage nach wahr oder falsch, sinnvoll oder unsinnig sowie nach Relevanz und Vollständigkeit gestellt oder beantwortet. Als Sender sollten Sie stets darauf achten, dass diese Kriterien auf der Sachebene erfüllt werden.
- Wenn mein Chef zu mir sagt: „Carsten, stelle bitte das Curriculum für Dein Leadership-Modul bis Freitag online, damit die Studierenden darauf Zugriff haben.", dann wird transportiert, dass die Studierenden das Curriculum erhalten sollen. Was mir ggf. nicht klar ist, ob ich dies auf MSTeams oder CampusNet hochladen soll.
- **Beziehungsebene:** Diese Ebene enthält Hinweise darauf, wie Sender und Empfänger zueinander stehen. Diese Hinweise können sehr offen oder auch versteckt sein. In der obigen Aussage meines Chefs schwingt z. B. auch die hierarchische Ebene mit.
- **Appell:** Diese Ebene besitzt einen gewissen Aufforderungscharakter und bringt zum Ausdruck, was der Sender vom Empfänger als Reaktion erwartet, sich erhofft oder wünscht; z. B., dass ich bis Freitag die Modul-Beschreibung online gestellt habe oder allgemeiner, dass ich tue, was mein Chef mir aufträgt.
- **Selbstkundgabe:** Jede Nachricht sagt auch immer etwas über den Sender aus. Überspitzt enthält jede Nachricht immer auch eine „Kostprobe der eigenen Persönlichkeit" oder der gerade vorherrschenden Stimmung. In dem vorgebrachten Satz meines Chefs könnte dies bedeuten, dass er an etwas gedacht hat, an das ich nicht dachte. Oder seine Maxime „alles zum Wohle der Studierenden" unterstreichen.

Ein klassisches Beispiel soll die Ebenen bei Sender und Empfänger verdeutlichen. Stellen wir uns vor, ein Ehepaar sitzt am Esstisch, es gibt Suppe. Der Mann fragt plötzlich „Was ist das Grüne in der Suppe?"

Sachebene (Mann):	Da ist etwas Grünes in der Soße.
Selbstoffenbarung (Mann):	Ich weiß nicht, was es ist.
Beziehung (Mann):	Du wirst es wissen.
Appell (Mann):	Sag mir, was es ist!

Sachebene (Frau):	Da ist etwas Grünes in der Soße.
Selbstoffenbarung (Frau):	Das schmeckt mir (also dem Mann) nicht.
Beziehung (Frau):	Du bist eine miese Köchin!
Appell (Frau):	Lass nächstes Mal das Grüne weg!

Das Beispiel legt die Mehrdeutigkeit und den enormen Interpretationsspielraum, welche bereits eine einfache Frage besitzt, offen. Erkennen Sie, dass in diesem Beispiel dem Mann insgesamt eine sehr sachliche Interpretation zugeschrieben wird? Demgegenüber scheint die Frau verstärkt auf den Vorwurf des Mannes abzustellen. Selbstverständlich könnte man es auch genau umgekehrt aufzeigen: Der Mann erkennt sofort, dass Grünzeug in der Suppe gelandet ist, obwohl die Frau doch genau weiß, dass er das nicht mag und sie das lassen soll. Die Frau hingegen bleibt ruhig, gelassen und antwortet sachlich, dass man es doch garnicht rausschmeckt. Es schon Teil des Fertiggemisches war und daher nicht einzeln herausgepickt werden konnte.

Ob man es nun explizit will oder nicht, jede Nachricht wird immer auf allen Ebenen gesendet und empfangen. Dabei legt jeder von uns einen gewissen Schwerpunkt. Ich, z. B., habe ein zu großes Sachebenen-Ohr und ein eher verkümmertes Beziehungsebenen-Ohr. Dadurch fällt es mir leicht, Diskussionen sachlich zu führen und mich von Argumenten überzeugen zu lassen. Allerdings diskutiere ich teilweise so scharf an der Sache, dass ich immer wieder vergesse, dass dies auf der Beziehungsebene andere verletzen könnte. Dadurch kann es passieren, dass ich während einer Diskussion heftig streite, sofort danach aber wieder völlig gelassen und freundlich mit meinem Gegenüber umgehe. Die Gegenseite hingegen ist vielleicht den Rest des Tages weniger gut auf mich zu sprechen …

Wie kann ich Schulz von Thun in meinen Alltag als Führungskraft einbauen?
Sie müssen lernen, welches „Ohr" beim Gegenüber am empfindlichsten bzw. besten reagiert und dementsprechend Ihre Nachricht verpacken. Gleichzeitig muss Ihnen klar sein, dass Sie eine Nachricht kaum auf nur ein Ohr beschränken können.

- Lernen Sie, auf welcher Ebene Sie persönlich vornehmlich kommunizieren. Auf welcher Ebene möchten Sie eigene Nachrichten wahrgenommen und verstanden wissen? Mit welchem Ohr hören Sie am besten?
- Lernen Sie auch für Ihre Mitarbeiter, auf welcher Hauptebene diese Nachrichten versenden oder empfangen.
- Akzeptieren Sie, dass auf der Sachebene nichts erreicht werden kann, wenn die Beziehungsebene krankt. Dies betrifft generell das Verhältnis zwischen Sender und Empfänger. Sie sollten dies daher nicht nur dann berücksichtigen, wenn Sie einer der beiden Seiten vertreten, sondern auch in der Kommunikation zwischen Ihren Mitarbeitern berücksichtigen und ggf. klarstellen.
- Beachten Sie in diesem Zusammenhang, dass schriftliche Kommunikation zusätzlichen Raum für Missverständnisse bietet, gerade wenn nur Kurznachrichten verschickt werden.

Nutzen Sie auch die beiden noch folgenden Kommunikationsmodelle zur Erklärung und Verbesserung der eigenen sowie der Team-Kommunikation.

4.6.2   Watzlawick – Noch ein Kommunikations-Muss

Ein weiterer praxisorientierter Klassiker der Kommunikation steckt in den fünf Axiomen von Watzlawick, Beavin, und Jackson (2011). Wie bereits das im vorherigen Kapitel vorgestellte Modell eignen sich folgend erläuterten Kommunikationsregeln nicht nur zur Verbesserung der Kommunikation, sondern auch für die Analyse und das Erkennen von Kommunikationsproblemen und -störungen.

1. **Man kann nicht nicht kommunizieren:** Hierdurch wird klargestellt, dass Kommunikation auch dann erfolgt, wenn man nichts sagt. Körperhaltung oder Gestik sorgen dafür, dass wir unser Gegenüber auch ohne Worte verstehen bzw. somit ebenfalls Botschaften senden. Wir alle kennen, zum Beispiel, die vielen non-verbalen Zeichen von Unlust, Unaufmerksamkeit oder Langeweile.

   Auch Sie als Führungskraft kommunizieren, obwohl Sie nichts sagen. Dies kann u. a. durch Ihre An- oder Abwesenheit, gelangweilte Blicke auf das Handy, Augen verdrehen und vieles mehr geschehen. Seien Sie sich dessen und möglicher Reaktionen darauf bewusst. (Denn so, wie es in den Wald hineinschallt, …)

2. **Jede Kommunikation hat einen Inhalts- und einen Beziehungsaspekt:** Dieses zweite Axiom darf in Anlehnung an die bereits im letzten Kapitel vorgestellte Sach- und Beziehungsebene bei Schulz von Thun interpretiert werden. In Ergänzung stellt Watzlawick klar, dass die Beziehung den Inhalt bestimmt: Die Beziehung zwischen Sender und Empfänger bestimmt also, was in welcher verbalen und non-verbalen Form auf der Inhaltsebene ausgetauscht wird.

   Stellen Sie sicher, dass Sie bei der Wahrnehmung Ihrer Lokomotions- und Kohäsionsfunktion nicht nur Inhalts- (z. B. was getan werden muss) oder nur Beziehungsaspekte (z. B. wir alle haben das gleiche Ziel) betonen, sondern beides. Wenn Sie erkennen, dass die Beziehung zu einzelnen Mitarbeitern suboptimal ausgestaltet ist, beachten Sie dies in der Kommunikation und betonen Sie die Sachebene nicht übermäßig. Viele Menschen, die auf der Beziehungsebene Probleme untereinander wahrnehmen, sind für Inhalte auf der Sachebene nur schwer empfänglich.

3. **Kommunikation besteht aus Reiz- und Reaktionsmuster bzw. Ursache und Wirkung:** Menschen reagieren auf Reize. Diese Reize können verbal oder non-verbal erfolgen. Oft gehen wir davon aus, lediglich auf einen erfolgten Reiz anderer zu reagieren. In verfahrenen Situationen ist es für die Beteiligten nicht mehr möglich, den Ausgangsreiz im Sinne der Ursache klarzustellen. Oft ist dann nicht mehr klar, wie die Sache angefangen hat, was oder wer Auslöser war. Klassische Beispiele sind Ehe- oder auch Kinder-Streitereien, bei welchen jeder den anderen beschuldigt, angefangen zu haben. Schnell entstehen Teufelskreise ohne Anfang und Ende. Laut Watzlawick liegt ein wichtiger Grund dafür darin, dass man glaubt, beide Seiten besäßen die gleichen Informationen und müssten doch eigentlich auch zum gleichen Ergebnis kommen.

   Ein wichtiger Ausweg liegt dabei – für mich, im Modell von Schulz von Thun: Es lohnt sich gerade bei Axiom 3 innezuhalten und sich zu fragen, welche Botschaften die andere Seite mit welchem Ohr interpretiert hat. Dies hilft dabei, dem Teufelskreis zu entkommen. (Watzlawick nutzt hierzu den Begriff der Interpunktion.)

4. **Kommunikation ist analog und digital:** Dieses Axiom stellt klar, dass Kommunikation verbal und non-verbal erfolgt. Analog beschreibt den non-verbalen Teil der Kommunikation; digital den verbalen Teil. In Ergänzung hierzu ist auch die para-verbale Kommunikation anzuführen, also z. B. lachen, weinen, räuspern. Verständnisprobleme entstehen dabei vor allem dann, wenn analoge und digitale (oder auch para-verbale) Kommunikation nicht harmonieren. Wir können z. B. ja sagen, dabei aber mit den Augen rollen oder nein sagen, dabei mit den Schultern zucken oder ein ja mit einem Räuspern begleiten. In solchen Fällen gereicht das gesprochene Wort nicht dazu, die wahre Botschaft zu verstehen. Dies ist u. a der Grund dafür, dass wir bei SMS- oder WhatsApp-Nachrichten verstärkt mit Smileys kommunizieren. Wir wissen, dass Kommunikation mit so wenig Worten der Gefahr einer Fehlinterpretation unterliegt und unterstützen das geschriebene Wort daher mit non-verbalen Elementen.

   Nutzen Sie gerade bei virtueller Kommunikation alle Möglichkeiten, das gesprochene Wort auch non-verbal zu unterstützen. Dies kann mittels Kamera oder eben auch Emojis geschehen.

5. **Kommunikation ist symmetrisch oder komplementär:** Watzlawick spricht hierbei vor allem das Element der Gleichheit der Kommunikationspartner oder deren Unterschiedlichkeit an. Bei symmetrischer Kommunikation wird auf Augenhöhe miteinander gesprochen, es findet keine Unterordnung statt. Bei komplementärer Kommunikation zeigen sich Ungleichgewichte der Machtverhältnisse oder hierarchischen Strukturen. Diese müssen zwar nicht grundsätzlich starr sein, aber im (beruflichen) Alltag sind die Rollen oft eindeutig verteilt.

   Menschen kommunizieren entweder auf unterschiedlichen Ebenen, z. B. Eltern mit ihren Kindern, oder auf gleicher Ebene, z. B. Erwachsene unter sich. Im beruflichen Kontext sollten alle bemüht sein, auf Augenhöhe und daher symmetrisch zu kommunizieren.

   Setzen Sie Axiom 5 bewusst ein, um Hierarchie sowie Macht zu demonstrieren oder Gleichheit mit Ihren Mitarbeitern zu betonen.

Wie kann ich Watzlawick in meinen Alltag als Führungskraft einbauen?
Die 5 Axiome können Ihnen dabei helfen, die eigenen kommunikativen Fähigkeiten zu verbessern. Zudem können sie auch für die Analyse bei Konflikten unter Ihren Mitarbeitern wichtige Hinweise zur Behebung liefern.

• Führung bedeutet Einflussnahme. Nutzen Sie die 5 Axiome, um Ihnen wichtige Inhalte bestmöglich verbal zu transportieren.
• In meiner Praxis erfahre ich immer wieder, dass einzelne Studierende und auch Führungskräfte entweder eher zu Watzlawick oder zu Schulz von Thun bei der Erklärung von Kommunikation zurückgreifen. Dies erscheint mir grundsätzlich

vertretbar. Ich selbst habe für mich erkannt, dass ich in bestimmten Situationen Watzlawick und in anderen Schulz von Thun bevorzugt bemühe. (Ich möchte Sie aber nicht mit meinen persönlichen Präferenzen leiten, sondern ermutigen, beide Modelle einzusetzen.)

- Sofern Ihre Mitarbeiter die 5 Axiome nicht kennen, könnte es sinnvoll sein, diese vorzustellen und deren Nutzen zu betonen.

Beachten Sie auch das vorangegangene sowie das nachfolgende Kapitel, um sowohl die eigene Kommunikation als auch die unter Ihren Mitarbeitern zu verbessern.

4.6.3 Rogers – Aktives Zuhören

Sicherlich schätzen viele von uns den Wert, sich adäquat ausdrücken zu können. Vielleicht gehören auch Sie, liebe Leser, zu den Menschen, welche im beruflichen Umfeld ganz bewusst auf Ihre Kommunikation achten: Mit Sprachgewandtheit haben Sie gelernt, die richtigen Worte zu nutzen und Sätze ansprechend zu formulieren, um mit Fachwissen zu glänzen, und somit manche Diskussion oder Entscheidung zu Ihren Gunsten beeinflusst. Vielleicht nutzen Sie Ihre Eloquenz auch schlichtweg dazu, um andere gelegentlich zu beeindrucken. Aber was ist mit dem Gegenüber? Kennen wir nicht alle auch Situationen, in welchen der Hauptredeanteil der Gegenseite gebührt?

Vor diesem Hintergrund hat Carl Rogers´ Technik des Aktiven Zuhörens (Rogers und Farson 2015), aus der Psychotherapie kommend, seit vielen Jahrzehnten auch im wirtschaftlichen Umfeld seinen festen Platz. Gerade in spannungsgeladenen Situationen kann sie beim Gegenüber eine Verhaltensveränderung bewirken, Ruhe reinbringen, Druck herausnehmen. Sie fördert das Verständnis vor allem dadurch, dass es nicht nur auf den Inhalt – das „Was", sondern auch auf das „Wie" und „Warum" einer getroffenen Aussage fokussiert. Dies ermöglicht es, auch die emotionale Komponente eines Gespräches zu erfassen. Kurzum lassen sich zumindest die folgenden Vorteile hervorheben:

- Minimierung oder gar Vermeidung von Missverständnissen
- Verbesserung der zwischenmenschlichen Ebene
- Förderung gegenseitiger Empathie
- Stärkung des gegenseitigen Vertrauens

Tatsächlich listet Rogers hierzu eine Reihe von Techniken auf. Im Sinne des Mehrwertes für Praktiker sind diese – sehr frei und zusätzlich selektiv aufgeführt – als Dreischritt verpackt:
Stufe 1: Aufmerksames Zuhören

- Fördert sowohl die Sach- als auch die Beziehungsebene gemäß Schulz von Thun
- Signalisieren Sie durch Ihre Körperhaltung (Körperspannung) Interesse und Aufmerksamkeit

- Halten Sie natürlichen Blickkontakt
- Lassen Sie die Gegenseite ausreden, unterbrechen Sie nicht
- Nutzen Sie kurze bestätigende Äußerungen und non-verbale Zeichen (z. B. verständnisvolles Kopfnicken)
- Lernen Sie in diesem Zusammenhang auch, Redepausen auszuhalten bzw. bewusst zu nutzen, um dem Gesprächspartner sowohl Zeit zum Überlegen als auch zum Weiterreden zu geben
- Üben Sie mit der eigenen Meinung Zurückhaltung
- Bewahren Sie auch bei Vorwürfen oder Kritik Ruhe

Stufe 2: Zusammenfassung, dessen, was gerade gesagt wurde

- Stellen Sie Verständnisfragen – damit sichergestellt wird, dass beide Seiten das gleiche Verständnis haben, und vermeiden Sie somit Missverständnisse
- Fassen Sie zusammen, was Sie glauben, verstanden zu haben, und lassen Sie sich dies bestätigen – nutzen Sie hierzu bewusst die eigene Sprache (paraphrasieren Sie)
- Dies stellt einerseits sicher, dass eine Nachricht auch wirklich richtig verstanden wurde
- Andererseits bietet es dem Sender die Möglichkeit, eigene Gedanken und Aussagen nochmals zu erklären oder zu präzisieren.

Stufe 3: Verständnis und Reflektion der Gefühlswelt sowie der Bedürfnisse des Senders
Dies bezeichne ich persönlich gerne als die „Champions League" des Aktiven Zuhörens.

- Erkennen Sie die Gefühlsebene einer Nachricht
- Versetzen Sie sich innerlich in die Situation des Sprechers
- Zeigen Sie Empathie

Wie kann ich Aktives Zuhören in meinen Alltag als Führungskraft einbauen?
Aktives Zuhören ist vor allem/gerade in spannungsgeladenen Situationen ein wichtiges Instrument zur Deeskalation! Denn wenn Sie zuhören, kann die andere Seite sich erklären oder auch mal Dampf ablassen. Wie oben erwähnt, fokussieren wir lieber darauf, uns selbst zu artikulieren. Aktives Zuhören zu praktizieren kann herausfordernd sein. Daher kann es sehr hilfreich bzw. lehrreich sein, wenn Sie Gespräche im Nachgang dahingehend analysieren, an welchen Stellen des Gespräches Sie den obigen Dreischritt in welcher Form hätten praktizieren können.
Im Gespräch selbst sollten Sie auch Folgendes beachten:

- Bestimmen Sie zuerst, ob Sie die Rolle eines außenstehenden Dritten oder betroffener Teil des Gespräches sind. Dies ist wichtig. Nehmen wir an, ein Mitarbeiter ist verärgert und sucht mit Ihnen das Gespräch. Aber Sie merken zu spät, dass Sie Auslöser und somit betroffener Teil und eben nicht außenstehender Drit-

ter sind. Dies wird zu falschen Rückfragen, vor allem aber auch zu falsch-
verstanden Empathie-Bekundungen führen.

- Denken Sie dabei daran, das Aktive Zuhören nicht mechanisch abzuspulen, bleiben Sie authentisch. Es ist nicht Sinn und Zweck alles zu wiederholen, zu hinterfragen oder mit Gefühlen zu unterlegen.
- Je nach Thema kann es sinnvoll sein, Status-, Macht- bzw. Hierarchie-Symbole
zu vermeiden: Lassen Sie in heiklen Situationen den Mitarbeiter nicht „in Ihrem
Büro antanzen". Halten Sie dann Mitarbeitergespräche nicht im eigenen Büro,
zumindest aber keinesfalls hinter Ihrem Schreibtisch sitzend ab. Suchen Sie einen
neutralen Besprechungsort (oder nutzen Sie die Sitzgruppe/Besprechungsecke in
Ihrem Büro).

Nutzen Sie zusätzlich die weiteren Kapitel zum Thema Kommunikation und
Konflikt.

4.6.4   Glasl – Ein Alleskönner in Konfliktsituationen

Gleich den eben vorgestellten Kommunikationsforschern Schulz von Thun und Watzlawick ist auch der Konfliktforscher Glasl im deutschsprachigen Raum angesehen. Seine
sog. Konflikt-Eskalationsstufen sind allgemein bekannt und deren Nutzung weithin empfohlen. Im Kern erkennt Glasl in Konflikten das Potenzial einer Abwärtsspirale mit klar
abgrenzbaren Stufen. Er unterteilt neun erlebbare Stufen und fasst drei davon jeweils zu
insgesamt drei Ebenen zusammen. Das Modell erklärt Konfliktverläufe und hilft diese zu
analysieren. Zu Beginn dieses Kapitels möchte ich Ihnen die Glaslsche Definition eines
Konfliktes nicht vorenthalten:

„Ein Konflikt ist eine Interaktion

- zwischen Akteuren (Individuen, Gruppen, Organisationen usw.),
- wobei wenigstens ein Akteur Unvereinbarkeiten im Denken und/oder Fühlen und/oder
Wollen mit dem anderen Akteur (oder Akteuren) in der Art erlebt,
- dass im Realisieren eine Beeinträchtigung durch einen anderen Akteur (die anderen
Akteure) erfolgt." (Glasl 2009)

Differenzen werden also erst dann zu einem Konflikt, wenn einer der Akteure sich auf
einer der drei Ebenen (Denken, Fühlen oder Wollen) beeinträchtigt fühlt. Somit ist für
manche Akteure schon längst ein Konflikt am Brodeln, während für andere noch alles in
Ordnung ist. Es ist also gut möglich, dass eine Seite bereits eine Beeinträchtigung spürt
und die andere Seite noch völlig ahnungslos und unbekümmert agiert. Folgend nun eine
Kurz-Charakterisierung jeder Stufe. Ich bin überzeugt, dass wir uns alle in zumindest ei-

nigen Stufen bzw. deren Kurzerläuterung wiederfinden und von allen Stufen eine ziemliche klare und zugleich realistische Vorstellung haben.

Stufe 1 – Verhärtung

- Gegenläufige Ansichten beginnen sich zu verhärten
- Die Atmosphäre wird angespannt(er); die Situation verkrampfter
- Sprachlich können erste „Ausrutscher" passieren
- Jedoch herrscht beiderseitig noch die Überzeugung, dass die Spannungen durch Gespräche lösbar sind.
- Zudem handelt es sich noch nicht um gänzlich starre Parteien, welche ausschlich einer Seite zugeordnet werden können bzw. dies auch noch gar nicht wollen.
- Grundsätzlich ist auf dieser Stufe die Kooperation noch größer als die Konkurrenz

Stufe 2 – Debatte und Polemik

- Schwarz-Weiß-Denken setzt ein
- Polarisierung im Bereich Denken und Fühlen
- Erste Gruppierungen setzen ein und verhärten damit die Fronten
- Sach-Argumente werden auf anderen Ebenen abgewertet (z. B. Polemik, Gestik oder auch gemäß Transaktions-Modell: Eltern-ich versus Kind-ich)
- Kooperation und Konkurrenz sind nun gleichwertig

Stufe 3 – Taten statt Worte

- Es festigt sich der Eindruck, dass die andere Seite nicht mehr mit Worten, sondern nur noch mit Taten zu überzeugen ist
- Non-verbales Verhalten wird wichtiger und steht nun auch öfter im Widerspruch zu verbalem
- Empathie sinkt (rapide), pessimistische Erwartungen verfestigen sich; dadurch besteht die Gefahr der Beschleunigung (von negativen Verhaltensweisen)
- Konkurrenz überwiegt Kooperation

Stufe 4 – Feindbilder und Verbündete

- Die (Streit-)Sache gerät in den Hintergrund, es wird wichtig, den Konflikt zu gewinnen
- Feindbilder etablieren und verhärten sich
- Es wird um Anhänger und Verbündete geworben
- Denunziation (Negatives wird öffentlich gemacht und die Gegenseite inkl. Anhänger gebrandmarkt)

Stufe 5 – Gesichtsverlust

- Es kommt zu öffentlichen, direkten und persönlichen Angriffen
- Glaubwürdigkeit weicht Abwertung, Ablehnung und Verurteilung
- Ideologien bestimmen die Streitpunkte
- Vollständiger (gegenseitiger) Vertrauensverlust

Stufe 6 – Drohstrategien
- Drohungen (und Gegendrohungen) werden als Zeichen der Macht in der Hoffnung auf Sieg bzw. Kontrolle der Situation eingesetzt
- Forderungen, Sanktionsandrohungen und Ultimaten bestimmen die Kommunikation
- Ereignisse verselbstständigen sich und gewinnen schnell an unberechenbarer Dynamik

Stufe 7 – Vernichtungsschläge beginnen
- Ab dieser Stufe gibt es keine Gewinner mehr, beide Seiten sind ab dieser Stufe Verlierer
- Die Gegenpartei wird zum Feind
- Zerstörungen werden als „passende Antwort und Reaktion" angesehen
- Kleine Schäden auf eigener Seite sind akzeptabel und werden als Gewinn betrachtet, wenn nur die Gegenseite einen größeren Schaden erleidet

Stufe 8 – Zersplitterung und Zerstörung
- Ziel ist die Zerschlagung des feindlichen Systems – inkl. der Unterstützer
- Zerstörung auf allen Ebenen (materiell, wirtschaftlich, sozial, psychologisch/geistig)

Stufe 9 – Gemeinsamer Abgrund
- Es gibt keinen Weg mehr zurück
- Vernichtung des Feindes – auch zum Preis des eigenen Unterganges
- Nebst der reinen Selbstvernichtung werden auch Kollateralschäden bereitwillig in Kauf genommen, solange bloß der Feind zugrunde geht

Wichtiger übergeordneter Ansatzpunkt ist die Einschätzung, auf welcher der drei Ebenen sich ein Konflikt aktuell befindet. Die ersten drei Stufen werden zur Ebene Win-Win zusammengefasst. Danach folgen die Stufen vier bis sechs auf der Ebene Win-Lose und letztlich die Stufen sieben bis neun auf der Ebene Lose-Lose. Die Schlagworte deuten an, ab welcher Stufe nicht mehr alle Beteiligten als Sieger aus dem Konflikt herausgehen können oder alle zu Verlierern werden. Vereinfachend steht auf der ersten Ebene noch die Sache im Vordergrund. Auf der zweiten Ebene wird der Konflikt vor allem auf die Beziehung verlagert, während die Sache in den Hintergrund gerät. Es wird persönlich. Auf der dritten Ebene sind beide Seiten nur noch daran interessiert, sich zu vernichten.

Darauf aufbauend hat die Führungskraft als „neutrale Instanz" bei Konflikten unterschiedliche Einflussmöglichkeiten und dementsprechende Rollen auf den unterschiedlichen Ebenen einzunehmen.

- Bei Win-Win sollte die Führungskraft als Moderator auftreten und vor allem dafür sorgen, dass der Konflikt die Sachebene nicht verlässt; keine Eskalation erfährt. Die Führungskraft stimuliert die „Selbstheilungskräfte" der Beteiligten, sodass diese weitestgehend eigenständig eine Lösung erarbeiten können. Hierzu stellt sie ggf. auch entsprechende Methoden, Techniken und Modelle (der Kommunikation und des Konfliktmanagements; wie in diesem Buch vorgestellt) vor.

- Bei Win-Lose muss die Führungskraft als Mediator zwischen den Parteien auftreten. Hierbei geht es darum, zuerst einzeln mit den Parteien zu sprechen und diesen dabei zu helfen, sich zu öffnen und zu einer anderen Einstellung ggü. dem „Gegner" zu gelangen. Vertrauen muss wiederhergestellt werden, um die Parteien wieder an einen Tisch zu bringen und einen für beide Seiten akzeptablen Kompromiss zu erarbeiten.
- Erkennt die Führungskraft eine Stufe der Lose-Lose-Ebene, empfiehlt Glasl einen sofortigen Machteingriff: Die Streithähne sind durch ein Machtwort im Sinne eines saolomonischen Urteils zu trennen. Somit hat die Führungskraft die Chance, den Konflikt (abrupt) zurück auf die Sachebene zu führen. Wichtig bei der Entscheidungsfindung ist absolute Neutralität und absolute Transparenz. Kann Neutralität nicht gewährleistet werden, sollte die Entscheidungsgewalt abgegeben werden.

Um adäquat auf einen Konflikt innerhalb des eigenen Teams einwirken zu können, empfiehlt Glasl (1990) folgende 5 diagnostischen Dimensionen zu beachten:

- **Konfliktparteien:** Unabhängig voneinander sind die Einschätzungen des Konfliktes beider Lager einzuholen (diese zählen als 2 Dimensionen); dabei helfen folgende Leitfragen:
  - Wie denken die Konfliktparteien prinzipiell über Konflikte?
  - Was wollen die Parteien mit der Auseinandersetzung letztlich erreichen?
  - Welchen Preis sind die Parteien zu zahlen bereit, um ihr Ziel zu erreichen?
  - Wie schätzen die Parteien ihre jeweiligen Chancen – reell – ein?
  - Gibt es Gemeinsamkeiten der Konfliktparteien?
  - Welche Rollen spielen einzelne Mitglieder innerhalb der Konfliktparteien?
  - Wie stehen die Parteien zu Ihrer Rolle als Führungskraft in diesem Konflikt?
- Die **Beziehung der beiden Konfliktparteien** ist zu berücksichtigen; Leitfragen hierzu sind:
  - Wie ist das gegenseitige Verhalten der Parteien?
  - Welche Gefühle und Einstellungen hegen die Parteien zueinander?
  - Welche formellen Beziehungen und Positionen sowie organisationalen Abhängigkeiten existieren zwischen den Parteien?
- Die **Konfliktpunkte** müssen eruiert werden; folgende Punkte sollten dabei aufgegriffen werden:
  - Was ist – subjektiv – das Problem?
  - Auf welche Kernpunkte sind die Parteien fixiert?
  - Sind die Streitpunkte für beide Seiten identisch oder weichen sie voneinander ab?
  - Sind den Parteien die Streitpunkte der Gegenseite bekannt?
- Der **Konfliktverlauf** (bis hin zur aktuellen Konfliktstufe) muss analysiert werden;
  - Welche Momente haben die Konfliktparteien als kritisch empfunden?
  - Wann hat der Konflikt an Dynamik gewonnen?
  - Ist der Konflikt derzeit eher stabil oder explosiv?

Mit Glasl haben Sie nunmehr abgrenzbare und unterscheidbare Eskalationsstufen zur Hand, um einen Konflikt einzuordnen. Sie können anhand der dazugehörigen Ebenen Ihre Rolle bestimmen und mittels wichtiger Diagnosefragen zusammen mit den Akteuren eine Lösung erarbeiten.

Wie kann ich Glasl in meinen Alltag als Führungskraft einbauen?
Ich wünsche Ihnen natürlich, dass Konflikte nicht zu Ihrem Führungsalltag gehören. Aus praktischer Perspektive ist es wichtig, Konflikte schnellst- bzw. frühestmöglich zu erkennen; ganz vermeiden kann man diese sicher nicht. Eine Früherkennung ist immer dann gewährleistet, wenn die Führungskraft die Nähe zum Team pflegt und die Atmosphäre von gegenseitigem Vertrauen geprägt ist.

- Sind Sie nahe an Ihrem Team oder könnte die Nähe noch verstärkt werden?
- Gehen Sie vertrauensvoll und offen miteinander um oder bedarf es vertrauensfördernder Maßnahmen oder gar eines gewissen Werte- und somit Kulturwandels?
- Greifen Sie nicht gleich auf den ersten Stufen ein. Dies können die Mitarbeiter durchaus noch selbst regeln. (Im Kapitel zu Tuckman haben Sie bereits erfahren, dass in der Storming Phase Konflikte wichtig sind und ausgelebt werden müssen.)
- In der win-win-Phase kann es helfen, die Akteure über die hier vorgestellten Kommunikationsmodelle von Watzlawick und Schulz von Thun zu informieren. Dies kann Hilfe zur Selbsthilfe fördern.
- Gerade in den win-lose und lose-lose-Phasen wird es wichtig, Lösungen zu erarbeiten und diese ggf. ruhig auch schriftlich zu fixieren. Schaffen Sie hierzu einen sicheren Gesprächsrahmen: Klären Sie das Vorgehen und Verfahren; treffen Sie verbindliche Vereinbarungen und unterstreichen Sie die Verantwortung aller Beteiligten.
- Scheuen Sie sich gerade auf hohen Stufen nicht davor, die Personalabteilung Ihrer Organisation um Hilfe bzw. Unterstützung zu bitten. Oft gibt es im eigenen Unternehmen Mediatoren, welche professionell helfen können, oder die Personalabteilung kennt entsprechende Angebote von dritter Seite.

Nutzen Sie gerade in spannungsgeladenen Gesprächen die Erkenntnisse aus dem Kapitel zum Aktiven Zuhören (gemäß Carl Rogers). Doch auch grundsätzlich unterstützen die beiden bereits vorgestellten Kommunikationsmodelle von Watzlawick und Schulz von Thun bei der Konfliktanalyse.

4.7   (Führungs-)Persönlichkeit und Verhalten

Führung darf als Beeinflussung von Verhalten und Organisationen dürfen als sozio-öko-nomische Systeme verstanden werden. Beides verdeutlicht, dass Menschen, Mitarbeiter, involviert sind oder gar im Mittelpunkt stehen. Gerade im Zeitalter der Dienstleistungs-gesellschaft verlässt das wichtigste Kapital einer Organisation jeden Abend das Unter-nehmen: Mitarbeiter und deren Wissen. Führungskräfte haben also mit Menschen, den Mit-arbeitern, zu tun; beeinflussen deren Verhalten. Damit dies gelingt, wurden in diesem Buch bereits unterschiedliche Bereiche vorgestellt, die es zu beachten gilt. In diesem Zusammen-hang wurde auch bereits klargestellt, dass Persönlichkeit und Verhalten getrennt betrachtet werden müssen. Abrundend soll daher nun auf den Bereich Persönlichkeit näher ein-gegangen werden. Hierzu liegt aus Mitarbeiter- und Führungskräfte-Perspektive aus-reichend statistische Evidenz in Bezug auf berufliche Leistung vor, die es zu nutzen gilt.

4.7.1   Big Five – Persönlichkeit auf 5 Ebenen

Eines der sehr prominenten Modelle gegenwärtiger Psychologie und weiterhin den Stan-dard in der Persönlichkeitsforschung stellt das Fünf-Faktoren-Modell der Persönlichkeit (von Costa und McCrae 1992 sowie später auch McCrae und Costa 2003) dar. Es wird oft auch schlicht als Big Five oder FFM bezeichnet. Gemäß dem FFM setzt sich die Persön-lichkeit aus fünf Persönlichkeitseigenschaften zusammen. In der Literatur gängig ist es dabei, nebst einer kurzen Beschreibung auch jeweils hohe und niedrige Ausprägungen zu charakterisieren, um somit das praktisches Verständnis der jeweiligen Persönlichkeits-eigenschaft zu fördern. Zuvor finden Sie die fünf Persönlichkeitseigenschaften grafisch dargestellt, siehe Abb. 4.4.

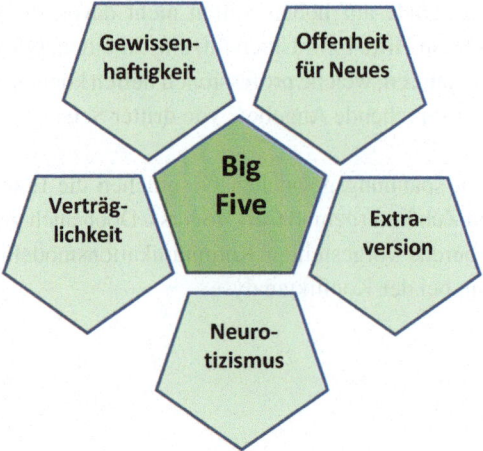

Abb. 4.4 Persönlichkeitseigenschaften – Big Five

Betrachten wir uns nun die einzelnen Eigenschaften etwas näher.

- **Offenheit (für Erfahrungen):** Diese beschreibt die generelle Tendenz, Aufgeschlossenheit gegenüber neuen Erfahrungen, Erlebnissen und Eindrücken zu zeigen. Damit verbunden sind Neigungen zur Informiertheit, Neugier und Kreativität (vgl. Tab. 4.2).
- **Gewissenhaftigkeit:** Hierunter ist die Tendenz zu Leistungs- und Pflichtbewusstsein sowie Selbstdisziplin zu verstehen. Selbstkontrolle wird dabei vor allem unter den Aspekten Genauigkeit und Zielstrebigkeit gelebt (vgl. Tab. 4.3).
- **Extraversion:** Diese Persönlichkeitseigenschaft ist durch zwischenmenschliche Umgänglichkeit gekennzeichnet und beschreibt generell Aktivität (vgl. Tab. 4.4).
- **Verträglichkeit;** Hiermit wird innerhalb sozialer Interaktion der Grad der Anteilnahme, Menschlichkeit und Kooperation verstanden. Sie geht allerdings auch mit einer Bereitschaft einher, eigene Interessen durchzusetzen (vgl. Tab. 4.5).

Tab. 4.2 FFM – Offenheit

Hohe Ausprägung	Niedrige Ausprägung
neugierig	wenig interessiert
ideenreich	konservativ
vielseitig interessiert	vorsichtig
Menschen am oberen Ende sind unkonventionelle und eigenständige Denker.	Menschen am unteren Ende ziehen dem Ideenreichtum das Bekannte vor.

Tab. 4.3 FFM – Gewissenhaftigkeit

Hohe Ausprägung	Niedrige Ausprägung
verantwortlich	verantwortungslos
sorgfältig	unordentlich
organisiert	nachlässig
präzise	unbekümmert
Menschen mit hoher Ausprägung handeln überlegt, reflektiert und erreichen ihre Ziele.	Menschen mit niedriger Ausprägung handeln spontan, ungenau und weniger sorgfältig.

Tab. 4.4 FFM – Extraversion

Hohe Ausprägung	Niedrige Ausprägung
aufgeschlossen	reserviert
umgänglich und gesellig	schüchtern und zurückhaltend
enthusiastisch	still
Abenteuer-freudig	ausgeprägte Impulskontrolle
Menschen am oberen Ende sind herzlich, heiter und gehen auf andere zu.	Menschen am unteren Ende sind introvertiert, sozial zurückhaltend und lieber alleine bzw. unabhängig.

Tab. 4.5   FFM – Verträglichkeit

Hohe Ausprägung	Niedrige Ausprägung
hilfsbereit	kalt
freundlich	unfreundlich
sympathisch	unsympathisch
vergebend	zänkisch
vertrauend	suspekt und skeptisch
mitfühlend	antagonistisch
kooperativ	wettbewerbsorientiert
Personen mit ausgeprägter Verträglichkeit handeln altruistisch, sind nachgiebig und wohlwollend.	Unverträgliche Personen kämpfen für eigene Überzeugungen, neigen aber auch zu Egozentrismus und Misstrauen.

Tab. 4.6   FFM – Neurotizismus

Hohe Ausprägung	Niedrige Ausprägung
emotional	ruhig
verletzlich	selbstsicher
gefühlslaunig	gefühls-stabil
verlegen	entspannt
Menschen am oberen Ende erleben häufiger Stress-beladene Situationen inkl. Streitereien.	Menschen am unteren Ende sind weniger Gefühlsschwankungen unterlegen und haben diese bei Auftreten besser unter Kontrolle.

• **Neurotizismus:** Generelles Erleben von negativen Gefühlen, z. B. Angst, Nervosität oder Ärger. Dies ist die einzige der fünf Persönlichkeitseigenschaften, bei welcher eine hohe Ausprägung negativ interpretiert werden muss (vgl Tab. 4.6).

Vielleicht haben einige von Ihnen beim Lesen dieser Persönlichkeitseigenschaften bereits das eigene Ich erkannt oder Mitarbeiter zugeordnet. Dies ist durchaus im Interesse des Buches. Doch darf dies nicht unbedacht oder ohne eine Warnung geschehen: Wie bereits in der Einleitung beschrieben, würde kein Psychologe vorschnell oder rein auf dem eigenen Gefühl basierend eine Persönlichkeitsanalyse aussprechen. Jeder Psychologe würde hierfür einen der anerkannten Persönlichkeitstests (im deutschsprachigen Raum z. B. das BIP – Bochumer Inventar zur berufsbezogenen Persönlichkeitsbeschreibung - oder außerhalb des beruflichen Kontextes den NEO-PI-R) anwenden. Trotzdem ist uns intuitiv das Bild einer extravertierten und demgegenüber einer introvertierten Person durchaus geläufig. Die damit verbundenen Vorstellungen solcher Personen sind oft direkt und eher einfach für andere zu erkennen. Ähnliches dürfte für Gewissenhaftigkeit und Neurotizismus gelten: Ein Erbsenzähler nimmt seine Sache offenbar sehr ernst und wenn die Stimmung beim Chef mehrmals am Tage stark schwankt, ist dies mitunter ein Zeichen seiner Persönlichkeit bezogen auf emotionale Labilität. Nichtsdestotrotz möchte ich nochmals den Mehrwert eines Tests hervorheben und lege diesen regelmäßig zumindest für die Führungskräfte-Entwicklung nahe. (Der Test tut nicht weh und fördert das Verständnis der eigenen sowie der Persönlichkeit der Mitarbeiter. Mit dem dadurch gewonnenen Wissen lassen sich vielerlei Maßnahmen im Zusammenhang mit Beruf, Weiterbildung und Karriere im Interesse aller Beteiligten optimieren.)

Nebst den im vorherigen Absatz eingestreuten sehr bekannten Vertretern oft genutzter Persönlichkeitsinventaren (BIP und NEO-PI-R) gibt es natürlich auch weitere gute, aber wenig bekannte. Leider erfahre ich in meiner Berater-Praxis aber immer wieder auch das Gegenteil: Firmen und Manager nutzen bekannte, aber überholte oder schlichtweg schlechte Persönlichkeitsinventare! Zwei für mich hartnäckige Vertreter sind die Farbenlehre, ganz nach dem Motto „Carsten, Du bist ganz klar der blaue Typ!" Oder der weiterhin von einigen Firmen genutzte MBTI – Mayer-Briggs Type Indicator.

Im ersten Fall kostete es mich über einige Wochen großer Anstrengungen, den Manager von der Farbenlehre abzubringen. Mit trockenen Fakten und Wissenschaftlichkeit war dieser sonst für genau diese Art der Diskussion so offenen Person nicht beizukommen: Zu attraktiv war es, aus der Hüfte zu schießen und anderen Menschen schnell einen Farben-Stempel aufzudrücken. (Erkennen Sie hier die Parallele zu dem Unterkapitel zu Kahneman und dessen System 1 versus System 2?!) Schließlich hatte es ja im Seminar auch so gut auf ihn selbst gepasst: „Die wussten alle sofort ganz genau, welcher Farbtyp ich bin. Und die hatten recht!" Tja, das hat ein Horoskop auch, irgendwie …

Die Firmen, welche mit dem MTBI während meiner Tätigkeit in diesen Unternehmen arbeiteten, konnte ich leider nicht dazu bewegen, umzustellen. Rückblickend würde ich behaupten, dass ich schlichtweg nicht mit den richtigen Leuten, den Entscheidern oder den wirklich Engagierten, darüber gesprochen hatte. Hier zeige ich mich heutzutage hartnäckiger und suche dann auch mal das Gespräch auf der nächst-höheren Hierarchieebene. Der MTBI war zu seiner Zeit und aus damaliger Sicht anerkannt. Doch hat sich das Wissenschaftsrad nun einmal weitergedreht und es gibt deutliche Erkenntnisfortschritte, welche der MTBI schlichtweg nicht reflektiert. Nur kurz seien die mittlerweile eher eklatanten Schwachstellen des MBTI hier aufgelistet:

- *Die im MBTI 16 klar trennbaren Persönlichkeitstypen finden in der Wissenschaft keine Bestätigung.*
- *Die oft beschworene Vorhersage von Berufseignung und Berufserfolg aufgrund des MBTI's gilt in der Breite der Wissenschaft als schlichtweg nicht gegeben.*
- *Zugängliche und überzeugende Daten zur Validität und Reliabilität – allgemeiner zu sog. psychometrischen Gütekriterien – des Tests fehlen. (Dies ist gerade für anerkannte Tests sehr unüblich und gereicht bereits zur Skepsis).*

Im Zusammenhang von Persönlichkeit und Beruf lassen sich einige wichtige evidenzbasierte Erkenntnisse zusammenfassen, denn Forschungen belegen einen starken Zusammenhang zwischen Persönlichkeit und beruflicher Leistung.

- Gewissenhaftigkeit dürfte der wichtigste/stärkste Prädiktor für berufliche Leistung sein. Hoch gewissenhafte Menschen sind organisiert, hart arbeitend, Leistungsgetrieben und besitzen Beharrlichkeit.
- Menschen mit hoher Verträglichkeit sind vertrauenswürdig, kooperativ und hilfsbereit, arbeiten vor allen in Teams gut. Allerdings ist Verträglichkeit nur schwach mit Führung korreliert.
- Extraversion, gepaart mit Gewissenhaftigkeit, sagt Erfolg in Management und Vertrieb am besten voraus.
- Demgegenüber ist Neurotizismus negativ mit Führung korreliert.
- Zudem zeigt eine Studie aus 2012 (Clark et. al), dass neurotische Mitarbeiter besser im Homeoffice zurechtkommen.
- Insgesamt haben extravertierte Mitarbeiter gegenüber introvertierten Kollegen vor allem in westlichen Kulturen einen Vorteil.
- Teams mit durchschnittlich höheren Werten in Verträglichkeit, Gewissenhaftigkeit und niedrigerem Neurotizismus sind leistungsstärker.
- Dabei gilt eine hohe Varianz in Gewissenhaftigkeit (unter den Teammitgliedern) als schlecht für die Leistung. Auch hier scheint Diversität eher ein Hindernis als ein Vorteil zu sein (siehe hierzu auch die Ausführungen im Kapitel Team-Psychologie).

Mit Kenntnissen über die Persönlichkeit gehen also gewisse Verhaltens-Vorhersagen einher. Somit wird das Wissen über diese Zusammenhänge für die Organisation und für Führungskräfte zu einer wichtigen Ressource. Allerdings stellen Persönlichkeit und Verhalten zwei unterschiedliche Ebenen dar: Verhalten ist weitaus dynamischer und einfacher anzupassen als Persönlichkeit. Eine Person, welche eher unordentlich und oberflächlich arbeitet, kann gelernt haben, beim Thema Buchführung mit zusätzlicher Anstrengung gewissenhaft Bücher zu führen. Ein Einzelgänger kann auf der nächsten Stehparty fremde Leute ansprechen, um einen Job zu bekommen. Zwischen Persönlichkeit als eher starrem Konstrukt und Verhalten als dynamischer Komponente liegt noch Motivation (siehe hierzu z. B. das Kapitel zu McClelland). Die Grundlegende Motivation (nach McClelland) ist nicht ganz so gefestigt wie Persönlichkeit, aber weit davon entfernt, so flexibel wie Verhalten zu sein. Somit müssen Führungskräfte einsehen, dass Persönlichkeiten so sind, wie sie sind. In diesem Zusammenhang galt lange, dass zwischen 40–60 % der Persönlichkeit vererbt werden. Neuere Langzeit-Zwillings-Studien gehen sogar davon aus, dass bis zu zwei Drittel der Persönlichkeit vererbt werden (Kandler et al. 2010). Das mag nicht jedem gefallen. Aber darauf sollten sich gerade Praktiker an dieser Stelle einlassen. Persönlichkeitseigenschaften als Führungskraft ändern zu wollen, grenzt somit nicht nur an vergebene Lebensmühe, sondern darf durchaus als Eingriff in Persönlichkeitsrechte verstanden werden. Wir alle kennen die Aussage, dass der Mensch ein Gewohnheitstier ist und eingeschliffene Verhaltensweisen daher nur schwer geändert werden können. Das stimmt durchaus. Es ändert aber nichts daran, dass Persönlichkeit ungleich schwieriger zu ändern ist. Dazu braucht es entweder viele Jahre oder einschneidende Erlebnisse. Somit ist

Verhalten im Allgemeinen und das Verhalten am Arbeitsplatz im Speziellen sehr wohl und innerhalb gewisser Grenzen auch eher leicht zu Veränderung bereit.

Als Führungskraft gilt es daher, jede Persönlichkeit – wirklich jede – wohlwollend so zu akzeptieren und zu respektieren, wie sie ist. Akzeptanz und Respekt sollten sich nicht von Mitarbeiter zu Mitarbeiter unterscheiden. Wohl aber liegt es in der Macht und ist erklärtes Ziel, Mitarbeiter-Verhalten zu beeinflussen. Diese gedanklich wichtige Trennung beeinflusst auch Ihr Handeln als Führungskraft. Wenn Sie das Buch bis zu dieser Stelle aufmerksam gelesen haben, können Sie dem folgenden Praxisbeispiel gut folgen (ansonsten empfehle ich vor allem das Kapitel Motivation – McClelland – sowie Kommunikation – Schulz von Thun – nochmals durchzulesen, bevor Sie sich dem folgenden Beispiel widmen):

In einem meiner Coachings wurden größere Spannungen zwischen der Führungskraft und einer Mitarbeiterin offenkundig. Aufgrund meines Auftrages für diesen Kunden sowie des generellen Verständnisses über Führung war und ist es die Aufgabe der Führungskraft, diese Spannungen auszuräumen. Ich begann also damit, in Einzelgesprächen herauszufinden, wie die beiden Protagonisten den Konflikt, sich selbst und die Gegenseite wahrnehmen. Somit hatte ich ein erstes Bild.

Auftragsgemäß arbeitete ich dann mit der Führungskraft kurz die bereits genannten Modelle von Schulz von Thun und McClelland auf. Ich verknüpfe dies übrigens immer mit der Beschreibung meiner selbst: Ich besitze ein sehr großes Ohr auf der Sachebene und nur ein sehr kleines Ohr auf der Beziehungsebene. Nichts motiviert mich mehr als Leistung; dafür arbeite ich hart und neige dazu, dies dann auch von anderen zu verlangen. Danach bat ich die Führungskraft zuerst sich selbst anhand dieser beiden Modelle einzuschätzen und anschließend dies auch für die Mitarbeiterin zu tun.

Während er ebenfalls leistungsmotiviert und sehr sachlich ist, darf der Mitarbeiterin das Motiv der Zugehörigkeit zugesprochen werden. Zudem ist ihr die Beziehungsebene sehr wichtig. Daraufhin war es nur ein kleiner Schritt, dieser Führungskraft klarzumachen, dass Entscheidungen treffen, neue Herausforderungen suchen und annehmen oder auch Weiterbildung ans sich, nicht annähernd so wichtig für die Dame sind, wie für eine Person mit ausgeprägtem Leistungsmotiv. Zudem verliefen die Streitigkeiten zwischen den beiden immer und immer wieder nach dem gleichen Muster ab und blieben für beide Seiten unbefriedigend sowie frustrierend. Während der Vorgesetzte auf der Sachebene Dinge klarstellen, voranbringen oder verbessern wollte, kam auf der Gegenseite nur der persönliche Vorwurf an.

Der Führungskraft musste somit zuerst klar werden, dass unterschiedliche Ebenen der Kommunikation und Motivation aufeinanderprallten. Er musste akzeptieren, dass keine der Ebenen eine bessere oder schlechtere ist. Er musste somit sein Bild von der Mitarbeiterin umdenken. Erst dann konnten wir damit beginnen, Strategien zu entwickeln, welche in der Kommunikation mehr die Beziehungsebene berücksichtigten und bei Arbeitsaufgaben mehr der grundlegenden Motivation nach Zugehörigkeit entsprachen.

Wie kann ich das Thema Persönlichkeit als Führungskraft in meinen Alltag einbauen?
Eine einzelne Persönlichkeitseigenschaft ist weder richtig noch falsch. Auch die Summe aller Eigenschaften einer Person sind per se nicht schlecht oder gut. Lernen Sie die Unterschiedlichkeiten wohlwollend zu schätzen und einzusetzen!

- Das vorliegende Kapitel über Persönlichkeit ist nicht darauf ausgelegt, Sie dahingehend zu befähigen, die Persönlichkeit Ihrer Mitarbeiter gerecht einzuschätzen. Um das tun zu können, sollten Sie Kontakt zur Ihrer Personalabteilung aufnehmen und zusammen entsprechende Weiterbildungsangebote prüfen bzw. wahrnehmen.
- Ausschließlich wenn Sie sich einer guten Menschenkenntnis sicher sind und Ihre Mitarbeiter lange und gut kennen, dürfen Sie sich allgemeine Rückschlüsse über deren Persönlichkeit erlauben.
- Versichern Sie sich dieser Einschätzungen aber unbedingt auch in offenen, vertraulichen Gesprächen mit den Mitarbeitern.
- Verbinden Sie diese Rückschlüsse unbedingt mit dem Kommunikationsverhalten und der grundlegenden Motivation pro Mitarbeiter (wie im obigen Beispiel beschrieben).
- Passen Sie im Sinne der transformationalen Führung die 4i's entsprechend den von Ihnen gesammelten Erkenntnisse individuell an.

Gerade bei (angehenden) Führungskräften könnte die Durchführung eines Persönlichkeitstestes hilfreiche Erkenntnisse für alle Beteiligten bringen und sich zum Wohle aller einsetzen lassen. Grundsätzlich gilt dies aber für alle Mitarbeiter eines Unternehmens.

4.7.2 Die dunkle Triade – Umgang mit der dunklen Seite der Führung

Schon in den 1950ern finden sich erste wissenschaftliche Artikel zur „dunklen Seite der Führung". Doch richtig „ernst" dazu wurde es, als der Gegenwind zu den bereits vorgestellten Führungsmodellen der transformationalen und charismatischen Führung von Bass bzw. Conger wegen einer fehlenden Berücksichtigung eben dieser „dunklen Seite" stärker wurde. Bass formte in diesem Zusammenhang den Begriff des „pseudotransformalen Führens" und Conger entschied sich für Klarstellung mittels einer „hellen und dunklen Seite der Führung". Darüber hinaus finden sich viele weitere Bezeichnungen ebenso vieler Autoren, wie z. B. dysfunktionale, toxische, destruktive oder schlichtweg schlechte Führung. Seit 2002 greifen dabei alle auch immer wieder das prominente Konstrukt der sog. Dunkle Triade von Paulhus & Williams auf.

Seit ca. 7 Jahren beschäftige ich mich mit der Dunklen Triade, thematisiere diese regelmäßig in Vorlesungen. Dabei erkenne ich ein deutlich stärkeres Interesse an der Dunklen Triade als den Big Five. Es scheint, als wären die normalen und positiven Eigenschaften der Persönlichkeit langweiliger als die aufregendere und faszinierendere dunkle Seite der Persönlichkeit. Während die Big Five des vorangegangenen Kapitels in Summe eine Persönlichkeit auszeichnen, stellt jede einzelne Eigenschaft der Dunklen Triade unabhängig von den anderen eine eigenständige negative Persönlichkeitsfacette dar. Trotzdem verbindet sie der gemeinsame Kern der Manipulation, der Betonung der eigenen Person und Gefühllosigkeit gegenüber anderen. Folgend nun ein Kurzporträt zu den einzelnen Mitgliedern dieser Bande (Furnham, Richards & Paulhus, 2013):

- **Narzissmus:** Der Narzisst ist von seiner eigenen Wichtigkeit überzeugt, fühlt sich anderen gegenüber überlegen und zeigt wenig Empathie. Diese Personen sind oft auf Macht aus und hegen den Anspruch auf gehobene Behandlung durch andere. Dabei setzen sie andere oft herab. Einem ersten positiven Eindruck der Intelligenz und sozialen Attraktivität gegenüber diesen Personen weicht bald das Gefühl der Arroganz und des Egoismus. Im inneren Kern treibt diese Personen eine hohe Unsicherheit, denn einerseits fühlt man sich als etwas Besonderes, dies bedarf aber der ständigen Bestätigung durch andere. Aufgrund des herabsetzenden Umgangs sind andere aber fortschreitend weniger daran interessiert, den Narzissten als etwas Besseres anzuerkennen.

  Narzissten gelten als extravertiert und offen für Neues. Im Vergleich mit den anderen dunklen Persönlichkeiten zeigt sich eine schwache, aber positive Korrelation mit Intelligenz. Umso höher Narzissten innerhalb einer Organisation aufsteigen, umso niedriger wird deren Leistung. Gerade in kollektivistischen Organisationen (im Gegensatz zu individualistischen Organisationen) hinkt die Leistung von Narzissten den anderen hinterher.

  Sie führen oft autoritär und sind im Militär, der Politik, aber eben auch der Wirtschaft stark vertreten. Es gibt dementsprechend Anzeichen dafür, dass ein gewisses, niedriges Maß an Narzissmus in Management- und Führungsrollen durchaus angebracht erscheint. Zudem sprechen sie stark auf Selbst-Führung (dies wird im Folgenden dieses Buches noch thematisiert) an.

- **Machiavellismus:** Die Namensgebung basiert auf Nicolo Machiavelli, den Berater der Familie Medici im Mittelalter und dem Verfasser des Werkes „Der Fürst". Der Machiavellist manipuliert seine Mitmenschen, weiß zu schmeicheln, nutzt Halb- sowie Unwahrheiten zum eigenen Vorteil und ist insgesamt berechnend. Sein diesbezügliches Repertoire ist immens und wird mit Disziplin kontrolliert eingesetzt. Der eigene Vorteil bestimmt das Denken und Handeln. Ziele werden kalt und ohne Rücksicht auf Verluste oder Kosten verfolgt. Überspitzt formuliert sind die anderen laut eines Machiavellisten „selbst dran schuld", wenn diese sich manipulieren lassen. Dieser Typus ist es gewohnt zu lügen und auch zu betrügen, z. B. als Student Werke anderer als eigene zu plagiarisieren.

Es besteht eine empirisch gut abgesicherte und hohe negative Korrelation mit der Persönlichkeitseigenschaft Verträglichkeit und eine etwas schwächere Korrelation mit Gewissenhaftigkeit. Diese Personen sind also wenig verträglich und leicht abgeschwächt gewissenhaft.

In Führungspositionen gleichen sie – grob – eher einem Manager als einer Führungskraft und setzen verstärkt auf Planung, Koordination, Organisation und Kontrolle.

- **Psychopathie:** Der Psychopath verhält sich gegenüber anderen rücksichtslos und agiert emotionslos. Hier wird oft zwischen der sub-klinischen Variante und einer möglichen klinischen Ausprägung unterschieden. Erstere bescheinigt den Betroffenen ein quasi normales und in der Gesellschaft fast unauffälliges Leben. Die psychopathischen Züge zeigen sich nicht auf den ersten oder zweiten Blick. Demgegenüber benötigen pathologische Psychopathen professionelle Hilfe. Auf klinischem Niveau werden regelmäßig kriminelle Impulshandlungen begangen. Auf subklinischem Niveau gibt es eher keine Polizei-Akte. Diese Menschen gelten als furchtlos und oft als erfolgreiche Geschäftspersonen. Sie suchen das Abenteuer, den Kick. Obwohl sie nicht wirklich zu ehrlicher Empathie fähig sind, haben sie das Vortäuschen von Empathie und Emotionen im Laufe des Lebens perfektioniert. Auch Profilern fällt es daher schwer, diesen Typus Mensch aus der Masse heraus zu identifizieren.

Es handelt sich dabei eher um extravertierte Persönlichkeiten, welche negativ mit Neurotizismus korrelieren. Insgesamt gibt es lediglich bei Psychopathen eine erhöhte Rate an weißen Männern und weniger Frauen. Dabei geht man davon aus, dass lediglich 1 % der Mitarbeiter psychopathische Tendenzen aufzeigen, diese Gruppe aber unter Führungskräften auf 4 % ansteigt. Sie finden sich dann eher auf den oberen Führungsebenen und weniger den unteren oder mittleren Führungsetagen wieder.

Psychopathen in (gehobenen) Führungspositionen wurden bis dato kaum untersucht und gelten allgemein als am gefährlichsten für Organisation und Mitarbeiter. Mit steigender Verantwortung gelingt es diesen Menschen immer besser, das eigene antisoziale Verhalten und die Impulsivität zu kontrollieren. (Dies spricht erneut dafür, dass es diesen Personen im Laufe des Lebens immer besser gelingt, das eigene Ich und wahre Intentionen zu verbergen.) Sie sind grundsätzlich sehr wählerisch bei den Menschen, die sie umgeben dürfen und erwarten von diesen absolute Loyalität und Konformität. Sie schaffen es, durch deren Manipulation einen positiven Eindruck auf andere zu fördern. Dabei bekämpfen sie anders Denkende wie Feinde und mit gleicher Leidenschaft, wie sie gleich Denkende umgarnen. Der Führungsstil dieser Personen wird oft als passiv im Sinne transformationaler Führung angesehen. Dies geht mit herabgesetzter Arbeitszufriedenheit, höheren Fluktuationsraten, und geringerer Innovationskraft sowie Kreativität einher.

Darüber hinaus bestätigen Studien (Jonason und Ferrell 2016) einen Zusammenhang mit McClelland (siehe Kapitel zu Motivation):

- Alle drei Vertreter der Dunklen Triade eint das Bedürfnis nach Macht.
- Narzissten haben ein gesteigertes Bedürfnis nach Zugehörigkeit.
- Machiavellisten und Psychopathen haben nur ein sehr niedriges oder gar negatives Bedürfnis nach Leistung. Beiden ist somit eine eher schlechte Arbeitsleistung gemein.

Die Dunkle Seite lässt sich dabei nicht nur mit McClelland, sondern auch mit den bereits vorgestellten Big Five verbinden. Letztlich können mit Kenntnis der Persönlichkeit gut 88 % der Varianz eines Psychopathen aufgeklärt werden und immer noch sehr gute 42 % bei Narzissten. Bei Machiavellisten liegt es noch bei ca. einem Drittel (O´Boyle et. al, 2015).

Allerdings muss grundsätzlich festgehalten werden, dass eine Person kaum nur gut oder nur böse ist. Es geht vielmehr um zwei Seiten der gleichen Medaille, antagonistische Paare, welche jedoch nicht gänzlich schwarz oder weiß erscheinen:

- Gute und schlechte Führungspersönlichkeiten verfolgen Machtziele
- Beide Seiten überschreiten konventionelle Grenzen, um Ziele zu erreichen
- Beide Seiten sind von höheren Idealen getrieben (welche manchmal rein persönlicher und manchmal allgemein sozialer Natur sind)

Hinzu kommt, dass auch destruktive Führungskräfte wichtige Stärken, wie z. B. Selbstvertrauen oder natürliche Dominanz und in Teilen sogar Charisma besitzen. Gerade Dominanz und Charisma wird dabei von anderen oft als kompetentes Auftreten interpretiert. Dementsprechend wird folgend explizit auch auf die Stärken eingegangen. Denn diese gilt es aus Sicht des Unternehmens bzw. der Führungskraft zu fördern. Andererseits kann das Wissen um die Schwächen genutzt werden, um gezielt – aber einfühlsam – dafür zu sorgen, dass diese künftig weniger oft und stark im Verhalten zum Vorschein kommen (vgl. Tab. 4.7, 4.8 und 4.9).

Tab. 4.7 Narzissmus

Narzissmus	
Stärken (Ziel ist deren Ausbau)	**Schwächen** (Ziel ist deren Milderung)
Selbst-Führung	Arroganz
Selbstvertrauen	Egozentrismus
Visionskraft	übertriebener Wettkampf-Gedanke
Intrinsische Motivation zu führen	Kritikfähigkeit
Fähigkeit, soziales Verhalten anderer zu interpretieren	mangelnde Empathie

Tab. 4.8 Machiavellismus

Machiavellismus	
Stärken (Ziel ist deren Ausbau)	**Schwächen** (Ziel ist deren Milderung)
Selbst-Kontrolle	Manipulation
Flexibilität im Umgang mit anderen	Egoismus
Pragmatismus	Betrügerisches Verhalten
Verhandlungsgeschick	Extrinsische Motivation zu führen

Tab. 4.9 Psychopathie

Psychopathie	
Stärken (Ziel ist deren Ausbau)	**Schwächen** (Ziel ist deren Milderung)
Kommunikative Fähigkeiten	Impulsivität
Abenteuerlust	Egoismus
Entscheidungsfreudigkeit	unvorhersehbar irrationales Verhalten

Wie kann ich die Dunkle Triade als Führungskraft in meinen Alltag einbauen?

Die Kenntnis der Persönlichkeit ist für das Unternehmen und die Führungskraft von großem Wert. Nochmals sei darauf hingewiesen, dass dies aber nicht von Bauchgefühlen geleitet oder von Hobby-Psychologen eingeschätzt werden sollte. Denn, ein bisschen komisch sind wir alle und jeder hat ungeliebte Eigenheiten! Wenn Eigenschaften festgestellt oder glaubhaft erkannt wurden, die mit der Dunklen Triade in Verbindung stehen und sich entsprechendes Verhalten mehrmals pro Woche über längere Zeiträume zeigt, sollten die damit verbundenen Verhaltensweisen unbedingt mit der betroffenen Person offen und vertraulich thematisiert werden. Wer hingegen nur selten pro Jahr schlechte Tage hat und Eigenheiten auslebt, ist keineswegs mit der Dunklen Triade in Verbindung zu bringen.

- Sie sollten es tunlichst vermeiden, negative Verhaltensweisen direkt der Dunklen Triade zuzuschreiben oder einzelne Mitarbeiter damit zu stigmatisieren. Aussagen wie „Du zeigst keine Empathie und gehst über Leichen, Du bist wohl ein Psychopath." oder „In meinem Buch für Führungskräfte habe ich gelesen, dass Dein Verhalten ganz klar einer narzisstischen Persönlichkeit entspricht", stehen Ihnen nicht zu und sind nicht hilfreich.
- Fokussieren Sie auf das tatsächlich beobachtbare Verhalten und thematisieren Sie das gezeigte Verhalten ganz konkret.
- Helfen Sie betroffenen Personen bei der Selbsterkenntnis der für das Unternehmen unerwünschten Verhaltensweisen. Lassen Sie dabei den Mitarbeitern ausreichend Zeit zur Selbstreflexion; setzen Sie kleine Ziele und räumen Sie ausreichend Zeit zur nachhaltigen Umsetzung ein. Begleiten Sie solche Mitarbeiter dadurch, dass Sie immer wieder Rückmeldung zu gezeigtem Verhalten geben und erläutern, warum dies schädlich ist.

- Versuchen Sie als Führungskraft die für das Unternehmen förderlichen Aspekte verstärkt in den beruflichen Alltag einzubauen. Loben Sie vorbildliches Verhalten und ermutigen Sie dazu. Dies wird quasi automatisch dafür sorgen, dass sich die negativen Verhaltensweisen weniger oft zeigen können.
- Aus eigener Praxis: Nutzen Sie vor allem bei Verhaltensweisen, welche Psychopathen zugesprochen werden, unbedingt auch Gruppendruck, um diesen Personen eigenes Fehlverhalten zu verdeutlichen und dazu zu bewegen, davon abzulassen.
- Überprüfen Sie, ob Werte, Rituale und Prozesse des Unternehmens übermäßig Raum für unangebrachtes (Führungs-)Verhalten im Sinne der Dunklen Triade bieten. Gerade in Aufbruch-, Umbruch- oder Krisenzeiten könnte es solchen Personen unnötig einfach gemacht werden.

Analog zu möglichen Inventaren zur Persönlichkeitsbestimmung existieren auch Tests für die Dunkle Triade, z. B. der „Short Dark Triad"-Test oder der „Dark Triad Dirty Dozen"-Test. Diese könnte man unabhängig von Verdachtsmomenten ebenso für Führungskräfte erheben, wie das bereits im letzten Kapitel angesprochene BIP.

4.7.3 Fremdbild versus Eigenbild – Wie Joseph und Harry Ihnen und Ihrem Team helfen können!

Wir alle sehen uns in einem bestimmten Licht, sind auf bestimmte Eigenschaften oder Verhaltensweisen vielleicht sogar stolz. Oft schätzen uns viele Menschen aus dem eigenen Umfeld recht ähnlich ein. Gelegentlich kommt es aber vor, dass uns andere völlig anders wahrnehmen und uns Verhalten zuschreiben, worin wir uns selbst kaum zu erkennen vermögen. Unser Eigenbild deckt sich schlichtweg sehr selten komplett mit dem Fremdbild, das andere von uns haben. Dabei ist maximal unklar, wer denn eher daneben liegt: man selbst oder doch eher die anderen?

Während die beiden vorangegangenen Kapitel sehr eng und quasi hart an Fakten ausgerichtet auf die Persönlichkeit abzielten, verwischen die Grenzen zwischen Einstellungen, Verhalten und Persönlichkeit bei der Frage nach dem Selbst- bzw. Eigenbild. Denn dabei geht es weit mehr um die Wahrnehmung als um empirisch klare Zuordnungen. Nichtsdestotrotz ist es von großem Wert, sowohl durch andere mehr über sich zu erfahren als auch anderen mehr von sich preiszugeben. Dies stärkt das gegenseitige Verständnis von Stärken sowie Schwächen, Verhalten, Motivation und steigert somit letztlich auch Vertrautheit und Vertrauen. Hierzu haben zwei US-Wissenschaftler mit den Vornamen Joseph und Harry das sog. Johari-Fenster entwickelt (Luft und Ingham 1955). Im Kern unterscheidet es auf zwei Achsen danach, was einem selbst bekannt oder nicht bekannt ist und was anderen über mich bekannt oder nicht bekannt ist. Dies führt zu einer 4-Felder-Matrix:

Dinge, welche einem selbst und den anderen bekannt sind, markieren den öffentlichen Bereich. Was nur man selbst weiß, stellen Geheimnisse dar. Dazu zählen nicht nur bewusst verheimlichte Dinge, sondern auch unbewusst Verborgenes. Was anderen bekannt ist, einem selbst aber nicht, sind blinde Flecken. Zudem gibt es noch den Bereich, der weder einem selbst noch den anderen bekannt ist. Die Größe der einzelnen Quadranten ist entscheidend. Zu Beginn einer Beziehung zu anderen Mitarbeitern nehmen blinde Flecken, das Unbekannte und Geheimnisse mehr Platz ein als der öffentliche Bereich. Ziel ist es, dass der Bereich der öffentlichen Person anwächst und somit die benachbarten Quadranten – automatisch – an Größe verlieren und kleiner werden. Dazu muss man einerseits Dinge freiwillig mitteilen und andererseits Feedback von anderen zur eigenen Person erhalten. Aufgrund der organisationalen Hierarchie werden Mitarbeiter eher zögerlich ehrliches Feedback zur Person der Führungskraft geben. Zudem kommt es vor allem auf die Unternehmenskultur an, ob offenes Feedback nicht nur geduldet, sondern als hilfreich erkannt und gewünscht wird.

Wertvoll für die eigene Person ist vor allem der sog. Blinde Fleck: Der Teil, welcher für viele andere deutlich sichtbar ist, wir selbst in uns aber nicht erkennen. Hierzu haben Jo und Harry ein Spiel mit sog. 56 Johari-Adjektiven entwickelt:

- Eine Person wählt 5 oder 6 Adjektive aus der Liste der 56 Adjektiven aus, welche sie am besten beschreiben.
- Alle anderen Teilnehmer dürfen sodann ebenfalls unter den 56 Adjektive 5 oder 6 auswählen, welche die Person am besten charakterisieren.
- Alle ausgewählten Adjektive werden dann gemeinsam den 4 Quadranten zugeordnet.

Im Ergebnis wird nicht nur gegenseitiges Vertrauen gefördert, sondern auch der Handlungsspielraum für alle erweitert und die Zusammenarbeit gefördert: Es muss weniger Kraft für Geheimnisse aufgewendet werden und verschwindende blinde Flecken helfen Fehler zu vermeiden.

Wie kann ich das Johari-Fenster in meinen Alltag als Führungskraft einbauen?
Das Johari-Fenster kann von Ihnen einerseits als gedankliches Konstrukt eingesetzt werden, um sich Ihren Mitarbeitern gegenüber zu öffnen und Vertrauen zu fördern. Andererseits kann es im Zusammenspiel mit den Johari-Adjektiven direkt als vertrauensbildende Maßnahme zum besseren gegenseitigen Verständnis eingesetzt werden. Letzteres jedoch nur in einem dafür geeigneten Umfeld.

- Nutzen Sie die Johari-Adjektive nur, wenn innerhalb des Teams ausreichend Vertrauen herrscht und die Team-Kultur – besser die Unternehmenskultur – einem offenen und ehrlichen Austausch förderlich ist.
- Starten Sie damit, dass Sie sich gegenüber dem Team mit Informationen öffnen, die nur Sie kennen. Beginnen Sie mit unverfänglichen Dingen, wie z. B. Hob-

bies. Gehen Sie langsam und bedacht dann über zu eigenen Schwächen. Verlangen Sie dabei nicht Gleiches von den anderen. Ihre Offenheit, über eigene Schwächen zu reden, wird anderen helfen, nicht das Gefühl zu haben, eigene Schwächen vertuschen zu müssen. Zeigen Sie dabei Anerkennung für die Stärken anderer.

- Nutzen Sie das Johari-Fenster bzw. die damit verbundenen 56 Adjektive nicht gleich am ersten Tag in einem neuen Team. Jedoch gemäß Tuckman (siehe entsprechendes Kapitel zu Team-Psychologie) bereits am Ende der Storming- oder zu Beginn der Norming-Phase. Zu dieser Zeit kennen sich die Team-Mitglieder ausreichend genug, um die Adjektive sicher den 4 Quadranten zuzuordnen.
- In einer Linienorganisation würde ich es frühestens nach 6 bis 9 Wochen einsetzen.

Als Bonusmaterial finden Sie die Johari-Adjektive als Vorlage im Download-Bereich.

Beachten Sie hierzu auch die Ausführungen zu (i) Exemplary Leadership, (ii) LMX und (iii) Team-Psychologie. Obgleich Vertrauen eine grundlegende Basis jeder Führungsbeziehung ist, erscheint es gerade für diese Bereiche besonders hilfreich, das Johari-Fenster im Methodenkoffer mitzuführen.

4.8   Unternehmenskultur – Das verkannte Element

„Culture eats Strategy for breakfast!" (Peter Drucker)

Spätestens seit Sie das Vorwort dieses Buches gelesen haben, kennen auch Sie die Aussage: „Man entscheidet sich für ein Unternehmen aufgrund des Namens (der Marke), man bleibt aufgrund der Tätigkeit und man verlässt es wegen des Chefs!". Schlechte Vorgesetzte sind wichtigster Stressor für viele Mitarbeiter und ca. 60 % US-amerikanischer Vorgesetzte scheitern (Van Vugt & Ronay, 2014). Dabei sind zweifelhafte Führungskräfte unzweifelhaft Teil einer bestimmten, suboptimalen Unternehmenskultur.

Doch was ist Unternehmenskultur eigentlich? Wie könnte man Unternehmenskultur beschreiben bzw. jemandem erklären? Was macht Unternehmenskultur und was macht sie nicht?

Der Gründer von FedEx, Frederick Smith, soll einmal gesagt haben, dass Kundenzufriedenheit wichtigster Baustein für Unternehmenserfolg sei. Er sagte aber auch, dass Kundenzufriedenheit mit Mitarbeiterzufriedenheit erreicht wird. Diese wiederum wird von vielerlei Faktoren beeinflusst bzw. aktiv gestaltet, für welche Führungskräfte verantwortlich sind. Man könnte diese Faktoren auch unter dem Begriff Unternehmenskultur subsumieren. Dem Konstrukt Unternehmenskultur können wir uns nähern, wenn wir es als geteiltes Muster von Annahmen, Erwartungen, Meinungen und Überzeugungen ansehen, welche das Handeln und Verhalten der Mitglieder einer Organisation prägen. Dabei ist es durchaus möglich, dass innerhalb einer Organisation auch Sub-Kulturen, z. B. in unterschiedlichen Abteilungen oder Professionen vorzufinden sind. Verkürzt kann man Unternehmenskultur auch als „DNA der Organisation" bezeichnen. Unternehmenskultur lebt von Werten, Geschäftsprinzipien und moralisch-ethischen Leitlinien – oder deren Nicht-Vorhandensein. Sie wirkt auf Mitarbeiter, Kunden, Lieferanten und sonstige sog. Stakeholder. Verkürzt und umgangssprachlich könnte man Unternehmenskultur auch so formulieren: „Unternehmenskultur ist, wie wir hier Dinge tun oder auch nicht tun!". Hierzu kopieren Mitarbeiter gesehenes Verhalten und korrigieren sich gegenseitig, um somit einem gemeinsamen Standard zu entsprechen und als Teil der Gruppe angesehen zu werden. Dadurch liefert Unternehmenskultur wichtige – monetäre und nicht-monetäre – Mehrwerte für das Unternehmen:

- Förderung organisationaler Sozialisierung (Schaffung eines Wir-Gefühls)
- Angleichung von (gewünschtem) Verhalten
- Erhöht gerade in schwierigen, dynamischen Märkten die Widerstandsfähigkeit
- Entscheidet über (Miss-)Erfolg im Wettbewerb oder der Strategieumsetzung
- Erhöht das Maß an Risikoprävention
- Steigerung der Mitarbeiterleistung, -zufriedenheit und -motivation
- Senkung der Fluktuation und somit weniger inflationär steigende Gehälter (Beförderungen können verstärkt aus eigenen Reihen vorgenommen werden und sind somit weniger kostspielig)
- Steigerung von Kreativität und Innovation
- Verbesserung der Marktstellung des Unternehmens
- Senkung der Kosten für die Rekrutierung und Selektion von neuen Mitarbeitern aufgrund (i) weniger Kündigungen sowie (ii) Mundpropaganda, Empfehlungen von Mitarbeitern und unaufgeforderten Bewerbungen
- Die höhere Mitarbeiterbindung erhöht auch die Kundenbindung und beeinflusst somit die Verkaufszahlen positiv; zudem führt höhere Mitarbeiterbindung auch verbesserte Beziehungen zu Lieferanten, welche wiederum Lieferkonditionen positiv beeinflussen
- In Kombination einer hohen Kundenzufriedenheit und gleichzeitig hoher Mitarbeiterzufriedenheit erkennt eine Harvard-Studie (n = 1900) eine um den Faktor 3.4 höhere Rendite als bei niedriger Kundenzufriedenheit und gleichzeitig niedriger Mitarbeiterzufriedenheit

Eine toxische Unternehmenskultur kann die Produktivität einer Organisation um bis zu 40 % herabsetzen. Demgegenüber bietet eine effektive Unternehmenskultur Steigerungen bis zu 20 % und eine positive Unternehmenskultur verspricht sogar Produktivitätsvorteile von bis zu 30 oder gar 40 %. Den Wert von positiver Unternehmenskultur und den damit verbundenen Einfluss der Führungskräfte haben bereits auch Investment-Banker sehr wohl verstanden: Seit Jahren werden Unternehmensbewertungen unter Einbezug der vorzufindenden Unternehmenskultur und der Führungsebene vorgenommen. Obgleich intuitiv nachvollziehbar, blieb eine seriöse Quantifizierung positiver Unternehmenskultur lange Zeit problematisch. Heskett (2015) hat hierzu – nachvollziehbar – wertvolle Beiträge geleistet. Aber dennoch bleibt es ein schwer greifbares Konstrukt, welches gleichermaßen schwer bis unmöglich von der Konkurrenz kopiert werden kann. Aus diesem Grund sehen einige darin den eigentlichen Wettbewerbsvorteil: Produkte können kopiert werden, Unternehmenskultur nicht. Wer an dieser Stelle eine gewisse Begeisterung für diese Aussage spürt, dem möchte ich die Unternehmens-Geschichten der Firmen „Southwest Airlines", „Les Schwab", „Pixar" und „Zappos" zur Inspiration und Vertiefung nahelegen.

Im Allgemeinen gelangt Unternehmenskultur „top-down" – also von oben nach unten – in die Unternehmensbreite. Der/Die Unternehmensgründer leben bzw. geben eine gewisse „Haltung" (Werte, Normen, einen Codex) an die Mitarbeiter weiter. Dadurch werden Umgang, Gepflogenheiten, Kommunikation, Konflikt, Erlaubtes und Unerlaubtes sowie Gewünschtes und Unerwünschtes explizit, vor allem aber implizit im Alltag untereinander und im Zusammenspiel mit Kunden sowie Lieferanten geprägt und geregelt. Die Vorbildfunktion ist dabei sehr wichtig (darüber wurde bereits in den Führungstheorien in Kap. 3 geschrieben): Unternehmenskultur wird vor allem durch die Handlungen und Visionen der Führungskräfte geprägt. Aber auch einflussreiche Mitarbeiter oder Teams können Unternehmenskultur ändern:

Es gab eine Zeit, in der jeder, der in einer Bank arbeitete, konservativ gekleidet war. Jeder.
Immer. Bis eines Tages ein Mitarbeiter in Jeans auftauchte und ein anderer daraufhin
auch noch Freizeitschuhe trug. Böse Zungen behaupten, dass dies entweder in einer
Marketing- oder IT-Abteilung angefangen haben soll …
… und mittlerweile kenne ich aus meiner Berater-Tätigkeit viele IT-Abteilungen, in
denen eher keine Person noch so förmlich wie vor 30 Jahren gekleidet ist.

Wie kann ich das Thema als Führungskraft in meinen Alltag einbauen?
Frei nach Edgar Schein (das Modell dieses Urgesteins der Unternehmenskultur-Forschung lernen Sie im nächsten Kapitel kennen): Mitarbeiter verhalten sich gegenüber der Unternehmenskultur loyal; nicht gegenüber der Unternehmensstrategie! Wenn Sie die Unternehmenskultur nicht aktiv angehen, wird diese ein Eigenleben führen und im Zweifel werden Sie dieses Eigenleben nicht in vollem Umfang erkennen.

Gleich, ob Sie die Kultur in Ihrem (neuen) Team, einer Abteilung oder im Unternehmen verändern bzw. stärken wollen, das Vorgehen kann wie folgt sequenziert werden:

- Schaffen Sie Einklang zwischen Ihrer Unternehmensstrategie, den Werten, der Mission sowie Vision einerseits und Ihrer Unternehmenskultur andererseits. Wenn der Verkauf von Heizdecken über alles geht und Ihre einzige Mission darstellt, wenn Ihre Vision ist, dass jeder Kunde unabhängig von Bedürfnis und verfügbaren Mitteln eine Heizdecke kaufen soll, dann schaffen Sie eine Kultur, bei der einer verarmten Rentnerin auch dann noch eine Heizdecke angedreht wird, wenn sie in der Sahara wohnt. Ihre Verkäufer werden alles tun, um Heizdecken zu verkaufen. Sie werden dann Gehaltsanreize schaffen, die nur auf den Verkauf ausgerichtet sind. Ihre Mitarbeiter werden egoistisch handeln.

- Tragen Sie diese Werte (und Ziele) an Ihre Mitarbeiter heran. Leben Sie diese vor. Dies zu tun ist originäre Aufgabe einer Führungskraft. Der bekannte Manager Jack Welsh soll mal einen Manager gefeuert haben, weil dieser zwar sehr gute Arbeit machte, aber dabei trotz wiederholter Mahnung die Firmenwerte und Förderung der Unternehmenskultur missachtete.
- Setzen Sie bei der Umsetzung weniger auf schriftlich fixierte Regeln oder Arbeitsanweisungen und Handbücher (Compliance), sondern fördern Sie Eigenverantwortung und Vertrauen.
- Je nach Bereichs- bzw. Unternehmensgröße kann es sinnvoll sein, Führungskräfte explizit darin zu schulen, Unternehmenswerte und Unternehmenskultur in den Führungsalltag einzubeziehen.
- Je nach Bereichs- bzw. Unternehmensgröße sollte die Personalabteilung in den Prozess der Veränderung bzw. Stärkung der Unternehmenskultur aktiv einbezogen werden.
- Sobald Unternehmenswerte für Führungskräfte und Mitarbeiter klar sind, muss deren Einhaltung sichergestellt werden. Heben Sie dementsprechend positive Beispiele und gutes Mitarbeiterverhalten hervor, belohnen Sie dieses. Scheuen Sie andererseits nicht davor zurück, Fehlverhalten zu korrigieren oder gar zu sanktionieren.
- Wählen Sie künftige Mitarbeiter unbedingt auch dahingehend aus, wie sehr diese zur Unternehmenskultur passen und diese positiv mitgestalten.

Beachten Sie auch die folgenden Kapitel zum Thema Unternehmenskultur, um konkrete Hilfestellung zu bekommen. Zusätzlich liefert Ihnen das Kapitel „Exemplary Leadership – Durch und durch vorbildlich: praktischer wurde Führungsforschung nie geschrieben" zentrale Einblicke in die Wichtigkeit von Visionen und Werten sowie deren Umsetzung.

4.8.1   Scheins Eisberg – Das Wichtige ist und bleibt verborgen

Gemäß dem Kulturmodell von Schein (2010) können wir uns Unternehmenskultur als etwas vorstellen, dass auf drei Ebenen verankert ist. Sein Modell gilt allgemein als Praxis- bzw. Anwendungs-nahe. Die nun folgende sehr kurze Beschreibung dieser Ebenen wird sogleich um ein Praxisbeispiel ergänzt und sollte das nötige Grundverständnis sicherstellen.

- **Ebene 1:** Auf dieser Ebene zeigen sich sichtbares Verhalten der Mitarbeiter, Rituale und Artefakte. Beispiele hierfür: Wenn sich Mitarbeiter im Aufzug begrüßen (oder nicht), wenn Mitarbeiter einer Abteilung um 0930 gemeinsam am Arbeitsplatz eine Frühstückspause machen; wenn „alle" eine Krawatte tragen oder wenn bestimmte Prozesse und Verfahren in Arbeitsanweisungen dokumentiert werden.
- **Ebene 2:** Auf dieser Ebene befinden sich die Normen und Werte der Organisation und ein allgemeines Gefühl und Verständnis davon, wie diese kollektiven Werte richtig gelebt werden (sollten).
- **Ebene 3:** Auf der untersten Ebene haben sich Grundannahmen manifestiert, deren man sich im Alltag kaum bewusst ist; diese werden stillschweigend oder gedankenlos akzeptiert. Es sind gerade diese unbewussten Annahmen, welche die anderen beiden Ebenen prägen.*Stellen wir uns ein Bürogebäude vor; schön verglast, ein Grünstreifen, ein paar Bäumchen, im der Straße abgewandten Bereich eine erholsame Oase mit Sitzgelegenheiten für die Mitarbeiter, Tiefgarage mit genügend Stellplatz für alle Mitarbeiter, vor dem Gebäude ein paar Besucherparkplätze und – jetzt kommt's – ein Parkplatz explizit nur für den Wagen des Vorstandsvorsitzenden. Dieser imaginierte Vorstandsvorsitzende ist viel unterwegs, der Parkplatz daher öfter frei und ungenutzt als besetzt.*

Auf Ebene 1 erkennen wir, dass es einen Parkplatz für den Chef gibt. Wir erkennen weiterhin, dass der Parkplatz immer dann frei ist, wenn der Chef nicht da ist und somit auch, dass außer dem Chef niemand dort parkt. Auf Ebene 2 sind hinter dem erkennbaren Verhalten gewisse Normen und Werte, Prinzipien oder auch ein Codex zu erkennen, z. B.: Respekt – vor dem Chef, seinem Recht auf den Parkplatz; das Prinzip, dass es egoistisch wäre, als einziger die Regel nicht zu befolgen. Auf Ebene 3 beschränken wir uns vordergründig darauf, dass es eben so ist, wie es ist; dass Regeln eingehalten werden müssen; und dass es ja übrigens auch schon immer so war.

Die Ausgangsbasis für das auf der ersten Ebene erkennbare Verhalten ist also (stets) die dritte Ebene. Dies ist gerade für Organisationsentwickler, Change Manager und eben Führungskräfte von essenzieller Bedeutung! Als Vorgesetzter können Sie das Verhalten von Mitarbeitern lenken, bestimmen, vorgeben oder schlichtweg verlangen. Wenn Sie es aber nachhaltig und verständnisvoll ändern wollen, müssen Sie bei den unbewussten Annahmen ansetzen, diese freilegen und für eine neue Sicht auf die Dinge sorgen. Auf das obige Beispiel übertragen, könnte man also damit beginnen zu hinterfragen, ob der Parkplatz vom Vorstandsvorsitzenden in dessen Abwesenheit wirklich frei bleiben muss. Könnte es nicht auch denkbar sein, dass ein anderer Mitarbeiter diesen nutzt? Könnte es nicht sogar Fälle geben, in denen eine andere Nutzung wichtigen Platz schafft, etwas vereinfacht oder jemandem hilft?

Wie kann ich das Kulturmodell von Schein als Führungskraft in meinen Alltag einbauen?
Wie angedeutet ist Scheins Modell vor allem dann hilfreich, wenn Veränderungs-prozesse angestoßen werden oder dafür geworben werden soll. Wie in Abschn. 1.1 erfahren, sind Führungskräfte verstärkt dafür zuständig, Veränderungen einzuleiten. Die Berücksichtigung dieses Modells ist daher aus zwei Perspektiven hilfreich: Sie haben bereits konkrete Änderungspläne oder Sie suchen noch nach Ansatzpunkten für Veränderung. In beiden Fällen ist es sinnvoll, sich mit Ebene 3 zu beschäftigen.

• Verfallen Sie nicht dem oft begangenen Fehler, sich auf Ebene 1 oder ggf. noch Ebene 2 zu beschränken, sondern nehmen Sie sich explizit Zeit, Ebene 3 zu ver-stehen und bei Lösungsansätzen zu berücksichtigen. Dieser zusätzliche (Zeit-) Aufwand wird sich auszahlen!

4.8.2   Hesketts 4R – Unternehmenskultur-Controlling

Bereits weiter oben wurde Heskett kurz aufgegriffen. Abrundend zum Thema Unter-nehmenskultur möchte ich auf zwei weitere wichtige Erkenntnisse aus den Werken des Harvard-Professors eingehen. Beide sind eng mit den zu Beginn des Themas Unter-nehmenskultur aufgeführten Vorteilen und positiven Effekte verbunden. Dazu passend möchte ich den bereits zu Beginn des Themas bemühten Peter Drucker nochmals zitieren: „You can't manage what you can't measure." – nur was wir messen können, können wir auch managen. Im Sinne dieser Aussage hat Heskett (2015) drei Bereiche identifiziert, in denen erfolgreiche Unternehmen mit bemerkenswert positiver Unternehmenskultur sich von weniger erfolgreichen Unternehmen mit schlechter Unternehmenskultur absetzen:

• Hochrangige Manager dieser Firmen investieren deutlich mehr Zeit und Geld für Rei-sen und Kommunikation, um Mitarbeiter und Kunden vor Ort von Angesicht zu Ange-sicht zu besuchen. Trotz des Elektronik-Zeitalters ist diesen Führungskräften offen-sichtlich der Mehrwert persönlicher Interaktion bewusst.
• Diese Firmen geben deutlich mehr Geld dafür aus, die richtigen Mitarbeiter zu rekru-tieren und nehmen sich bei der Auswahl auch deutlich mehr Zeit. Im HR-Bereich spricht man hierbei von der Priorität des sog P-O-Fit (Person-Organisation) versus P-J-Fit (Person-Job).
• In erfolgreichen Firmen mit positiver Unternehmenskultur wird deutlich mehr Geld und Arbeitszeit dafür aufgewendet, Feste zu feiern und dabei eigene Mitarbeiter zu honorieren.

Im Zusammenhang mit der Notwendigkeit, Unternehmenskultur oder deren Auswirkungen zu quantifizieren, spricht sich Heskett explizit dagegen aus, sich auf den üblichen Finanz-

kennzahlen auszuruhen. Diese Kennzahlen zu nutzen, entspricht dem Bild eines Auto-
fahrers, der vorwärtsfährt, aber dabei in den Rückspiegel schaut! Jede Organisation, welche erst bei sich verschlechternden Finanzkennzahlen erkennt, die Unternehmenskultur
einer Veränderung zu unterziehen, ist zum Scheitern verurteilt. Heskett schlägt folgende
Messgrößen bzw. Gefahrenindikatoren vor:

- Schlechtes Verständnis der Führungskräfte und Mitarbeiter bezüglich der Unter-
  nehmensstrategie sowie der Mission und Vision des Unternehmens
- Erhöhte Rekrutierung von externen Mitarbeitern (im Zusammenhang erhöhter Fluk-
  tuation)
- Vermehrte Kündigungen von Führungspersonal
- Sinkendes Vertrauen, Engagement und Loyalität unter den Mitarbeitern
- Verlangsamte Produktivität sowie niedrigere Innovationsraten
- Verschlechterte Kundenkennzahlen

Im Gegenzug schlägt Heskett vor, gemäß dem Konzept der 4 Rs folgende Größen zu beobachten:[1]

- Retention: Fluktuationsraten, auf Team- oder Abteilungsebene
- Empfehlungen durch Mitarbeiter (engl: Referrals): Wie viele Mitarbeiter des Unternehmens
  würden den eigenen Verwandten empfehlen, für das Unternehmen zu arbeiten? Im HR-
  Bereich ist diese Kennzahl auch als „eNPS" (employee net promoter score) bekannt.
- Mitarbeiterproduktivität (engl. Returns to Labour): Wie hoch ist die Produktivität pro
  Mitarbeiter?
- Kundenbeziehung (engl. Relationship with customers): klassische Kennzahlen aus
  dem CRM – customer relationship management, wie z. B. Kundenzufriedenheit, An-
  zahl von Retouren oder Kundenbeschwerden

Dabei sind nicht die absoluten Zahlen einer bestimmten Periode entscheidend, sondern die
damit einhergehenden Trend-Entwicklungen.

Wie kann ich die Erkenntnisse Hesketts als Führungskraft in meinen Alltag einbauen?
- Überprüfen Sie, wie Sie derzeit die Unternehmenskultur in ihrem Unternehmen
  messen und ob es helfen könnte, die 4 Rs von Heskett einzubeziehen.

Überprüfen Sie, ob Sie in den Bereichen (i) Firmenfeiern, (ii) Manager-Kontakt zu
Mitarbeitern und Kunden sowie (iii) bei der Auswahl künftiger Mitarbeiter mehr im
Sinne Hesketts agieren können.

---

[1] Die 4 Rs repräsentieren englische Ausdrücke (angeführt in Klammern, hinter der jeweiligen deutschen Entsprechung); leider sind mir hierzu keine festgelegten deutsch-sprachigen Begriffe bekannt.
An dieser Stelle erachte ich es auch nicht als angebracht, danach zu streben, solche zu etablieren.

4.8.3 GLOBE(L Leadership) – In fremden (Führungs-)Kulturen zu Hause

In Erweiterung der obigen Einblicke in die Unternehmenskultur und gute Führung sei ein kurzer Ausblick auf gute Führung im globalen Kontext gewagt.

Führungskräfte benötigen gewisse Eigenschaften, müssen ein gewisses Fachwissen erworben haben und ein daraus abgeleitetes Verhalten zeigen. So weit so gut. Doch ähnlich wie ein guter Verkäufer nicht zwingend ein guter Leiter der Abteilung Verkauf sein muss, ist eine gute Führungskraft auf nationaler Ebene nicht automatisch auch eine gute Führungskraft auf internationaler Ebene. Wenn Sie außerhalb des nationalen Kontextes führen, bedarf es erweiterter Eigenschaften, eines erweiterten Fachwissens und Sie müssen ein daraus abgeleitetes Verhalten zeigen. Wichtige zusätzliche Meta-Dimensionen, welche in der Literatur diskutiert werden, lassen sich in folgende Bereiche kategorisieren:

- Politik
- Religion
- Institutionelle Faktoren (z. B. Rechtssicherheit)
- Kultur

Wenn zu Beginn dieses Buches Leadership mit den Kernaufgaben Lokomotion und Kohäsion umschrieben wurde, dann können wir Führung im globalen Kontext als „Lokomotion und Kohäsion in kulturellen, politischen und religiösen bzw. institutionellen Hintergründen, welche sich von denen der Führungsperson unterscheiden" begreifen. Dabei herrscht auf globaler Ebene vor allem bei Entscheidungen mehr Unsicherheit und Komplexität bzw. fordert zusätzliche Fähigkeiten der Führungskraft. An dieser Stelle bewahrheitet sich das bereits aus Kap. 1 Bekannte: Auch Global Leaders zeigen gewisse stabile Eigenschaften und zusätzlich die Fähigkeit, gewisse Verhaltensweisen situativ einsetzen zu können. Grundsätzlich darf unter einem Global Leader ein Kosmopolit (Weltenbürger) verstanden werden, der sich überall zu Hause bzw. wohl fühlt. Er zeichnet sich durch hohe kognitive Komplexität aus, nutzt mehr Wissen und schlussfolgert mehr komplementäre und konkurrierende Interpretationen; besitzt höhere Toleranz ggü. „den Widersprüchlichkeiten und Unvorhersehbarkeiten des Lebens" (Rhinesmith 1992).

Das Forschungsfeld „Global Leadership" ist noch jung – ernsthaft und systematisch startete dieser Zweig erst gegen 1990. Es zeichnet sich aber ab, dass ein sog. „Global Mindset" im Sinne einer „globalen Denkweise" oder einer „globalen geistigen Haltung" – eben im Sinne eines Kosmopoliten – wichtiger Erfolgsfaktor ist. Obgleich sich zum Konstrukt des Global Mindsets eine gewisse akademische Mehrheit bekennt, herrscht unter den Forschern noch keine Einigkeit über dessen Komponenten. Dennoch lohnt sich die Auseinandersetzung auch für Praktiker. Vereinfacht lautet die Zauberformel: Was immer es braucht, im eigenen Kulturkreis als Führungskraft erfolgreich zu sein, für einen Global Leader braucht es zusätzlich noch eben dieses Global Mindset. Erste Forschungsergebnisse hierzu sind durchaus vielversprechend – so zeigen z. B. Gupta und Govindarajan (2002) auf breiter Ebene die folgenden Vorteile:

- Effektivere Informations- und Wissensnutzung
- Kürzere und erfolgreichere Produkteinführungen (First-Mover Vorteile)
- Verbesserter Umgang mit Risiken
- Verbessertes Verständnis, wann lokale Strategien etwaigen regionalen oder globalen Strategien überlegen sind
- Bessere Leistungsindikatoren auf Unternehmensebene

Doch was ist eigentlich unter einem Global Mindset zu verstehen? Die Übersicht in Tab. 4.10 bietet einen ersten Einblick.

Wie aus dem Diagramm hervorgeht, speist sich das Global Mindset aus den drei abgrenzbaren Bereichen intellektuelle, psychologische und soziale Eignung. Wichtig aus Sicht der Praktiker ist nun die Erkenntnis, dass der Block der intellektuellen Eignung eine einfache Frage des Lernens ist: Den Umgang mit komplexen Zusammenhängen oder das Wissen um internationales Geschäftsgebaren kann gelernt, geübt und verbessert werden. Auch die soziale Eignung ist aufgrund des hohen Verhaltensanteils erlernbar. Schwierig wird es im mittleren Block des Diagramms: Die psychologische Eignung und die darin aufgeführten Komponenten sind teilweise als stabile Elemente der Persönlichkeit zu verstehen und daher nur mit großem Aufwand veränderbar. Wenn man sich auf diese Interpretation des Diagrammes einigen kann, dann wird klar, dass es einige Führungskräfte gibt, die an sich höhere Werte im Bereich Global Mindset erzielen. Im Speziellen kommt erschwerend hinzu, dass vor allem im Bereich Psychologische Eignung dem Lernen Grenzen gesetzt sind. Um an dieser Stelle einen harten Punkt zu setzen: Selbst, wenn alle Punkte des Diagrammes erlernbar wären, sollte ein Unternehmen nicht trotzdem solche Führungskräfte global einsetzen, welche bereits möglichst viele Punkte abdecken?

Um sich in fremden Führungskulturen zu Hause zu fühlen, um zu wissen, welches Geschäftsgebaren und welches Führungsverhalten angebracht ist, können Ihnen die Forschungsergebnisse des Programmes GLOBE (Global Leadership and Organisational Behaviour Effectiveness) gute Dienste erweisen und Ihr Global Mindset stärken. GLOBE ist ein Forschungsprogramm mit dem Fokus auf Führungs-Effektivität. Das „Flaggschiff-Projekt" (die GLOBE-Studie) wurde in 62 Ländern mit über 17300 Führungskräften der

Tab. 4.10 Globales Mindset

Intellektuelle Eignung	Psychologische Eignung	Soziale Eignung
Verständnis globaler Wirtschaft	Leidenschaft für Diversität	Interkulturelle Empathie
Verständnis allgemeiner Wettbewerbskomplexität	Gewisse Abenteuerlust	Einfluss auf andere Menschen
Weit- und Weltblick	Selbst-Sicherheit	Diplomatie

mittleren Ebene von 1991–2004 durchgeführt. In 2007, 2014 und seit 2020 gab bzw. gibt es zusätzliche Forschungsprojekte rund um den Bereich kulturabhängiger Führung. Daraus entstanden – wissenschaftlich gut abgesichert

- 10 Regionen (z. B. Anglo, 4x Europa, 2x Asien)
- 6 in allen Regionen erlebbare Führungsstile (z. B. Team-orientiert, partizipativ, charismatisch)
- 9 kulturelle Dimensionen (z. B. leistungsorientiert, Geschlechter-Gleichstellung, Macht-Distanz)

Bei allem Respekt für diese Forschungsleistung sowie dem damit verbundenen Mehrwer, und trotz der Verlockung, an dieser Stelle die Regionen, Führungsstile und Dimensionen einzeln vorzustellen, erscheint dies letztlich zu weit ausgeholt. Trotzdem möchte dieses Buch auch hierzu zumindest kurz einen Einblick bieten.

Bei allen Unterschiedlichkeiten verschiedener Kulturkreise fanden die Forscher universal wünschenswerte sowie unerwünschte Attribute bei Führungskräften. GLOBE führt u. a. folgende Führungseigenschaften auf:

universell als wichtig/vorteilhaft angesehen werden z. B. Intelligenz; Ehrlichkeit; motivierend; kommunikativ; verhandlungssicher; zuverlässig

universell als unvorteilhaft/negativ angesehen werden z. B. Einzelgängertum; egozentrisch

in unterschiedlichen Kulturen/Ländern unterschiedlich eingeschätzt werden z. B. Einzelgänger; Risiko-avers; individualistisch; skrupellos; mehrdeutig

Das mögen – zugegebenermaßen – noch keine Nobelpreis-verdächtigen Erkenntnisse sein. Auf konkrete Spezifika einzugehen, würde aber den Rahmen sprengen. Ihr großer Vorteil von GLOBE liegt in der Zugänglichkeit konkreter, landes- und regional-spezifischer Daten bzw. Auswertungen. Diese können vor allem für die Ausbildung von „global Leaders" genutzt werden. Viele weitere interessante Informationen finden Sie auf der GLOBE Homepage www.globeproject.com. In diesem Zusammenhang berichtet GLOBE im März 2022, dass virtuelle Zusammenarbeit die Notwendigkeit zu kross-kultureller Zusammenarbeit – und somit auch Führung – verstärken wird.

Wie kann ich das Konzept Global Mindset oder das GLOBE-Programm als Führungskraft in meinen Alltag einbauen?

Sofern Sie auf globaler Bühne als Führungskraft arbeiten oder künftig eingesetzt werden:

- Nutzen Sie das Konstrukt des „Global Mindsets" und die darunterliegenden Operationalisierungen, um gezielt diesbezüglich relevante Fähigkeiten zu verbessern. Tatsächlich gibt es hierzu auch Trainings- und Seminarangebote. Seriöse Anbieter arbeiten an dieser Stelle auch mit sog. Psychologischen Inventaren, um Ihr gegenwärtiges Wissen oder Ihr Verhalten zu approximieren, und darauf aufbauen, Lernprogramme zu gestalten.

- Setzen Sie sich mit dem über https://globeproject.com/ verfügbaren Material auseinander.

Machen Sie sich – im Sinne des Models der Interkulturellen Sensibilität von Bennett – klar, dass Kulturen zwar unterschiedlich sind, dies aber mitnichten zur Folge hat, dass es „bessere und schlechtere" Kulturen gibt.

Literatur

Bandura (1989): Self-regulation of motivation and action through internal standards and goal systems; in Pervin (Ed.); *Goals concepts in personality and social psychology* (19–85).

Clark, Karau & Michalisin (2012): Telecommuting Attitudes and the Big Five Personality Dimensions; *Journal of Management Policy and Practice;* 13(3); 31–46.

Costa & McCrae (1992): The five-factor model of personality and its relevance to personality disorders; *Journal of Personality Disorders*; 6(4); 343–359

Deci & Ryan (2008): Self-Determination Theory: A Macrotheory of Human Motivation, Development, and Health; *Canadian Psychology*; 49(3); 182–185

Deci & Ryan (1985): Intrinsic motivation and self-determination in human behaviour (Plenum)

Edison (2008): The team development cycle: A new look; *Defense AT&L*; May-June 2008, 14–17.

Edmondson (2018): The Fearless Organization (Wiley)

Edmondson (1999): Psychological Safety and Learning Behavior in Work Teams; *Administrative Science Quarterly*; 44(2); 350–383

Elias (2008): Fifty years of influence in the workplace: The evolution of the French and Raven power taxonomy; *Journal of Management History*; 14(3); 267–283

French & Raven (1959): The bases of social power; in Cartwright (Ed.); *Studies in social power* (150–167)

Frühwirth (2020): Selbstbestimmt unterrichten dürfen – Kontrolle unterlassen können (Springer VS)

Furnham, Richards & Paulhus (2013): The Dark Triad of Personality – A 10 Year Review; *Social and Personality Psychology Compass*; 7(3); 199–216

Glasl (2009): Konfliktmanagement: Ein Handbuch für Führungskräfte, Beraterinnen und Berater (Freies Geistesleben)

Gupta & Govindarajan (2002): Cultivating a global Mindset; *Academy of Management Perspectives;* 16(1); 116–126

Hasebrook, Hackl & Rodde (2020): Team-Mind und Teamleistung (Springer)

Heskett (2015): The Culture Cycle (Pearson Education)

Jonason & Ferrell (2016): Looking under the hood: the psychogenic motivational foundations of the Dark Triad; *Personality and Individual Differences*; 94; 324–331

Kahneman (2016): Schnelles Denken – Langsames Denken (Penguin Verlag)

Kandler, Riemann, Spinath & Angleitner (2010): Sources of Variance in Personality Facets: A Multiple-Rater Twin Study of Self-Peer, Peer-Peer, and Self-Self (Dis)Agreement; *Journal of Personality*; 78(5), 1565–1594

Kipnis, D. (1972): Does power corrupt?; *Journal of Personality and Social Psychology*; 24(1); 33–41

Knight (2007): Acquisition Community Team Dynamics: The Tuckman Model vs. the DAU Model.

Lencioni (2014): Die 5 Dysfunktionen eines Teams überwinden (Wiley)

Luft & Ingham (1955): The Johari Window: A graphic model for interpersonal Relations

Lunenberg (2012): Power and Leadership; *International Journal of Management, Leadership, and Administration*; 15(1); 1–9

McCrae & Costa (2003): Personality in Adulthood (Guilford Press)

McClelland (2009): Human Motivation (Cambridge University Press; Reprint – Original von 1987)

McKinsey & Company (2021): Psychological safety and the critical role of leadership development

O'Boyle et al (2015): A Meta-Analytic Test of Redundancy and Importance of the Dark Triad and Five Factor Model of Personality; *Journal of Personality*; 83(6); 644–664

Paulhus & Williams (2002): The Dark Triad of Personality; *Journal of Research in Personality*; 36(6); 556–563

Tuckman & Jensen (1977): Stages of small-group development revisited; *Group and Organization Studies*; 2(4); 419–426

Tuckman (1965): Developmental sequences in small groups; *Psychological Bulletin*; 63(3); 384–399

Rhinesmith (1992): Global Mindsets for Global Managers; *Training & Development*; 46(10); 63–69

Rogers & Farson (2015): Active Listening (Martino Publishing; Reprint – Original von 1957)

Schein (2010): Organizational Culture and Leadership – A Dynamic View (Jossey Bass)

Schulz von Thun (2010): Miteinander Reden. Band 1: Störungen und Klärungen (Rowohlt)

Van Vugt & Ronay (2014): The evolutionary psychology of leadership: Theory, review, and road-map; *Organizational Psychology Review*; 4(1); 74–95

Watzlawick, Beavin & Jackson (2011): Menschliche Kommunikation Formen, Störungen, Para-doxien (Hogrefe)

Ward & Keltner (1998): Power and the consumption of resources; unpublished manuscript

Delizonna (2017): High-Performing Teams need psychological safety. Here's how to create it; in: Harvard Business Review, August

Der Führungskräfte-Methodenkoffer ist nun – Trend-resistent – gepackt!

5

Der ursprüngliche, nicht mit dem Verlag abgestimmte (Arbeits-)Titel des vorliegenden Werkes war „Leadership – dies- und jenseits von Trends", einer meiner Hauptmotivatoren für dieses Buch. Und damit Sie nicht extra nochmals ins Vorwort abdriften müssen: Wer weiß, wie Führung funktioniert und worauf es ankommt, kann problemlos digitaler Führung, agile Leadership, VUCA sowie vielem mehr entspannt entgegensehen und (gewohnt) professionell auch in diesen Welten agieren! Denn am Ende des Tages bleibt außer altem Wein in neuen Schläuchen nicht viel (und oft gar nichts) übrig. Auch darüber könnten ganze Bücher geschrieben werden und auch diese Punkte möchte das vorliegende Buch nicht zwingend abschließend klären. Aber es soll dazu anregen, eine neue Sichtweise vertreten zu können. Vielleicht soll es sogar ein wenig polarisieren und provozieren. Um diese Sichtweise besser nachzuvollziehen, wird in den folgenden Unterkapiteln kurz auf derzeit gepriesene Trends und damit verbundene Schlagwörter eingegangen.

5.1 VUCA

Die Bezeichnung VUCA ist ein Akronym – gebildet aus den Worten volatility (Unbeständigkeit), uncertainty (Unsicherheit), complexity (Komplexität) und ambiguity (Mehrdeutigkeit von Informationen und Situationen). Auf die Frage, ob Sie schon von VUCA gehört haben, würde ich bei Ihnen, liebe Leser, bei acht von zehn auf ein „Ja" tippen. Die Frage nach dem – in der Sache durchaus interessanten und wichtigen – Ursprung von VUCA, sieht es ganz anders aus. Da lag ich in der Vergangenheit mit 0 von 10 gar nicht so schlecht: kaum jemand scheint an diesem Ursprung interessiert. Der Begriff stammt aus dem US-Militär. Er wurde zu Zeiten des ausgegangenen Kalten Krieges geprägt und stellte klar, dass das alte, klassische Feindbild so nicht mehr existierte. Neue globale

Herausforderungen und Bedrohungen verlangten nach anderen Konzepten der Sicherheit. Die strategische Antwort des Militärs auf diese Veränderung: Altbewährtes! Durch mehr Überwachung, Aufklärung und somit Sammlung und Auswertung von Daten und Informationen sollte und wurde dieser Veränderung – im US Militär – Rechnung getragen.

Märkte und Kunden verändern sich in einigen, m. E. allerdings explizit wenigen Bereichen in der Tat häufiger und schneller. Doch wenn man sich die Zeit nimmt, findet man in den letzten 70 Jahren für jedes Jahrzehnt genügend seriöse Quellen, welche Komplexität, Entscheidung unter Unsicherheit oder Widersprüchlichkeiten hervorheben. Ich bestreite somit keineswegs deren Existenz. Ich möchte aber unbedingt klarstellen, dass dies nichts Neues darstellt. Und welche Branche würde nicht behaupten, dass es in den letzten 70 Jahren ständig Veränderung gab? Wikipedia klärt uns darüber auf, dass VUCA „schwierige Rahmenbedingungen der Unternehmensführung" beschreibt. Als hätte es je eine Zeit gegeben, in der Unternehmensführung nicht schwierig gewesen wäre! Gerade „VUCA" und „Agilität" werden oft in einem Atemzug genannt: Wer VUCA managen will, braucht agile Organisationsstrukturen. So liest man. So wird es von Unternehmensberatern verkauft. Und kennen wir nicht alle jemanden, der irgendwo arbeitet, wo gerade auf agil umgestellt wird oder bereits wurde? Aber kennen Sie eine Studie, die annähernd seriös belegt, dass Unternehmen ohne agile (Teil-)Strukturen im Unternehmensergebnis schlechter dastehen als solche mit? Ich nicht! Trotzdem möchte ich gerne klarstellen, dass es – unbestritten – Menschen gibt, die VUCA besser durchdringen als ich; ggf. ist meine Sicht darauf also falsch.

Aber unabhängig davon, wie alt oder neu diese VUCA-Welt tatsächlich sein mag, gute Führung funktioniert darin nicht grundlegend anders. Was sich ändert sind die „zeitlichen Anteile" pro Tag, zu denen Sie als Führungskraft die eine oder die andere Führungskräfte-Methode aus Ihrem Methodenkoffer nutzen. Wenn Sie das vorliegende Buch bis zu dieser Stelle gelesen haben, dann möchte ich Sie jetzt auffordern, das Buch kurz zur Seite zu legen und sich tatsächlich dem Internet zu widmen:

I.   Googeln Sie nach Workshops, Kursen und Weiterbildungsangeboten zum Thema „Agile Leadership" oder auch „Digital Leadership" (oder ähnlichen Reizwörtern).
II. Schauen Sie sich die Angebote bzgl. deren Kurs-Inhalte an.
     Ich habe dies, selbstverständlich, bereits getan und Sie werden meine Eindrücke schnell bestätigt finden.
III. Kaum ein Angebot, dass mit wirklichem Inhalt aufwartet. Erneut finden sich die üblichen Schlagworte, welche im Zweifel schon seit 50 Jahren gute Beraterdienste leisten. Nicht selten wird die Abgrenzung zu Management siehe Abschn. 1.1 gänzlich ignoriert. Inhaltlich geben sich alle geradezu unverschämt dünn. Fair? Seriös? Ihre Entscheidung!

Viel wichtiger: Es braucht keine neuen Angebote! Im nun folgenden Kapitel zu Agile Leadership soll dies verdeutlicht werden.

5.2   **Agile Leadership**

Agilität, agile Organisation, zumindest aber wenigstens agiles Projektmanagement gehören seit einigen Jahren zum guten Ton der Geschäftswelt. Wer als Unternehmen oder Manager posh, hipp und in sein will, muss mit der Zeit gehen und mit eben diesen agilen Methoden „können". Das Halbwissen ist dabei gleichermaßen groß, wie der selbstauferlegte Druck dabei zu sein. Oft wird vorschnell auf Produktivitätsvorteile abgestellt, obwohl vor allem die Anpassungsfähigkeit an erster Stelle stehen sollte. Oft wird konstatiert, dass es eine Art Panazee wäre, doch selbstverständlich sind unterschiedliche Organisationen oder gar Teile innerhalb eines Unternehmens mal mehr und mal weniger davon berührt.

„Disrupt yourself before someone else does!" Ein Statement, welches CEO Jack Welsh bereits in seiner aktiven Zeit – so ähnlich – nutzte, um klarzustellen, dass man sich nicht auf seinen Lorbeeren ausruhen darf; dass man sich selbst neu erfinden muss und dies idealerweise tut, solange der Druck von außen noch gering ist. Tatsächlich sprach bereits D'Aveni (1994) in seinem Werk vom sog. Hyperwettbewerb, um obigem Ausdruck zu verleihen. Doch auch davor prägte bereits Schumpeter den Begriff der schöpferischen oder auch kreativen Zerstörung in seinem Werk von 1942. Aber aus mir unerklärlichen Gründen mag man bei so mancher Veranstaltung zu agilen Organisationsformen und der neuen agilen Arbeitswelt den Eindruck gewinnen, als wäre es eine neue, zuvor unbekannte Maxime. Und leider allzu oft erkenne ich nach einigen Rückfragen schnell, dass die Vertreter auch tatsächlich davon überzeugt sind, aber nichts von Welsh, D'Aveni oder Schumpeter wissen. Schade; denn letztlich ist das A L L E S also A B S O L U T nichts Neues! Es ist nichts Falsches daran, die eigene Organisation zu hinterfragen. Es ist wichtig, sich selbst neu zu erfinden. Aber die Guten der Zunft wussten das schon lange und haben dies auch dementsprechend in das eigene Handeln einfließen lassen.

Oft wird versucht, weitestgehend auf (formale) Führung zu verzichten. Oft weil nicht klar ist, dass es zwischen Management und Führung einen gewichtigen Unterschied gibt. Oft gesteht man sich dann viel zu spät ein, dass Führung auch in agilen Welten nicht an Wichtigkeit verlieren darf und auch nicht verloren hat. Dinge, die mit agiler Führung verknüpft werden, sind u. a. flachere Hierarchien, Schaffung von Freiräumen oder auch mehr Teamarbeit. Damit verbunden werden – neue – gemeinsame Werte und Ziele wichtig. Dabei funktioniert das Transportieren dieser Werte und Ziele, das Motivieren der Mitarbeiter in diesen neuen Organisationsstrukturen nicht anders als zuvor: Für Freiräume kennen Sie nunmehr die Selbstbestimmungstheorie, das Modell der Situativen Führung oder auch das AKV-Prinzip. Der Teamarbeit ist ein ganzer Bereich mit 5 Unterkapiteln gewidmet. Visionen, Werte und Ziele sind wichtiger Bestandteil transformationaler Führung und werden zudem im Kapitel Exemplary Leadership gut aufgegriffen. Jede dieser eben genannten Methoden oder Modelle ist älter als das Schlagwort „Agile Leadership". Und doch braucht es schlichtweg nicht anderes, nichts Neues!

5.3   Digitale Führung, Leadership 4.0 und virtuelles Führen

Die vierte industrielle Revolution wird oft mit schnelleren Innovations- sowie Produktlebenszyklen beschrieben. Erneut ist dies nicht grundsätzlich zu bestreiten. Doch auch hierbei muss die Frage erlaubt sein, ob dies für alle Bereiche und Industrien zutrifft. Haben sich Versicherungsprodukte seit dieser vierten Revolution geändert? Funktioniert Einzelhandel, Steuerberatung, Tanken an der Tankstelle und vieles mehr nun wirklich im Kern anders? Funktioniert Buchhaltung jetzt bei Amazon anders als vor dieser Revolution? Sind die Kernkompetenzen einer Personalabteilung durch Social Media wirklich gänzlich andere?

Doch schweifen wir nicht ab: Es geht um Führung. Unbestritten gibt es aufgrund der Digitalisierung sowie der digitalen Transformation von Geschäftsprozessen und sogar Geschäftsmodellen tiefgreifende Veränderungen. Ob nun die Menschen in diesen Bereichen anders – digital – geführt werden sollten oder gar müssen, wage ich zu bezweifeln. In diesem Zusammenhang liest man oft von der Notwendigkeit einer „neuen Fehlerkultur". Wie wichtig Unternehmenskultur ist, haben Sie bereits weiter oben erfahren. Dass eine gute Fehlerkultur Teil der Unternehmenskultur ist, auch. Schnell finden sich weitere Schlagwörter. Genauso schnell lassen sich diese als „nothing new under the sun" enttarnen. Bitte googeln Sie gerne nach: In wenigen Minuten findet sich Schlagworte wie z. B, die Relevanz von Autonomie (haben wir bereits mit der Selbstbestimmungstheorie abgehakt), Vorbildfunktion, Coaching der Mitarbeiter und Innovationsgeist (haben wir bereits mit dem Modell der transformationalen Führung oder auch der charismatischen Führung abgehakt) oder die Wichtigkeit von Werten (haben wir bereits bei Exemplary Leadership abgehakt).

Nun werden Sie mir, zu Recht, entgegenhalten, dass uns doch gerade Corona gelehrt hat, dass … Jaaa, da gebe ich Ihnen recht! Mit Corona hat eine für Führungskräfte tiefgreifende Änderung stattgefunden! Aber auch hierbei muss ich die Enthusiasten enttäuschen: Zu den Vorteilen, vor allem aber den Nachteilen virtueller Führung wurde schon geforscht, da hieß Homeoffice noch Telearbeit! Bei allen unbestrittenen Vorteilen, welche die Digitalisierung für die Globalisierung und die damit verbundene Arbeitswelt bringt: Lassen wir Kosten für persönliche Zusammenkünfte von geografisch weit verteilten Personen bei Seite, dann schlägt in puncto Leistung kein virtuelles Team ein Vor-Ort Team (z. B. Purvanova 2014; Allen et al. 2015; Alnuaimi et al. 2010). Digitale Führung oder Leadership 4.0 und die damit einhergehende Mitarbeiter-Abwesenheit bzw. Ortsungebundenheit verteilter Teams erhöhen den Schwierigkeitsgrad des ohnehin bereits komplexen Konstruktes der Führung. Virtuelle Führung ist schwieriger und bietet nicht im vollen Umfang die Vorteile guter „Führung vor Ort". Die weiterhin gültigen Grundfunktionen der Führung – Lokomotion und Kohäsion – sind virtuell deutlich schlechter umsetzbar als von Angesicht zu Angesicht. Einige behaupten sogar, dass die Basis guter Führung, Vertrauen, online überhaupt nicht geschaffen werden kann. Räumliche Distanz bedingt soziale Distanz, welche online nur unzureichend simuliert werden kann. Viele von uns haben dies am Beispiel einer virtuellen Weihnachtsfeier bereits erleben müssen … Diese Erkenntnis wird u. a. im modernen Profisport ernst genommen:

Kennen Sie E-Sport bzw. vielleicht sogar E-Sportler? Ich habe tatsächlich mal einen Bericht über einen jungen E-Sportler gesehen, der als Teil einer Mannschaft (eines Teams) den Wohnort gewechselt hat und täglich mehrere Stunden zum Training ging. Und das, obwohl E-Sportler doch am Computer „hängen"! E-Sportler haben offenbar verstanden, dass sich ein gutes Team kaum im virtuellen Raum entwickeln kann.

Doch an dieser Stelle kann der vor allem durch Corona beschleunigte Homeoffice-Trend nicht aufgehalten werden. Absehbar werden Homeoffice-Konzepte zumindest kurzfristig eher zunehmen. Aufgrund des – ebenfalls bereits seit Jahrzehnten beschwörten – „Brain Drains" sowie der im Zuge der Konzepte Diversity und Gender erweiterten Arbeits(platz) modelle und der verstärkten Berücksichtigung von Familie und Alter kommt ein Übriges dazu. Dies auch, obwohl erste Studien durch die Vermischung von Arbeit und Freizeit eine erhöhte psychische und physische Belastung erkennen lassen. Deshalb muss eine Führungskraft wissen, mit welchen Vorteilen und welche Nachteilen virtuelles Arbeiten verbunden ist. Der Einfachheit halber stellen wir diese tabellarisch, gestützt auf populäre Erhebungen (z. B. AOK aus 2020), aber auch fundierteren Quellen (z. B. Lojeski 2010), gegenüber (Tab. 5.1):

Sie können die obige Liste gerne auf der linken Seite erweitern. Wirklich gerne. Doch müsste ich die beiden Seiten verschlagworten, dann käme mir die Unterscheidung zwischen eher egoistischen Vorteilen der Mitarbeiter einerseits und sozialen Nachteilen sowie

Tab. 5.1 Vor- und Nachteile virtueller Teams

Vorteile virtueller Teams	Nachteile virtueller Teams
Flexiblere Arbeitszeiten	Höherer Verwaltungsaufwand
Anreiz/Teil des Vertrags- bzw. Gehaltspaketes	Höherer Abstimmungsaufwand
Weniger Büroraum in den Firmen notwendig	Höheres Konfliktpotenzial
Bearbeitung von Aufträgen unabhängig von geografischer Lage oder Zeitzonen	Erschwerte Kommunikation und somit erschwerte Vermittlung von Motivation, Werten und Visionen
Ortsungebundenheit von Experten	Erschwerte Vertrauensbildung
Leichtere Vereinbarkeit von Familie und Beruf	Erschwertes Mentoring von Mitarbeitern
Ersparnis von Fahrtkosten und Fahrtzeiten für Arbeitnehmer	Vermehrte Kommunikation via Text (anstatt Worten)
	Höhere Gefahr psychischer und physischer Belastung (u. a. durch ständige Erreichbarkeit und verschwimmende Work-Life-Balance)
	Gefahr der Isolation

Effektivitäts- und Effizienzverlusten der Organisation andererseits in den Sinn. Obwohl virtuelle Teams also im direkten Vergleich mit nicht-virtuellen Teams in puncto Unternehmensleistung unterlegen sind, stehen dem gewisse individuelle Vorteile auf der Mitarbeiterseite entgegen.

Virtuelle Führung ist somit in breiter Front in der Arbeitswelt angekommen und wird allgemein angenommen. Als Führungskraft müssen Sie dementsprechend auch die Klaviatur der virtuellen Führung beherrschen. Folgend daher wichtige Bereiche, die eine Führungskraft bei der Zusammenstellung sowie der Aus- und Weiterbildung virtueller Teams beachten sollte:

- Unterschiedliche Medien bieten unterschiedliche Vor- und Nachteile. Die sog. Medienreichhaltigkeits-Theorie beschreibt, dass mit steigender Komplexität der Informationen auch ein Kommunikationsmedium gewählt werden sollte, welches dieser Komplexität Rechnung trägt. Doch in der Regel haben wir alle bevorzugte Medien, welche wir dann unabhängig von Vor- und Nachteilen nutzen. Führungskräfte und deren Mitarbeiter sollten wissen, wann welches Medium zu nutzen ist.
- Nicht jede Person ist gewillt, alle Medien auch wirklich zu durchdringen und gezielt zu nutzen. Helfen Sie diesen Personen.
- Nicht jede Person fühlt sich wohl, bei Videokonferenzen das eigene Gesicht groß auf einem Bildschirm zu sehen; das kann Unsicherheit fördern. Thematisieren Sie dies, sprechen Sie darüber und zeigen Sie Verständnis. Unterstreichen Sie dabei die Vorteile für gelungene Kommunikation, Vertrauensbildung und Teamgeist.
- Personen im Homeoffice sollten im Zweifel über erweitertes Wissen und Fähigkeiten der Kommunikation und im Umgang mit Konflikten besitzen oder gewillt sein, sich diese anzueignen.
- Extravertierte Mitarbeiter nutzen eher sprachbasierte Kommunikationsmedien. Introvertierte Personen bevorzugen textbasierte Medien und fühlen sich im Zweifel durch sprachbasierte Medien eher gehemmt. Auch hier ist es hilfreich, dies zu thematisieren und die Vor- bzw. Nachteile unterschiedlicher Medien zu verdeutlichen.
- Neurotische Personen fühlen sich im Homeoffice wohler als am Arbeitsplatz im Büro, unter anderem, weil die eigenen vier Wände emotionale Stabilität geben und weniger unangenehme soziale Kontakte mit dem daraus resultierenden Stress ausgehalten werden müssen.
- Vieles läuft in der virtuellen Welt über Text und asynchron anstelle von Sprache und Synchronität (Mediensynchronizitäts-Theorie). Text steht erst seit gut 250 Jahren in ausreichender Breite der Bevölkerung zur Verfügung und wird weiterhin lediglich zu einem verschwindend geringen Teil zur Kommunikation eingesetzt. Dabei war in der Menschheitsgeschichte Kommunikation nicht nur Sprache, sondern auch immer „ganzheitlich", verbal, para-verbal und non-verbal. Einige Medien schränken diese Ganzheitlichkeit erheblich ein. Dabei versuchen wir unbewusst, entstandene Lücken in der Kommunikation zu schließen; dies führt verstärkt zu Missverständnissen und Fehlern. Alle Beteiligten sollten über die erhöhten Kommunikationsanforderungen virtuellen

Arbeitens informiert werden. Ganz praktisch beginnt dies bereits damit, dass bei virtuellen Meetings alle Beteiligten die Kamera aktivieren.

- Salter et al. (2010) zeigen, dass es bei virtueller Führung verstärkt auf die richtige Wort-
wahl ankommt, um Mitarbeiter zu motivieren. Im Speziellen sollten Sie darauf achten,
dass Sie zu dem von Ihnen praktizierten Führungsstil bekannte Schlagwörter nutzen.
Als transformationale Führungskraft, z. B., sollten Sie die 4i's auch sprachlich in den
Alltag einfließen lassen. Oder sofern Sie das LMX-Modell favorisieren, nutzen Sie vor
allem den Begriff der ingroup. Diese Verschlagwortung hilft den Mitarbeitern bei der
Wahrnehmung eben dieses Führungsstiles. (Persönlich bin ich davon überzeugt, dass
dies auch außerhalb virtueller Führung hilfreich ist.)
- Thematisieren Sie im Team auch Aspekte der Work-Life-Balance und klaren Grenzen
zwischen Arbeit und Freizeit. Erste Unternehmen haben eMail-Server so eingestellt,
dass zu gewissen Zeiten keine internen eMails versendet werden, damit die Grenzen
zwischen Arbeit und Freizeit nicht weiter verschwimmen. Dies könnte auch beinhalten,
dass Mitarbeiter ab einer bestimmten Uhrzeit nicht mehr angerufen werden. Im Um-
kehrschluss sollte dies aber auch bedeuten, dass Mitarbeiter ab einer bestimmten Uhrzeit möglichst nicht mehr arbeiten können bzw. dürfen.
- Zweifelsfrei gibt es Tätigkeiten, welche für virtuelles Arbeiten geeignet sind. Aber es
gibt auch Arbeiten, die nur erschwert oder schlichtweg nur unzureichend virtuell ausgeführt werden können. Gehen Sie damit offen und für alle Beteiligten nachvollziehbar
sowie konsequent um. Nicht alles, was möglich ist, ist gut.

Es braucht also gerade zur Sicherstellung der Leistungserbringung gewisse Regeln,
Prozesse und Rückmeldungen – auch hinsichtlich einer Überwachung der Leistungsergeb-
nisse und zur Sicherstellung, dass kein Leistungsabfall eintritt. Im Ergebnis ist festzuhalten, dass zur Kompensation der Nachteile virtueller Zusammenarbeit auch klassische
Management-Techniken eingesetzt werden müssen. (Sie erkennen dies sehr schnell auch
bei vielen Anbietern von Führungskräfte-Seminaren: Schauen Sie sich deren Angebote,
Versprechungen, Tipps und Inhalte zum Thema virtuelle Führung an und prüfen Sie, was
davon Management und was Führung ist.)

**Wie kann ich mit Mode-Themen der Führung in meinem Alltag umgehen? Was sollte
ich bei virtueller Führung beachten?**
Sehr wichtig ist die Vergegenwärtigung des Unterschiedes zwischen Führung und
Management. Im agilen Kontext kommt es sehr stark darauf an, von klassischen
(und somit ggf. veralteten) Management-Praktiken Abschied zu nehmen. Gleichzeitig müssen moderne (in diesem Buch vorgestellte) Führungsansätze das Vakuum
füllen. Verfallen Sie nicht dem Irrglauben, dass es auch ohne Führung klappen wird.
Mitarbeiter haben nicht nur ein Anrecht, gefördert, motiviert und geleitet zu werden,
sondern es gibt durchaus einige hochrangige Wissenschaftler, welche es uns Menschen generell zuschreiben, hierarchisch organisiert zu sein (und dementsprechend
besteht auch am Arbeitsplatz eine diesbezüglich vorhandene Prägung).

- Fragen Sie sich daher selbst: Führe ich schon oder manage ich noch?
- Sofern Sie grundsätzlich eher auf dem Management-Pferd geritten sind, satteln Sie um.
- Homeoffice-Konzepte verlangen einer gewissen Erweiterung des Führungskräfte-Repertoires
  - Nicht jede Person ist gleichermaßen für virtuelles Arbeiten geeignet. Nehmen Sie sich die Freiheit, entsprechend individualisierte Angebote zu unterbreiten.
  - Achten Sie darauf, neue Teammitglieder zuerst „sauber" zu integrieren, bevor diese ins Homeoffice abtauchen. (Dies kann auch bedeuten, dass alte Homeoffice-Hasen für die Zeit der Integration wieder verstärkt ins Büro kommen sollten.)
  - Nicht jede Aufgabe bietet sich gleichermaßen für virtuelles Arbeiten an. Setzen Sie klare Grenzen.
  - Nutzen Sie die verfügbaren Medien nicht nach Geschmack, sondern entsprechend deren Nutzen (Media Richness Theory).
  - Kontrollieren und Überwachen Sie die Leistungserbringung und stellen Sie sicher, dass durch den Wechsel in die virtuelle Arbeitswelt kein Leistungsabfall eintritt.
- Nur wenige Führungskräfte dürften in den seltensten Fällen situativ vor der Entscheidung stehen, Leistungen vor Ort oder virtuell erbringen zu lassen. Sofern Sie diese Entscheidungsgewalt besitzen, dann vergegenwärtigen Sie sich, dass Leistungserbringung vor Ort vor allem für Teamarbeiten wichtige Vorteile gegenüber virtuellem Arbeiten bietet.

5.4   Zu guter Letzt – Wie Sie bekannte Untiefen umschiffen

Spätestens seit Sie das Vorwort dieses Buches gelesen haben, kennen auch Sie die Aussage: „Man geht zu einem Unternehmen aufgrund des guten Namens. Man bleibt bei dem Unternehmen wegen der Aufgabe. Und man verlässt das Unternehmen wegen schlechter Führung." sowie die Schätzung, dass bis zu 75 % der Arbeitnehmer-seitigen Kündigungen auf schlechte Führung zurückgehen. Es erscheint daher „recht und billig", ein Kapitel typischen Führungsfehlern zu widmen und im Geiste dieses Buches Hilfe anzubieten, sodass diese Probleme in Ihrer Praxis nicht auftauchen oder künftig vermieden werden. Obgleich es sich hierbei um eine rein Praxis-orientierte Auflistung handelt, ist diese nicht weniger empirisch abgeleitet und so in zahlreichen Veröffentlichungen wissenschaftlicher Couleur zu finden. Schnell finden Sie hierzu auch weitere Schlagwörter im Internet. Einige der Beispiele basieren dabei auch auf meiner eigenen Praxis und zeigten sich dort vor allem bei unerfahrenen Führungskräften. In persönlichen Diskussionen über mögliche Ursachen sowie mögliche Lösungen habe ich festgestellt, dass sich die unterschiedlichsten

Fehlverhalten oft wenigen Lösungen aus den Bereichen Führungsmodelle sowie Kommunikation zuordnen lassen. Somit ist deren Vermeidung oder Ausmerzung letztlich einfacher, als man zuerst annehmen könnte …

- **Verwechslung von Management und Führung:** Hierzu sei der direkte Verweis auf Abschn. 1.1 erlaubt.
- **Mangelnde Flexibilität in der Anwendung von Führung:** Es ist gut, sich auf einen Führungsstil zu fokussieren. Trotzdem kann mangelnde Variabilität im Führungsstil (siehe hierzu Kap. 3) oder mangelnde Kenntnis wichtiger Begleitfaktoren (siehe Kap. 4) dazu führen, dass Motivation und Leistung der Mitarbeiter oder gar der Ruf der Führungskraft leiden.
- **Mikro-Management:** Lernen Sie, Ihren Mitarbeitern und deren Fähigkeiten zu vertrauen. Es gibt nichts Schlimmeres als das Gefühl von Mistrauen in die eigenen Fähigkeiten oder den Druck ständiger Überwachung. Lernen Sie auch zu delegieren. Stärken Sie ggf. Ihre Fähigkeit, transformational zu führen.
- **Politik der geschlossenen Tür:** Im Gegensatz zur Politik der offenen Tür gibt es Führungskräfte, die am liebsten nicht durch Mitarbeiter gestört werden. Dafür wird die Bürotür geschlossen, und schnell bleibt sie es dann auch. Gibt es für den Chef noch ein Vorzimmer, muss nicht selten der Umweg über die Vorsprache im Sekretariat erfolgen. In vielen Fällen erscheint dies ein Relikt vergangener Tage, als Hierarchie auch auf diesem Wege noch zur Schau getragen wurde. In einigen Fällen bleibt es weiterhin notwendig und besitzt eine zweifelsfreie Daseinsberechtigung. Doch es lohnt sich, dies zu überdenken. Geschlossene Türen schaffen Distanz, wirken nicht einladend und hemmend.
- **Mangelnde „pro-aktive" Kommunikation:** Gerade als Neuling und gegenüber erfahrenen Experten mag man eine gewisse Unsicherheit spüren und versucht daher gegebenenfalls Kontakte und Kommunikation zu reduzieren. Tun Sie das bitte nicht. Gehen Sie aktiv auf die Menschen zu, zeigen Sie Interesse und scheuen Sie sich nicht, eigene Wissens- bzw. Erfahrungslücken offenzulegen.
- **Schnellschüsse versus überlegte Entscheidungen:** Es ist nicht zwingend ein Zeichen von guter Führung, Mitarbeitern immer sofort mit einer Lösung Kompetenz zu vermitteln. Das Kapitel über Kahneman sollte diesbezüglich Aufklärung geleistet haben und Sie dazu bewegen, öfter auf System 2 umzuschalten.
- **Übertriebene Härte/Missbrauch legitimierter Macht:** In hitzigen Situationen, zur Behauptung der eigenen Machtposition oder bei wiederholtem Fehlverhalten seitens eines Mitarbeiters kann schon mal der eigene Blutdruck steigen. Schnell werden Drohungen ausgesprochen und etwa in Form einer Abmahnung oder gar Entlassung angedeutet. Das haben Sie in 99 von 100 Fällen nicht nötig! Bleiben Sie konstruktiv, bleiben Sie an der Mitarbeit sowie dem Mitarbeiter interessiert und versuchen Sie im Sinne transformationaler Führung den Weg zurück in die richtige Spur zu finden. Harte Drohungen verunsichern, sind destruktiv und können übrigens auch nicht dauernd genutzt werden, denn sonst droht Abnutzung und Gleichgültigkeit oder permanente Angst unter den Mitarbeitern.

- **Mangelnder Informationsfluss und Wissensaustausch/Missbrauch der Informations- und Wissensmacht:** Sie stärken Ihre Position nicht, indem Sie Information und Wissen anderen vorenthalten. Dies fällt schnell negativ auf Sie zurück und zerstört Vertrauen.
- **Mangelhafter Einsatz von Lob und Kritik:** Lob und Kritik stellen gleichermaßen leicht einsetzbare und zugleich höchst wirksame Mittel einer Führungskraft dar. Alles was Sie dazu brauchen, ist ein gewisses Wissen über Kommunikation und idealerweise die betroffene Person (z. B., was diese motiviert) – beides finden Sie in diesem Buch. Wichtig ist es, Lob und Kritik jeweils zeitnahe einzusetzen. Warten Sie nicht bis zum nächsten Jahresgespräch. Verbinden Sie Lob mit den übergeordneten Werten und Zielen. Legen Sie Kritik so an, dass daraus auf zukünftig geändertes Verhalten fokussiert wird.
- Schaffen Sie es, täglich fünf Mitarbeiter zu loben und Wertschätzung zu zeigen? Versuchen Sie es!
- **Mangelnde eigene Kenntnis von Vision, Werten und Zielen oder bei den Mitarbeitern:** Um die Mitarbeiter auszurichten, muss die Führungskraft sicherstellen, dass alle Mitarbeiter die Vision, Werte und Ziele des Teams und der Organisation kennen, verstehen und in die eigene Arbeit einfließen lassen. Immer wieder erlebe ich es, dass Führungskräfte auf die Frage nach den eigenen Werten erröten und wenig überzeugend antworten. Doch wie sollen Mitarbeiter ihr Handeln ausrichten, wenn die eigene Führungskraft keine übergeordneten Leitplanken zur Verfügung stellt?
- **Mit zweierlei Maß messen:** Alle Mitarbeiter und auch Sie selbst sollten an den gleichen Maßstäben gemessen werden. Sicherlich sind die Maßstäbe an eine Führungskraft gar höher, keinesfalls niedriger! Denn Sie sind für Ihre Mitarbeiter und deren Verhalten verantwortlich, aber nicht diese für Sie oder Ihr Verhalten.
- **Sexismus:** Übergrifflichkeiten physischer Natur müssen auf Unternehmensebene harte Konsequenzen mit sich führen. Doch beginnt Sexismus bekanntermaßen bereits in verbaler Form, z. B. bei unangebrachten „Altherren-Witzen" in Sitzungen oder dem heimeligen Büro. Zeigen Sie an dieser Stelle klar Flagge, aber mit Verständnis und Augenmaß.
- **Mangelndes Interesse an Mitarbeitern/Menschen:** Als Führungskraft müssen Sie Menschen mögen, ihnen grundsätzlich positiv und interessiert begegnen. Dies ist nicht jedem in die Wiege gelegt. Das kann man lernen oder sich eingestehen, dass es einem nicht liegt. In meiner Praxis gab es den Fall eines Senior Managers, der regelmäßig den Unmut seiner Mitarbeiter und Projektmitglieder auf sich zog. Aufgrund seiner langjährigen Zugehörigkeit zum Unternehmen und seiner unbestrittenen Fachexpertise scheute das Management aber davor, das Problem aktiv anzugehen. Letztlich einigten sich die Beteiligten darauf, den Senior Manager in gleichem Rang und gleicher Entlohnung von der Führungslaufbahn in die Expertenlaufbahn zu verschieben. Die Person beichtete mir gegenüber später, dass dies eine für ihn gute Wahl war.
- **Mangelnde Selbstzweifel:** Sie müssen sich – auch hinsichtlich des nächsten Kapitels „Self-Leadership – Gerüstet für die Praxis" – immer wieder selbst hinterfragen, um

Ihrer Rolle als gute Führungskraft morgen besser auszufüllen als heute. Dazu gehört auch das Schaffen einer Kultur, in der Feedback offen und konstruktiv geteilt werden kann.

Wie kann ich die vorgestellten Fehlverhalten als Führungskraft in meinem Alltag vermeiden?

Nutzen Sie die in diesem Kapitel angebotene Auflistung dazu, sich von Zeit zu Zeit zu fragen, ob Sie einem dieser Fehlerverhalten nachgegeben haben. Dies sollten Sie umso ernster nehmen, wenn Sie noch jung an Führungserfahrung sind.

Sind Ihnen einige der genannten Fehler selbst schon unterlaufen? SEHR GUT, denn aus Fehlern lernen wir!

- Wann ist Ihnen das letzte Mal einer der oben angeführten Führungsfehler unterlaufen? Was haben Sie getan, um diesen Fehler nicht nochmals zu begehen oder was können Sie in Zukunft dagegen tun? Wenn Sie darauf keine gute Antwort geben können, versuchen Sie die Ursache einem der Kapitel dieses Buches zuzuordnen und daraus Handlungsalternativen für die Zukunft abzuleiten.
- Steve Jobs wird folgende Aussage – wohl aus dem Jahre 1996 – zugesprochen: „Es macht keinen Sinn, kluge Köpfe einzustellen und ihnen dann zu sagen, was sie zu tun haben. Wir stellen kluge Köpfe ein, damit sie uns sagen, was wir tun können." Gute, erfahrene Mitarbeiter sind ein Segen für Sie als Führungskraft. Nur schwache Führungskräfte sehen in guten Mitarbeitern eine Gefahr und Konkurrenz. Lernen Sie im Zweifel umzudenken.
- Sie sind für die Beziehung zu Ihren Mitarbeitern und vor allem die Verbesserung dieser Beziehung verantwortlich; nicht umgekehrt. Kommunikation und Mitarbeiterkenntnis sind hierzu der Schlüssel – das in diesem Buch vorgestellte Johari-Fenster kann helfen.
- Sie sind für die Qualität der Kommunikation mit Ihren Mitarbeitern und vor allem die Verbesserung dieser Kommunikation verantwortlich, nicht umgekehrt.
- Vertrauensaufbau muss von Ihnen ausgehen, nicht von Ihren Mitarbeitern.

Beachten Sie abschließend auch das folgende Kapitel Self-Leadership. Es wird Sie bei der notwendigen Reflexion sowie anschließenden Verhaltensänderung unterstützen.

Literatur

Allen, Golden & Shockley (2015): How Effective Is Telecommuting? Assessing the Status of Our Scientific Findings; Psychological Science in the Public Interest; 16(2); 40–68

Alnuaimi, Robert & Maruping (2010): Team Size, Dispersion, and Social Loafing in Technology-Supported Teams: Perspective on the Theory of Moral Disengagement; Journal of Management Information Systems; 27(1); 203–230

D'Aveni (1994): HYPERCOMPETITION – The Dynamics of Strategic Maneuvering (The Free Press)

Lojeski (2010): Leading the Virtual Workforce: How Great Leaders Transform Organizations in the 21st Century (Wiley)

Purvanova (2014): Face-to-Face Versus Virtual Teams: What Have We Really Learned?; The Psychologist-Manager Journal; 17(1); 2–29

Salter, Green, Duncan, Berre & Torti (2010): Virtual communication, transformational leadership, and implicit leadership; Journal of Leadership Studies; 4(2); 6–17

Self-Leadership – Gerüstet für die Praxis

6

> *„Mastering others is strength. Mastering yourself is true power."*
> *(Laotse)*

Nun folgt der sicherlich schwierigste, letzte Teil des Buches: Sie haben gelesen, reflektiert, sondiert und dadurch Inhalte Ihres persönlichen Methodenkoffers vertieft oder neue Inhalte hinzugefügt. In diesem abschließenden Kapitel werden nun Möglichkeiten dargelegt, um den alltäglichen Umgang mit dem Methodenkoffer zu erleichtern und zu festigen. In gewohnter Manier sollen hierfür empirisch belastbare Sachverhalte erläutert und anschließend als praktischer Ratgeber angeboten werden.

Kennen wir nicht alle die guten alten Vorsätze der Silvesternacht für das neue Jahr? Abnehmen, mehr Sport, gesünder essen oder nicht mehr (so viel) rauchen? Natürlich kennen wir diese Selbstversprechen (oder besser Selbstlügen?) alle! In den vorangegangenen Kapiteln gab es hoffentlich viele Aha-Momente, viele Anregungen für Ihre Führungspraxis. Doch am Ende gilt es der bitteren Binsenweisheit ins Auge zu blicken: Es gibt nichts Gutes, außer man tut es! In diesem abschließenden Kapitel soll Ihnen der Weg ins tägliche Tun etwas erleichtert werden, bzw. eine Hilfestellung dafür zuteilwerden. Im Harvard

---

Ergänzende Information Die elektronische Version dieses Kapitels enthält Zusatzmaterial, auf das über folgenden Link zugegriffen werden kann [https://doi.org/10.1007/978-3-662-65905-2_6].

Business Review – Leader's Handbook (2018) finden sich hierzu vor allem im Kapitel „Leading Yourself" vertiefende Einblicke.

Gute Führung startet mit Selbst-Führung
Nicht wenige Quellen sind sich sicher, dass gute Führung mit Selbst-Führung (Self-Leadership) beginnt. Self-Leadership ist eine anspruchsvolle mentale Herausforderung. Im Kern soll damit die Selbst-Regulation und intrinsische Motivation positiv beeinflusst werden. So, wie sich auch körperliches Training auszahlt, wird bewusst kontinuierlich durchgeführte Selbst-Führung Ihren Führungserfolg maximieren. Obwohl die Überschrift suggerieren könnte, dass dieses Kapitel doch eigentlich an den Anfang dieses Buches gehören müsste, wäre dies didaktisch nicht angebracht. Sport und vor allem die Freude am Sport wird dadurch erzeugt, den Sport zu betreiben. Erst wenn man den Sport in seinen Grundzügen ausgeübt hat, beginnt das gezielte Technik-Training. Ähnlich verhält es sich im Self-Leadership.

Selbst-Führung fördert und verbessert Ihre Reflexion auf drei miteinander verknüpften Ebenen:

*   **Selbstwahrnehmung** – eigene Werte und Absichten kennen (wissen, „welche Knöpfe man bei sich selbst drücken muss")
*   **Selbstvertrauen** – eigene Stärken und Fähigkeiten (also auch Grenzen) kennen
*   **Selbstwirksamkeit** – Erwartungshaltung, aufgrund eigener Kompetenzen gewünschte Handlungen erfolgreich selbst ausführen zu können; dies wiederum stärkt die sog. Internale Kontrollüberzeugung („ich habe es selbst in der Hand")

Wissenschaftlich betrachtet ist Self-Leadership noch eine sehr junge Disziplin, welche ungefähr ab 2012 an Bedeutung gewonnen hat. Ernstgenommen bietet Selbst-Führung empirisch belegt solide Vorteile:

*   Wenn Mitarbeiter erkennen, dass eine Führungskraft auch an der eigenen Selbst-Führung aktiv arbeitet, wird dies als vorbildlich positiv wahrgenommen.
*   Durch diese Vorbildfunktion wird die Wirkung charismatischer und auch transformationaler Führung verstärkt.
*   Erste Studien beweisen eine positive Korrelation der Selbst-Führung mit der Motivation und Leistung der Mitarbeiter und darüber hinausgehende Auswirkungen auf Kreativität und Innovation.

Sie tun sich als Führungskraft also nicht nur selbst etwas Gutes, sondern auch für die Mitarbeiter und die gesamte Organisation Dies wird unter dem Stichwort Empowering Leadership subsumiert. Wer Self-Leadership praktiziert, wird Dinge über sich erfahren und Techniken einüben, welche auch an Mitarbeiter weitergeleitet werden können. Denn was bei einem selbst funktioniert hat, könnte ja auch für Mitarbeiter interessant und hilfreich sein. Analog zu allen anderen in diesem Buch vorgestellten Führungsmethoden ist auch Empowering Leadership an situative Faktoren gebunden und kein Allheilmittel. Besonders gut funktioniert es, wenn

- Mitarbeiter hohes Potenzial besitzen
- die Aufgaben nicht unter Zeitdruck abgearbeitet werden müssen und keine zeitkritischen Aufträge anstehen, sodass Zeit zur Selbstreflexion bleibt
- das Arbeitsumfeld als stabil angesehen werden kann (z. B., keine organisationale Umstrukturierung, Marktumbrüche oder technische Veränderungen vom Tagesgeschäft ablenken)

6.1   Erkennen Sie sich selbst – und was Ihnen wichtig ist

Um sich selbst auf ein höheres Niveau zu heben, ist die Kenntnis der eigenen Person und dessen, was einem wichtig ist, unabdingbar. Wie wollen Sie sich verbessern, wenn Sie nicht wissen, wo Sie stehen oder wo Sie hinwollen?
Auf erzielte Erfolge aufbauen

- Was sind Ihre (bewiesenen) Stärken?
- Welche gemachten Fehler gilt es zu vermeiden?
- Was würden Sie heute ggf. anders anpacken – und warum?

Die Gegenwart gestalten

- Was hemmt/unterstützt Ihre gegenwärtige Führungssituation?
- Welche Ereignisse sind für Ihre gegenwärtige Führungssituation prägend?

Die Zukunft fest im Blick behalten

- Wo möchten Sie als Führungskraft in den nächsten 3 bis 5 Jahren stehen?
- Wie können Sie Erfolgspotenziale ausbauen?
- Was ist künftig (beruflich/privat) wirklich wichtig für Sie?

Was sind Ihre persönlichen Grundsätze?

- Bestimmen Sie Ihre fundamentalen Werte und Überzeugungen als Führungskraft!
- Verbinden Sie diese Werte und Überzeugungen mit übergeordneten Elementen der Corporate Social Responsibility (CSR) und der Unternehmenskultur.
- Überlegen Sie, wie Sie dies in Ihren persönlichen Führungsalltag integrieren können.

Wo liegen Ihre Stärken als Führungskraft – und wo Ihre Schwächen?

• Seien Sie dabei selbstkritisch und versuchen Sie, den Anteil Ihrer täglichen Arbeit mehr damit zu verbringen, was Sie gut können und gleichzeitig an Ihren Schwächen zu arbeiten.

Vergewissern Sie sich in gewissen Abständen, ob Obiges in der bestehenden Form noch aktuell ist oder ob sich gewisse Prämissen geändert haben: Haben sich Ihre Schwerpunkte und Ziele geändert? Hat sich die Situation, in welcher Sie führen, geändert? Haben sich die Personen, welche Sie führen, verändert? Hat sich gar der Arbeitgeber und damit verbundene Visionen und Werte geändert?

Wie kann ich Selbsterkenntnis als Führungskraft in meinen Alltag integrieren?
Die in diesem Unterkapitel gestellten Fragen helfen Ihnen, fokussiert zu bleiben und diesen Fokus über Visionen, Werte und Ziele auch mit Ihren Mitarbeitern zu teilen. Sie gewinnen dadurch an Überzeugungskraft. Ihr Denken und Handeln wird für Ihre Mitarbeiter transparenter und gut nachvollziehbar. Damit besteht die Chance auf Nachahmung.

• Wie bereits im Kapitel zu Exemplary Leadership erwähnt, sollte die Auseinandersetzung mit den obigen Fragen nicht durch Google gestört und dortige Antworten kopiert werden.
• Überprüfen Sie die Gültigkeit Ihrer Prämissen sowie die Zielerreichung in regelmäßigen Abständen oder bei gewichtigen Veränderungen (z. B. Beförderung oder Arbeitgeberwechsel).

Beachten Sie abschließend auch das folgende Kapitel. Es wird Sie bei der notwendigen Reflexion sowie anschließenden Verhaltensänderung unterstützen.

6.2   Vom Lesen zum Tun – Wie sieht Ihr Plan aus?

Reine Wissensvermittlung – unabhängig von Methodik/Didaktik – reicht in aller Regel nicht aus, um Verhalten nachhaltig zu verändern. Dies ist auch der Grund, warum viele Führungskräfte-Trainings schlichtweg für die Katz sind: An einigen wenigen Tagen wird eine geballte Ladung abgefeuert, von der nur ein Bruchteil das Ziel erreicht. Reine (theoretische) Wissensvermittlung reicht nicht. Aus diesem Grund biete ich diese Form der Führungskräfte-Weiterbildung „so" als Führungskräfte-Coach auch nicht an. Nur wenn eine verhaltensbasierte Trainings-Komponente in Verbindung mit Feedback zum konkret gezeigten Führungsverhalten über einen längeren gemeinsamen Weg greift, wirkt das

Coaching! Jenseits einer solchen Zusammenarbeit ist das Vorgehen von Furtner und Baldegger (2013) empfehlenswert, welches folgend aufgegriffen wird. Deren Self-Leadership-Strategie umfasst 3 Komponenten:

Verhaltensfokussierte Strategien

- Diese zielen darauf ab, das eigene Verhalten zu ändern.
- Viele davon sind letztlich auch Basis klassischer Selbst-Management-Techniken:
  - Setzen Sie sich Ziele; diese sollten realistisch, aber herausfordernd und deren Erreichung messbar sein. Z. B. könnten Sie sich vornehmen, fünf Mitarbeiter pro Tag zu loben oder eines der 4i's der transformationalen Führung mind. 3mal am Tag zu praktizieren oder ein weiteres Mitglied des Teams in die Eigengruppe gemäß LMX zu integrieren.
  - Überprüfen und verbessern Sie Ihr Zeitmanagement. Meine Erfahrung zeigt mir, dass sich getrost 10 bis 20 % Ihrer gegenwärtigen Meetings aus dem Kalender streichen lassen (ggf. sind diese zu delegieren). Räumen Sie ungeplanten Mitarbeitergesprächen bzw. generell den Mitarbeitern mehr Zeit ein. Ich finde es immer sehr bezeichnend, wenn mir Führungskräfte klarmachen wollen, den Unterschied zwischen Management und Führung verstanden zu haben und diesen bewusst zugunsten von Führung zu leben, mir ein Blick in den Kalender dieser Menschen aber sofort zeigt, dass diese für Führung überhaupt keine Zeit haben.
  - Lernen Sie, sich selbst zu beobachten, zu reflektieren. Üben Sie dies zu Beginn ganz bewusst am Ende eines Arbeitstages noch im Büro: Nehmen Sie sich eine Gegebenheit des Tages und analysieren Sie Ihr Verhalten, Ihre Motivation und erkunden Sie Verbesserungspotenzial. Schreiben Sie Ihre Gedanken in den ersten Wochen auf. Wenn Sie darin geübter werden, reicht es, dies zu Hause und rein kognitiv zu tun.
  - Belohnen Sie sich für erreichte Ziele selbst, idealerweise nicht rein monetär basiert, denn auch das bewusste Abschalten bei einem guten Film oder einem Spaziergang im Wald kann Belohnung darstellen.
  - Entziehen Sie sich selbst gewisse Privilegien oder geliebten Gewohnheiten, wenn Sie Ziele selbst verschuldet nicht erreichen.
- Selbstbeobachtung und Selbstzielsetzung sind zentrale Prädiktoren für transaktionale Führung: Wer dies ernst nimmt, verbessert oft transaktionale Elemente der Führung.

Natürliche Belohnungsstrategien

- Diese bilden den eigentlichen Kern der Selbst-Führung.
- Fokussierung auf angenehme und genussvolle Merkmale der Tätigkeit. Dies können z. B. Mitarbeiter-Entwicklungsgespräche, die Begleitung und Umsetzung bestimmter Projekte oder auch bewusst gezeigtes Führungsverhalten sein: Fragen Sie sich, was Sie begeistert und was Sie als sinngebend an Ihrer Führungstätigkeit schätzen. Sobald Ihnen diese bewusst sind, werden Sie lernen, diese im Moment des Ereignisses positiv zu erleben. Versuchen Sie, diese Tätigkeiten öfter in Ihren Führungsalltag zu integrieren.

Konstruktive Gedankenmuster
- Diese verstärken die natürlichen Belohnungsstrategien sowie die verhaltensfokussierten Strategien. Hierzu zählen vor allem:
  - Die Vorstellung, erfolgreiches Führungsverhalten in ganz konkreten Situationen gezeigt zu haben. Hierbei ist es wichtig, die Vorstellungen mit Details anzureichen und nicht oberflächlich in Träumereien zu verfallen.
  - Zwiegespräche mit sich selbst zu führen. (Dies kann rein gedanklich oder auch durch leises Reden erfolgen.)
  - Hinterfragen Sie gezeigtes Führungsverhalten und bewerten Sie gutes und schlechtes Verhalten kritisch, auch in Bezug auf eigene Überzeugungen und Sichtweisen.

Die Umsetzung der natürlichen Belohnungsstrategien und konstruktiven Gedankenmuster beeinflusst vor allem die transformationalen Führungselemente in Ihrem Führungsalltag positiv.

Wie kann ich als Führungskraft Selbstführung in meinen Alltag integrieren?
Nun folgt der schwierigste bzw. anstrengendste Teil dieses Buches: Sie müssen die drei vorgestellten Komponenten der Selbstführung mit Leben füllen!

- Verhaltensfokussierende Strategien: Setzen Sie sich Ziele, z. B. die Integration einzelner Führungselemente aus diesem Buch. Überwachen Sie deren Erreichung und belohnen oder reglementieren Sie sich entsprechend. Welche Zielerreichung möchten Sie sich womit versüßen? Wie möchten Sie nicht erreichte Ziele wieder aufgreifen? Die Aufgabe, dies festzulegen, kann Ihnen niemand abnehmen.
- Natürliche Belohnungsstrategien: Welche Momente oder Aufgaben in Ihrem Führungskräfte-Alltag bereiten Ihnen vermehrt Freude? Wie können Sie diese ggf. ausbauen?
- Konstruktive Gedankenmuster: Erkennen Sie eigene Überzeugungen hinter Ihrem Führungsverhalten. Nutzen Sie hierzu Reflexion, Selbstbeobachtung oder befragen vertraute Personen in Ihrem Arbeitsumfeld.
- Damit Sie mit den 3 Komponenten sinnvoll arbeiten und Fortschritte erzielen können, müssen Sie diese in schriftlicher Form darlegen. Ja, das ist aufwendig. Aber ohne das schrumpfen die Chancen auf erfolgreich praktiziertes Self-Leadership extrem.

Eine Vorlage für die Verschriftlichung finden Sie als Bonusmaterial im Down-load-Bereich.

Wenn Sie einzelne Elemente dieses Buches in Ihren Führungsalltag integrieren, dann geben Sie sich und Ihren Mitarbeitern hierfür unbedingt ausreichend Zeit. Bis Ihnen die 4i's der transformationalen Führung in Leib und Seele übergehen, können selbst bei täglicher Anwendung zwischen 4 und 10 Wochen vergehen. Bis einzelne Mitarbeiter im Zuge von LMX aus der Fremdgruppe in die Eigengruppe integriert wurden, können ebenfalls ein oder zwei Monate fokussierter Anstrengung nötig sein. Geben Sie daher nicht zu früh auf oder verwerfen einzelne Führungselemente, weil sich keine schnellen Erfolge zeigen.

In einem meiner Führungs-Coachings zeigte die Führungskraft eine durchaus beachtliche Transformation. Die Mitarbeiter erkannten schnell, dass sich etwas zum Besseren geändert hatte. Dies bekam ich auch als Rückmeldung. Allerdings wurde mir auch mitgeteilt, dass es sich für die Mitarbeiter komisch anfühlt: So war der Chef ja die ganzen Jahre nicht. Die Veränderung wurde also wohlwollend aber gleichermaßen mit gemischten Gefühlen und einem gewissen Misstrauen beäugt. Das muss man den Mitarbeitern zugestehen. Hier ist Ihr Durchhaltevermögen und Ihre Beharrlichkeit gefragt!

6.3   Bilder sagen mehr als 1000 Worte – Der Führungskräfte-Methodenkoffer

Am Ende meiner Leadership-Vorlesungsreihe bitte ich meine Studierenden regelmäßig, auf einer Seite alles zusammenzustellen, was aus deren Sicht für die eigene anstehende Führungskräfte-Praxis wichtig erscheint. Die abschließende Auseinandersetzung und bewusste Diskriminierung gewisser Inhalte fördert das eigene Verständnis dessen, was einem wichtig ist. Es geht dabei nicht darum, eine Zusammenfassung des Kurses zu erstellen.

Abb. 6.1 versucht, meine Sicht auf dieses Buch in einem Bild einzufangen.

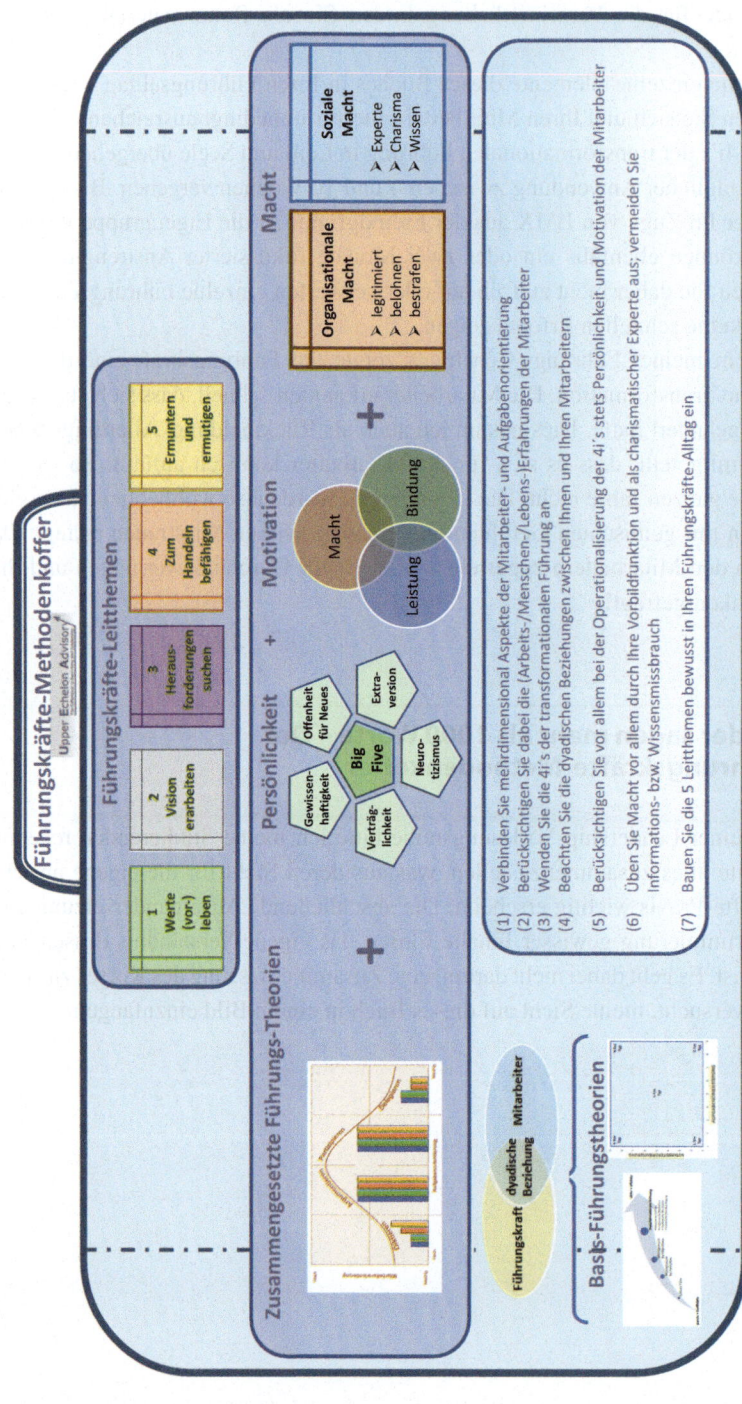

Abb. 6.1 Führungskräfte-Methodenkoffer

Literatur

Ashkenas & Manville (2018): Harvard Business Review – Leader's Handbook: Make an Impact, Inspire Your Organization, and Get to the Next Level (Harvard Business Review Press)

Furtner & Baldegger (2013): Self-Leadership und Führung – Theorien, Modelle und praktische Umsetzung (SpringerGabler)

Nachwort

Werte Leser, ich bin überzeugt davon, dass Ihnen dieses Buch nicht nur interessante Perspektiven auf das Thema Führung eröffnete, sondern auch äußerst praxisnah Ihr künftiges Wirken beeinflussen kann. Sie müssen sich nur darauf einlassen, daran arbeiten und es ab morgen auch wirklich umsetzen!

Getreu dem im Vorwort dargelegten Bestreben, nur anerkannte, unstrittige sowie praktikable Theorien und Modelle anzuführen, stellt meine Auswahl auch nur genau das dar: meine Auswahl. Gerne nehme ich diesbezügliche Kritik, Änderungs- sowie Erweiterungsvorschläge auf. Ich bin mir sicher, sofern Sie sich damit an mich wenden wollen, finden Sie mich sehr schnell in den Weiten der virtuellen Welt. Ich freue mich auf dieses Feedback und den möglichen Austausch!

Eine gute Führungskraft schafft sich selbst ab, macht sich selbst obsolet (= befähigt die Mitarbeiter derart, dass es die Führungskraft nicht mehr braucht). Diese ggf. romantische oder überspitze Aussage möchte ich abschließend gerne auf dieses Werk übertragen: Wenn Sie die Inhalte und Verhaltensanregungen dieses Buches ernst nehmen, bedarf es absehbar keines Führungskräfte-Coaches oder Coachings für Sie. Zumindest aber keinen so intensiven oder langen Austausch. Damit beraube ich mich letztlich selbst etwas meiner Daseinsberechtigung. Aber mir ist die obige Maxime sehr wichtig und ich lasse mich gerne daran messen.

Abschließend möchte ich gerne eine kleine Liste von Buch-Anregungen offerieren. An einigen Stellen im Buch haben Sie bereits konkrete Hinweise für weiterführende Literatur erhalten. Folgend eine sehr kleine Auswahl an Werken, welche aus meiner Sicht eine gut gelungene Verknüpfung von Sprach- bzw. Schreibstil, theoretisch fundierter Basis und Praxisrelevanz bieten. Sie mögen sofort die Englisch-Lastigkeit erkennen und mir diese zugleich nachsehen. Aber auch dies war ein Grund für das vorliegende Werk: Gutes zum Thema Führung erscheint mir auf Deutsch weiterhin rar.

C. Held, *Leadership – trendresistent gedacht*,
https://doi.org/10.1007/978-3-662-65905-2

- Kouzes & Pozner – **Exemplary Leadership** (auch auf Deutsch erhältlich; aber die Übersetzung würde ich persönlich in einigen Teilen als nicht gelungen bezeichnen und diese basiert auch nicht auf der aktuellen Fassung des Originals)
- Simon Sinek – **Leaders eat last** (auch auf Deutsch erhältlich)
- Jocko Willnik – **Leadership Strategy and Tactics** (ab der zweiten Hälfte des Buches häufen sich verstärkt Beispiele aus der persönlichen Erfahrung des Autors, welche kaum bis nichts zur Sache bzw. dem Verständnis beitragen; wer aber nach dem vorliegenden Buch und dem daraus resultierenden Wissen Willnik's Werk aufmerksam liest, findet dort beachtenswert viel Bestätigung)
- Hasebrook, Hackel & Rodde – **Team-Mind und Team-Leistung** (bereits Jahre vor der Veröffentlichung dieses wichtigen Werkes habe ich in meinen Kursen dafür geworben, das Wort Team, dessen Bedeutung und wahren Wert kritischer zu reflektieren; doch weiterhin ist hier viel Aufklärungsarbeit nötig – dazu trägt dieses Buch bei)
- Heskett – **The Culture Cycle** (bietet einen ordentlichen Einblick in die Kraft von Unternehmenskulturen und was Führungskräfte zur Erkennung und Verbesserung der Kultur tun können; lassen Sie sich beim Kauf bitte nicht von den eher durchwachsenen Kundenrezensionen irritieren, diese beziehen sich verstärkt auf das Papier oder den Druck und nicht auf den Inhalt des Buches)
- Coyle – **The Culture Code** (dieses Werk ergänzt Hesketts Werk – siehe oben – und schlägt eine wichtige Brücke zum Thema des Buches von Edmondson – siehe unten; beide eint, z. B., die Einsicht, dass das Zeigen eigener Verletzlichkeit und vertrauensvolle Kommunikation letztlich das Untereinander und somit Leistung fördern)
- Edmondson – **The Fearless Organisation** (auch auf Deutsch erhältlich; bei Amazon sticht vor allem das zahlenmäßige Missverhältnis der Rezensionen zwischen der deutschen und englischen Version hervor, dies lässt den Rückschluss zu, dass die Verbreitung des Konzeptes der psychologischen Sicherheit bei deutschen Führungskräften noch nicht ausreichend angekommen ist)

Ob Sie Offizier der Streitkräfte, Trainer einer Sportmannschaft, Führungskraft eines Teams von Verkäufern oder Vorstandsmitglied eines Start-ups sind; ob Ihre Mitarbeiter täglich mit Ihnen die Büros teilen oder auf unterschiedlichen Kontinenten agieren und sie sich überwiegend nur virtuell begegnen; ob sich Ihre Organisation agil oder klassisch zeigt; ob für Sie wichtige Elemente dieses Buches neu waren oder zwar bekannt, jedoch noch nicht den Weg in Ihren persönlichen Führungsalltag gefunden haben, so oder so: Ihr persönlicher Führungsmethoden-Koffer ist nunmehr ausreichend befüllt. Sie können nun individuell, situativ angepasst führen – dies- und jenseits von Trends.

The manufacturer's authorised representative in the EU is Springer
Nature Customer Service Centre GmbH, Europaplatz 3, 69115 Heidelberg,
Germany. If you have any concerns regarding our products, please
contact ProductSafety@springernature.com

Printed and bound by CPI Group (UK) Ltd, Croydon, CR0 4YY
24/04/2026
02096340-0011